业财税一体化智慧管理人才培养系列教材

RPA财税机器人开发与应用

财智未来编委会　编著

電子工業出版社
Publishing House of Electronics Industry
北京 · BEIJING

内 容 简 介

本书是培养财会专业学生应用与开发财务机器人能力的实训教材，主要训练学生使用“云帐房”自己研发的 RPA 软件 AutoWork 提供的可视化编程视图，通过需求—分析—设计—开发—测试—上线的真实企业 RPA 开发流程，完成三大基础核算业务场景、三大管理会计类业务场景、一个业财税综合业务场景的自动化流程设计与开发。

本书基于《职业教育专业目录(2021 年)》专业标准编写，适合作为高校财税大数据应用、大数据与会计、大数据与审计、纳税事务、会计事务等专业相关课程教材，也可以作为会计从业人员、IT 从业人员的参考用书。

图书在版编目（CIP）数据

RPA 财税机器人开发与应用 / 财智未来编委会编著. — 北京：电子工业出版社，2021.11

ISBN 978-7-121-42469-4

I. ①R… II. ①财… III. ①财务管理－专用机器人－高等学校－教材 IV. ①F275 ②TP242.3

中国版本图书馆 CIP 数据核字(2021)第 241716 号

责任编辑：王二华
特约编辑：韩若楠
印　　刷：三河市君旺印务有限公司
装　　订：三河市君旺印务有限公司
出版发行：电子工业出版社
　　　　　北京市海淀区万寿路 173 信箱　　　邮编：100036
开　　本：787×1092　1/16　印张：13　　　字数：309 千字
版　　次：2021 年 11 月第 1 版
印　　次：2025 年 1 月第 6 次印刷
定　　价：45.00 元

凡所购买电子工业出版社图书有缺损问题，请向购买书店调换。若书店售缺，请与本社发行部联系，联系及邮购电话：(010)88254888，88258888。

质量投诉请发邮件至 zlts@phei.com.cn，盗版侵权举报请发邮件至 dbqq@phei.com.cn。

本书咨询联系方式：(010)88254532。

业财税一体化智慧管理人才培养系列

教材编委会

序　一

随着我国进入新的发展阶段，产业升级和经济结构调整不断加快，各行各业对技术技能人才的需求越来越紧迫，职业教育的重要地位和作用越来越凸显。习近平总书记强调，在全面建设社会主义现代化国家新征程中，职业教育前途广阔、大有可为。2021 年 10 月，中共中央办公厅、国务院办公厅印发了《关于推动现代职业教育高质量发展的意见》，明确规划了职业教育体系 2025—2035 年的发展目标。“坚持产教融合、校企合作，推动形成产教良性互动、校企优势互补的发展格局”是职业教育高质量发展的工作要求之一。

中国教育必须坚持走双元培养之路，不断推进产业、教育深入融合。我们要实施重点项目“十四五”职业培训国家专项规划、技工教育“十四五”规划，持续推进高技能人才振兴计划，建立职业技能等级制度，创新世界技能大赛引领计划，加强创新型、应用型、技能型人才培养，弘扬工匠精神，培养更多高技能人才、能工巧匠和大国工匠。

云帐房网络科技有限公司(以下简称云帐房)作为我国智能财税的科技龙头企业，服务了中国几百万家大中小微企业，在技术能力、产业资源等方面具有深厚的积累和沉淀，理应有响应国家号召，为高质量发展我国职业教育做出贡献的社会担当，并扎扎实实地为中国企业培养出创新型、应用型、技能型的专业人才。经过几年的努力，云帐房成立了全资教育子公司财智未来(北京)教育科技有限公司(以下简称财智未来)，在职业教育、产教融合等方面做了大量的调查、研究和探索，并在此基础上结合企业财税管理业务的未来发展趋势形成了包括两类知识、八大能力、三项素养的“业财税一体化智慧管理人才”培养模型，建立了《业财税一体化智慧管理人才评价规范》(T/ZCX001—2021)团体标准。在此标准的指引下，财智未来为职业教育院校输出了“RPA 财税机器人开发与应用”“财税风险智能防控”“大数据在财务中的应用”“业财税一体化综合实训”四门课程和实务训练系统。这些课程和训练系统，不仅符合职业教育的发展趋势，还紧扣现在和未来企业对财税人员的用人要求。通过学习，学生在校期间就能真正地了解和体验企业财税管理的真实场景，保持所学知识与社会发展同步，从而让就业更从容，并能够快速融入社会。

《业财税一体化智慧管理人才评价规范》(T/ZCX001—2021)团体标准是符合我国国情且适应数智财经环境的新型人才培养标准，这个标准来源于企业对未来财税管理人员需求的真实画像。此标准为高校及职业类院校财经专业向数智化专业转型指明了方向。目前，财智未来在全国 28 个省市的 200 多所高校及职业类院校开课 26000 多次，听课人数近 2 万人。我真诚地希望“业财税一体化智慧管理人才培养系列教材”和实务训练系统，能够为“建设技能型社会，弘扬工匠精神，培养更多高素质技术技能人才、能工巧匠、大国工匠”做出应有的贡献。本系列教材立足于《业财税一体化智慧管理人才评价规范》(T/ZCX001—2021)团体标准，采用理实结合的方式培训学生，不仅可以作为财经、金融类院校“财税大数据应用”“大数据与会计”“大数据与审计”等专业学生的教材，还可以作为理工科学生开拓创新的参考教程。

序　二

进入新时代，高等教育与职业教育开启新篇章。习近平总书记指出，“千秋基业，人才为本。做好新时代的组织工作，要用好人才这个第一资源”。随着产业升级和经济结构调整不断加快，各行各业对技术技能人才的需求越来越紧迫，高等教育与职业教育的重要地位和作用越来越凸显，成为人才振兴“新引擎”。

人才是第一资源。高校改革发展必须顺应社会发展需要、遵循高等教育规律，与经济社会发展同向同行，要联合企业和科研机构等进行协同创新，为突破前沿技术和核心技术提供丰厚的原始创新积累。现今我国企业已开始全面迈进“数智化”时代，提升我国产业数智化水平的一个关键环节是要解决“数智人才”供给问题。这需要产教协同创新，共育符合新时代要求的人才。

发展现代职业教育是建设现代化强国的重要举措。李克强总理做出批示指出，职业教育是培养技术技能人才、促进就业创业创新、推动中国制造和服务上水平的重要基础。他还指出，要瞄准技术变革和产业优化升级的方向，推进产教融合、校企合作，吸引更多青年接受职业技能教育，促进教育链、人才链与产业链、创新链有效衔接。为此，当前及未来一段时期是探索一体化设计中职、高职、本科职业教育培养体系，推进“三教”改革，实施 1+X 证书制度，瞄准人才紧缺领域，深化复合型技术技能人才培养培训模式改革的关键时期。

如何构建数字财经、财务共享及业财税一体化复合型人才培养的“承重墙”？首先要了解数智经济。数智经济是以数字化的信息作为关键生产要素，以现代化信息网络作为重要载体，以智能算法为重要工具来提升生产运营效率和优化经济结构的一系列经济活动的总称。海量数据与智能算法成为数智经济的两个重要支撑元素。其次要了解数智经济的四大特征。平台支撑、数据驱动、普惠共享和智能算法是数智经济的四大特征。平台是数智经济的“新物种”，“云－网－端”替代“铁－公－机”成为“新基建”，创造了新商业环境。数据是数智经济的“新能源”，平台是数据流动与共享的“发动机”。普惠共享是数智经济的“增长点”。海量数据需要智能算法，智能算法使杂乱无章的数据变成有价值的信息。

随着数智经济的快速发展和人工智能技术对行业的深度渗透，企业对会计人才的需求发生了巨大变化，会计行业正面临着重大变革，高校的财会教育也面临着新的问题与挑战，改革与创新势在必行。当前，企事业单位的智能化财务管理、金融部门的智能化财务分析、会计师事务所的智能化审计等新岗位需求不断增加，就企事业单位而言，未来将会出现智能财务核算师、智能财务工程师、智能财务运营师和智能财务规划师四个岗位。在数智时代，产教融合会变得更加重要。数智经济下的财会教育需要有场景和数据，但大学教育缺乏企业真实场景。云帐房是数智财经领域的龙头企业，拥有强大的数据源采集整合能力，人工智能、大数据的充分运用能力，强大的财务建模能力等优势，顺应产业数智化的大趋势，主动识变，积极应变，协同产业龙头企业做好数智化转型；同时，根据美国管理会计师协会（IMA）国际管理会计能力素养分析和中国管理会计现状研究报告，并对 2019—2020

年中国企业财税岗位招聘网络大数据进行分析，构建了包括两类知识、八大能力、三项素养的“业财税一体化智慧管理人才”培养模型，形成了《业财税一体化智慧管理人才评价规范》（T/ZCX 001—2021）团体标准，以培养“精专业、懂业务、会工具、善思考”的复合型人才。

《业财税一体化智慧管理人才评价规范》（T/ZCX 001—2021）团体标准是符合我国国情且适应数智财经环境的新型人才培养标准，为当下高校及职业类院校财经专业数智化转型指明了方向。财智未来作为云帐房的全资教育子公司，在全国 28 个省市的 200 多所高校及职业类院校开课 26000 多次，听课人数近 2 万人，成绩斐然。财智未来组织编写的“业财税一体化智慧管理人才培养系列教材”立足于《业财税一体化智慧管理人才评价规范》（T/ZCX 001—2021）团体标准，采用理实结合的方式培训学生，是不可多得的财经类院校专业、课程数智化转型的教材，推荐大家使用。

序　　三

数字技术正以新理念、新业态、新模式全面融入人类经济、政治、文化、社会、生态文明建设各领域和全过程，给人类生产、生活带来广泛而深刻的影响。顺应信息化、数字化、网络化、智能化发展趋势，抓住机遇，应对挑战，是加快重塑经济发展形态和专业服务方式的必由之路。在我国财税领域，数智化财务大数据技术、RPA财税机器人技术、智能财税风险管理技术、业财税一体化技术的日益广泛应用已成趋势，有力地促进了企业的高效益发展和竞争力提升，更带来了全社会财经管理方式的深刻变革和能力的极大跃升。新的形势对财税专业教育培训和新型财税人才培养提出了愈加严峻的挑战，社会财税从业人员的岗位胜任能力正在发生具有颠覆性意义的重大变化。为加快推进我国财税管理数智化进程，切实破解数智财经应用人才学校培养与企业需求有较大落差的难题，旨在将财税管理数智化发展新技术应用成果形成科学系统的知识和技能培训体系的“业财税一体化智慧管理人才培养系列教材”应运而生，受到财税行业、有关院校的极大关注和热烈欢迎。

需要特别指出的是，本系列教材编委会阵容强大，有走在世界数智财经技术发展前沿的先锋企业的高管和技术负责人，也有高等教育、职业教育一线的教育工作者，他们既有扎实的理论基础，又有经过迅速发展并不断升级迭代的数智财经技术应用实践检验并赢得市场充分认可的丰富经验，因而本系列教材十分贴近数智财经技术前沿，十分贴近企业对财经管理从业人员能力提升的需求。本系列教材的出版发行和广泛使用，必将对加快提高财经院校学生和社会财经从业人员的数智技术应用能力和水平产生十分积极的作用。

习近平总书记在中共中央政治局第三十四次集体学习时强调，数字经济事关国家发展大局，要做好我国数字经济发展顶层设计和体制机制建设，加强形势研判，抓住机遇，赢得主动。各级领导干部要提高数字经济思维能力和专业素质，增强发展数字经济本领，强化安全意识，推动数字经济更好服务和融入新发展格局。要提高全民全社会数字素养和技能，夯实我国数字经济发展社会基础。“业财税一体化智慧管理人才培养系列教材”的编写和出版，是贯彻中央精神、服务数字经济发展、加快培养数智财经人才的务实举措。可以期待，随着全社会，特别是秉持产教融合和持续进化教学理念的教育机构及技术领先企业对数智财经人才培养的重视、支持，并注入强大资源，我国数智财经人才培养的理念创新、方式变革和发展水平一定会走在世界前列。

序　四

近年来，在大数据、人工智能等新技术的驱动下，数字经济飞速发展。数字经济在经济总量中占有的地位越来越重要。伴随数字经济的发展，会计行业从财务组织形式、业务处理流程、业务内容和处理方式等方面均发生了很大变化。例如，财务共享中心等新财务组织形式出现，目前财务共享中心已经在集团企业广泛实施，处理方式日趋成熟和稳定。财务共享中心产生了一批新的财务岗位和内容。财务共享中心通常都会应用财务机器人处理业务，财务机器人基于对业务处理流程的自动化设计，解决了企业不同系统之间数据互导的问题。财务机器人为数据之间的连接处理提供了可靠的技术支撑，在提高工作效率的同时，还大大降低了工作成本。大数据技术也逐步应用到财务工作中，虽然目前并不是所有企业都设置了与财务大数据处理相关的岗位，但是很多工作都融入了大数据技术，未来需求一定会日益增多。此外，云计算技术在财务工作中的应用提高了处理速度，辅之以移动互联网技术，云财务信息处理突破了时间和空间的限制，未来会进一步改变财务工作处理的流程与方式，提升会计人员的工作效率。数智化财务已成为企业数字化的重要组成部分，也是决定企业在市场中获得更大竞争优势的重要因素，这就需要充分考虑市场需求和行业发展，以市场需求为导向加快数智化会计人才的培养。

中共中央办公厅、国务院办公厅印发的《关于推动现代职业教育高质量发展的意见》中明确提出，完善“岗课赛证”综合育人机制，按照生产实际和岗位需求设计开发课程，开发模块化、系统化的实训课程体系，提升学生实践能力。深入实施职业技能等级证书制度，完善认证管理办法，加强事中事后监管。及时更新教学标准，将新技术、新工艺、新规范、典型生产案例及时纳入教学内容。教材作为课程教学的重要载体，也需要与课程改革同步。《国家职业教育改革实施方案》中明确提出，认定一大批职业教育在线精品课程，建设一大批校企“双元”合作开发的国家规划教材，倡导使用新型活页式、工作手册式教材并配套开发信息化资源；同时，要求专业教材随信息技术发展和产业升级情况及时动态更新。教育部在新一轮专业目录修订中，将财务管理专业更名为大数据与财务管理专业，将会计专业更名为大数据与会计专业；在新一轮专业教学标准修订过程中，课程体系也发生了很大变化，财务大数据、财务机器人、业财税综合实训等新内容都纳入课程体系的相关课程之中。

“业财税一体化智慧管理人才培养系列教材”的编写和出版，是贯彻党的十九大精神，助推数字经济发展，服务行业企业，培养高质量数智化会计人才的落地措施。相信，随着数字经济发展理念的深入人心，社会对数智化会计人才的需求会进一步增加，会有越来越多的读者对相关教材感兴趣。随着职业教育改革的深入和现代职教体系的建设，基于对数智化会计人才培养的需要，不同层次的职业教育在深化产教融合、校企合作上会有更多的创新与发展，新技能下的新教材会为此提供有效支撑。相信“业财税一体化智慧管理人才培养系列教材”在推动会计行业数智化快速发展的同时，也会进一步丰富我国数智化会计人才的培养理念，促进数智化会计处理方式变革。

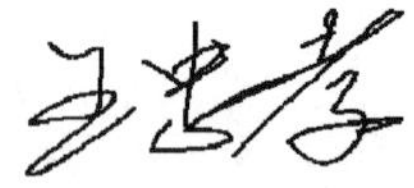

前　言

追溯财务的发展历程，技术进步引发了财务的四次变革。当前，第四次会计变革大幕已启，“大智移云物”革新了财务工作的技术工具，这些新技术悄然改变着财务工作的模式，财务工作将更趋于自动化、数字化和智能化。

新技术已经成为企业财务转型和达成战略目标的手段。当前企业已经基于其自身的管理水平、管理需求和财务转型规划，选择主流的新技术、新模式和新系统，进行有效应用，提升了财务管理效率和服务效果，促进了企业财务转型和战略目标的达成。

财务大数据、财务机器人等新技术不是取代财务人员，而是解放财务人员，为财务人员赋能。在财务转型过程中，我们应充分肯定新技术、新工具的作用，但也不能夸大其词。再好的技术也只是工具和手段，为财务人员服务，靠财务人员使用。利用财务大数据和 RPA 等新技术可以让财务人员从简单、重复、标准化、低附加值的财务基础工作中解放出来，更多从事战略财务、业务财务等更有价值、更需创新与创造力、更有成就感的工作，更好地实现与提升财务人员的价值。

财务转型所需的新工具和企业精细化经营结合更为紧密，使企业更加注重精细化经营。有价值的数据成为驱动业务增长的重要引擎，是企业和社会发展的重要战略资源；并与财务进行深度融合，对企业的财务管理模式产生了深远影响。企业财务组织及管理模式的变化引发了企业对财务人员岗位需求和能力要求的变化。当前，财务机器人的诞生使企业对传统财务核算人才的需求逐渐降低，而对管理会计、云财务、财务大数据等类型财务人才的需求逐渐增加。财务会计向管理会计转型是大势所趋。

数智财经环境下，随着“大智移云物”等技术在财务工作中的广泛应用，财经产业领域加速变革，与之对应的财经人才需求和培养模式也随之发生改变。2021 年是中国企业管理“数智化”转型的划时代分水岭，更加符合产业需要的“业财税一体化智慧管理人才”需求呼之欲出。

2021 年 5 月 8 日，《业财税一体化智慧管理人才评价规范》（T/ZCX001—2021）团体标准正式在全国团体标准信息平台——团标网发布。《业财税一体化智慧管理人才评价规范》为财经类专业在校学生、毕业学生，以及正在从事财务管理和未来想从事财务管理的相关工作人员提供了职业技能认定依据，同时也为拥有财经类专业的学校和设立财务岗位的企业进行人才评价活动提供了标准。

《业财税一体化智慧管理人才评价规范》诞生于市场经济和改革新常态的沃土，作为团体标准，符合我国标准体制改革的方向，其实用性、市场贴合性决定了支撑我国标准化服务经济社会发展的独特使命。高质量的产品和团体标准的结合必将在促进社会经济高质量发展中发挥引领性、支撑性的作用。《业财税一体化智慧管理人才评价规范》是企业的用人指南，也指引着高校数智财经教育综合改革的方向，助力数智财务类新专业建设，填补了教育部新专业建设标准的空白。

在本教材出版之际，特别感谢山东大学威海营销管理中心蒋守芬主任、河南交通职业技术学院刘瑞红副教授、山西财政税务专科学校教务处董京原处长、浙江金融职业学院会计学院王忠孝院长、浙江经贸职业技术学院会计学院潘上永院长和冯江涛副院长、山东外国语职业技术大学财会金融学院万强院长、河海大学商学院会计系张婕书记，他们耐心而又细致的指导给了我们巨大的鼓舞和鞭策。我们还要感谢河南交通职业技术学院张春霞副教授、三江学院会计系代蕾副教授、常州信息职业技术学院会计系张学东主任、新疆农业职业技术学院孟杨副教授、辽宁农业职业技术学院赵峰松副教授、山东经贸职业学院李树叶老师、烟台工程职业技术学院李文静老师、山东轻工职业学院会计教研室王守镇主任、玉溪农业职业技术学院王霞老师等专家的鼎力支持，他们发挥各自的教学强项，积极参与本教材不同章节的编写，使得本教材方能顺利完稿。最后，还要感谢电子工业出版社王二华编辑以及帮助我们审稿的各位老师的辛勤付出。限于时间紧迫以及我们的学识水平，书中难免存在缺憾和不足，敬请广大读者批评指正。

财智未来编委会

2021 年 11 月

目　录

第一章
机器人流程自动化（RPA）概述

第一节　智能时代背景下的财务转型

一、工业革命

第一次工业革命：伴随着蒸汽机的轰鸣，机器取代人力进行部分生产活动，分散的手工作坊转变为工厂。

第二次工业革命：电灯照亮了黑夜，工厂走向流水线，管理和操作分离，管理成为科学。

第三次工业革命：计算机开启信息时代，实现了生活的自动化、生产的自动化和办公的自动化。

第四次工业革命：以“大智移云物”技术为代表，智能化理念不断融入生活的点滴，智能化制造效率惊人，海量的数字信息蕴藏着未来的无限可能，智能化时代已然到来。

四次工业革命发展如图 1-1 所示。

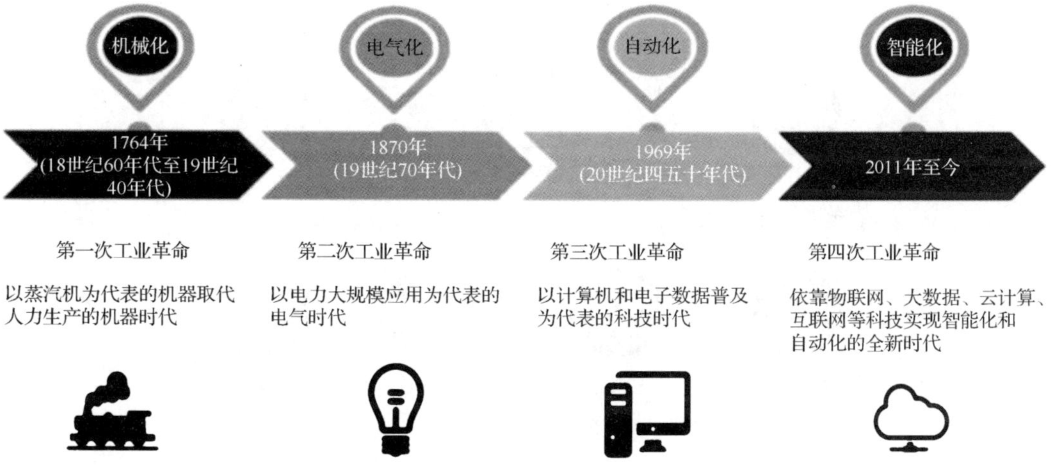

图 1-1　四次工业革命发展

二、财务变革

第一次变革，1494 年卢卡 • 帕乔利的复式记账簿是现代会计的发端，复式记账法能清晰地反映企业的业务往来情况和经营状况，“借贷必相等”至今被会计学奉为圭臬。

第二次变革，1946 年计算机的诞生引发了会计电算化，传统的手工账被搬到计算机上，实现了计算能力和存储能力的巨大飞跃。

第三次变革，互联网出现，它跨过时空的障碍，把封闭、分散的财务聚集到一起，通过流程再造和信息系统再造实现了财务共享。

第四次变革大幕已经启动，“大智移云物”革新了财务的技术工具，悄然改变着财务的工作模式，财务工作将更趋向自动化、数字化和智能化。

财务的四次变革如图 1-2 所示。

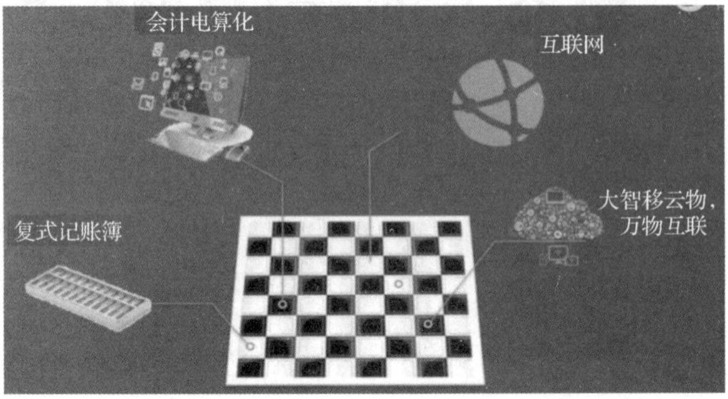

图 1-2　财务的四次变革

三、财务工具变革

德勤公司在 2018 年的报告《关键时刻——数字化世界的财务》中提到云计算、流程机器人、可视化、高级分析、认知计算、内存计算和区块链七项技术对财务的影响愈发显著，它们共同构成了新时代下的财务工具集（见图 1-3）。

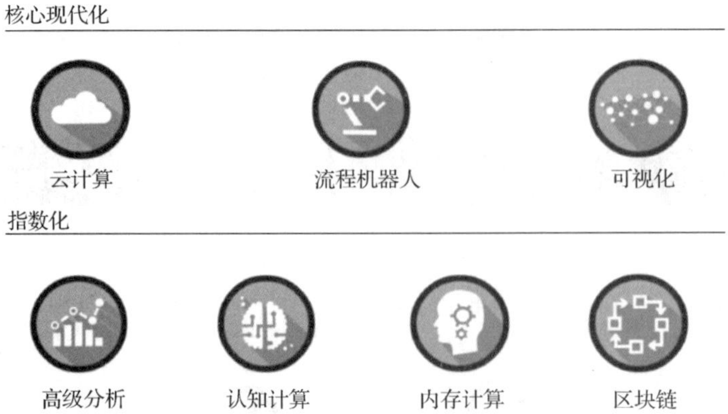

图 1-3　新时代下的财务工具集

国际数据公司（Internet Data Center，IDC）于 2020 年 5 月 5 日发布的《中国 IPA（Intelligent

Process Automation，智能流程自动化)市场机会分析》报告显示，到2023年，中国RPA软件市场规模将达到10.2亿美元，2018—2023年复合增长率为64%，中国RPA市场具备较强增长动力。金融、制造、零售、电信等各行业已经开始积极采用RPA技术，并已在特定业务场景的流程中进行概念验证(Proof of Concept，POC)或在1～2个功能领域部署RPA应用。

自2015年起，在中国的跨国公司率先引入传统RPA软件产品。2017年后，更多传统RPA软件产品为中国公司所用。从2018年开始，中国本土的RPA软件产品也逐渐为人所知，同国外RPA软件产品展开激烈角逐。近两年随着人工智能在中国的发展，越来越多的RPA软件产品具备了人工智能赋能的感知和认知能力，RPA公司也引起了中国投资界的热切关注。IDC观察到，从2019年开始，很多中国机器人流程自动化开发公司都完成了融资，总额不低于3亿美元。IDC根据追踪的市场规模数据预计，到2023年，全球RPA软件市场规模将达到39亿美元，2018—2023年复合增长率达到36%。2018—2023年全球及中国RPA软件市场规模预测如图1-4所示。

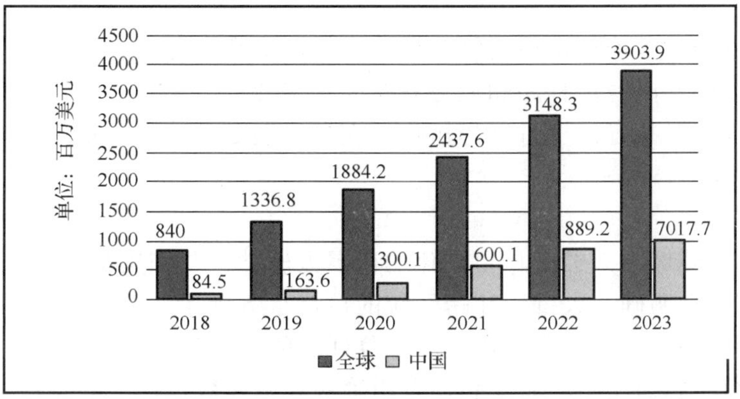

资料来源：IDC中国，2020

图1-4 2018—2023年全球及中国RPA软件市场规模预测

产业规模的不断增长意味着未来RPA人才的巨大缺口，希望我们能够抓住智能时代背景下的机遇，用RPA技术解决未来我们财务工作中的痛点，实现财务智能转型。

第二节 RPA简介

一、RPA的定义

RPA是机器人流程自动化的简称。

R(Robotic)：以机器人作为虚拟劳动力，依据预先设定的程序与现有的用户系统进行交互并完成预期的任务。

P(Process)：通过软件机器人实现模拟人的工作流程，代替人完成工作，极大地提高工作效率。

A(Automation)：对流程中不合理的地方提供快速、非侵入的解决方案。

RPA 定义为一种依据预先设定的业务处理规则和操作行为，能够模拟用户与计算机系统的交互过程并增强交互体验，自动完成一系列特定的工作流程和预期任务，有效实现人和信息系统集成的智能化软件。

二、RPA 的功能

(1) RPA 可以记录用户在计算机上的所有操作行为[包括键盘录入，鼠标移动和单击，执行某种操作，如文件夹和文件操作，以及触发或调用各类应用程序，如 Outlook 邮箱、Word/Excel、打印文档、录音/录屏、摄像头、SQL Server 客户端、ERP 系统(Enterprise Resource Planning，企业资源计划)等]，并将这些操作行为抽象成计算机能够理解和处理的对象，然后按照预先设定的规则在计算机上自动完成这些工作。

(2) RPA 可以识别用户界面(User Interface，UI)的文字内容并进行读取，识别 UI 的图形、颜色等属性。

(3) RPA 可以控制各类应用程序的自动启动和关闭，实现用户名和密码的自动输入等。

(4) RPA 可以与业务流程实现无缝连接，支持历史数据分析。

(5) RPA 可以在不同应用程序和业务系统间实现数据共享。

(6) RPA 可以定时执行，支持远程操作，支持错误处理和分支处理。

三、RPA 的特点

RPA 作为一款能够将人的工作自动化的机器人软件，其作用是代替人完成重复性强、标准化程度高、规则明确、大批量和跨系统的日常事务操作。它具有以下几项显著特点。

(1) 程序处理：通过 UI 实现机器人对重复任务的自动化处理。

(2) 基于明确的规则操作：流程必须有明确的、可被数字化的触发指令和输入。

(3) 模拟用户手动操作及交互：机器人可以执行用户的日常电脑操作，例如，单击、输入、复制、粘贴等。

(4) 非侵入性：机器人通过遵循现有的安全标准和数据完整性标准，以与人完全相同的方式访问当前系统。

(5) 无编程：编写 RPA 脚本，通过拖拽控件的方式即可实现自动化业务流程，很少需要编码。

(6) 其他：规则的高度严密性、安全可靠性、全天候待命、技能可拓展。

四、RPA 的应用领域

RPA 的应用领域很广泛，在财务部、风控部、客服中心、人力资源部、信息技术部、运营部都有相应的应用场景，具体场景内容如图 1-5 所示。

RPA 在财务领域的应用尤其广泛，如费用报销、采购到付款、订单到收款、固定资产管理、存货到成本、总账到报表、资金管理、税务管理、档案管理、预算管理、绩效管理、管控与合规等方面，它可以优化业务流程，提升工作效率。其在财务领域的应用如图 1-6 所示。

财务部	风控部	客服中心	人力资源部	信息技术部	运营部
费用报销	数据分析	智能问答	考勤管理	系统监控	产品文案
财务核算	风险评估	产品推荐	薪资核算	系统运维	群发通知
税表申报	风控审核	客户信息维护	绩效管理	数据管理与维护	网站编辑
发票验证	智能抽样	……	招聘流程	数据采集	订单管理
资金支付	发票检查		教育培训	快速开发	……
工资发放	……		员工信息录入	需求验证	
账单核对			福利管理	邮件处理与分发	

图 1-5　RPA 在企业内部的应用场景

费用报销
- 报销单据接收
- 自动化费用审核
- 自动付款
- 账务处理及报告

采购到付款
- 应付发票处理
- 采购付款
- 供应商对账
- 供应商主数据维护
- 供应商资质审核

订单到收款
- 销售订单录入和变更
- 发票开具
- 返利管理
- 客户对账与收款核销
- 客户主数据维护

固定资产管理
- 资产卡片管理
- 资产变动管理
- 资产账龄分析

存货到成本
- 成本统计指标录入
- 成本与费用分摊
- 账务处理及招待

总账到报表
- 关账
- 标准记账分录处理
- 对账
- 单体报表
- 合并报表

资金管理
- 银企对账
- 现金管理
- 收付款处理
- 交付指令查询

税务管理
- 纳税申报准备
- 纳税申报
- 增值税发票开具
- 发票验真
- 涉税会计入账及提醒

档案管理
- 票据接收和快递管理
- 扫描
- 电子归档
- 电子档案查询

预算管理
- 预算的编制和生成
- 预算执行情况监测
- 预算报告创建

绩效管理
- 产品效益分析
- 客户收益分析
- 资本收益分析
- 经营分析标准化报表

管控与合规
- 出具管控合规报告
- 财务主数据管制

图 1-6　RPA 在财务领域的应用

五、RPA 的发展阶段

RPA 在财务领域得到了广泛应用，我们不禁要问，RPA 未来能帮我们解决什么问题？

著名信息调查机构 Everest Group 发布了一份关于 RPA 变革的报告，该报告对 RPA 框架定义和未来发展方向的阶段进行了划分，其演变过程如图 1-7 所示。

(1) RPA 划分为 1.0～4.0 这 4 个阶段，其中 RPA 1.0 称为虚拟化助手，后续三个阶段称为虚拟劳动力。显然从 1.0 到 2.0 是一个非常大的飞跃，因为从 2.0 开始，RPA 才被称为软件机器人，具有了代替人的可能。

(2) RPA 的框架定义非常有价值，体现了 RPA 的技术发展路线。

①RPA 1.0，涵盖了现有全部的桌面自动化软件操作，用以提高员工生产效率。它部署在员工个人电脑(PC)上，缺点是不支持端到端的自动化和难以成规模的应用。

②RPA 2.0，涵盖了目前 RPA 的主要功能要求，是实现端到端自动化和可伸缩的虚拟劳动力，具有工作自动协调、机器人智能管理、机器人性能分析等功能，部署在虚拟机上，缺点是需要手动控制和管理机器人。

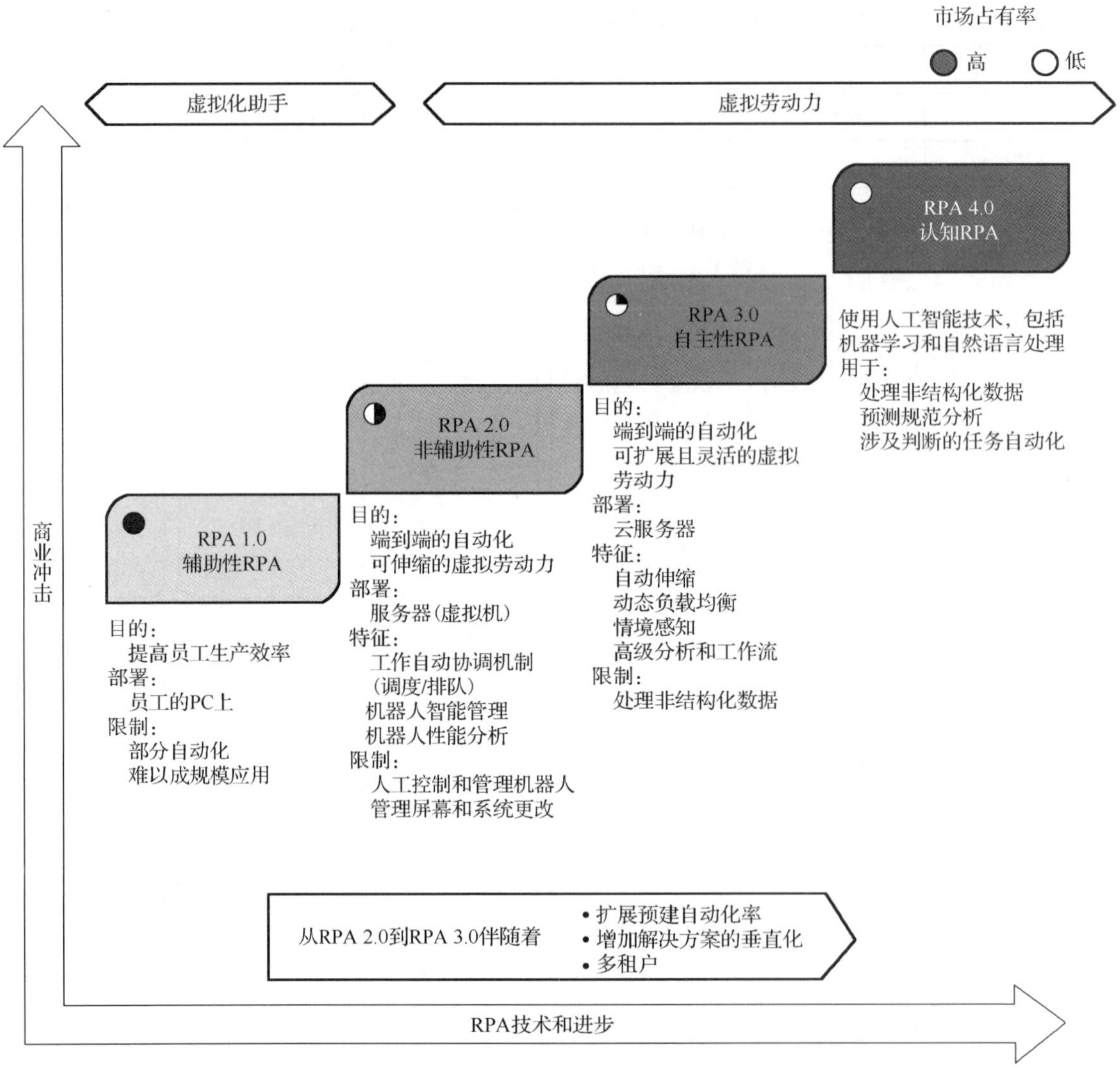

图 1-7 机器人流程自动化（RPA）演变过程

③RPA 3.0，涵盖了目前 RPA 最期望的功能要求，是实现端到端的自动化和可扩展且灵活的虚拟劳动力，具有自动伸缩、动态负载均衡、情境感知、高级分析和工作流等功能，部署在云服务器上，缺点是无法处理非结构化数据。

④RPA 4.0，涵盖了未来 RPA 的功能要求，使用人工智能等技术，实现处理非结构化数据、预测性和规范性分析、涉及判断的任务自动化等功能。

(3) 目前大多数 RPA 软件产品都集中在 2.0～3.0 之间，从 RPA 产品供应商的角度而言，需要提高 RPA 流程自动化程度来完善 RPA 软件产品，解决 RPA 2.0 和 RPA 3.0 的所有问题，同时要积极探索引入 RPA 4.0 技术。

第三节　RPA与人工智能

一、人工智能的定义

我们经常在影视中看到各种机器人，如图 1-8 所示。大家可能以为这是人工智能。其实，我们当前的人工智能还处于弱人工智能时代，但它已经存在于我们生活的方方面面。

图 1-8　影视作品中的机器人

当我们打开手机时，每天都在使用如图 1-9 所示的很多类似的 App，这些 App 已经使用了相应的人工智能技术。

（1）Google 照片、美图秀秀等图像视频应用类 App 使用了计算机视觉技术；

（2）度秘、谷歌翻译等智能助理和智能聊天类应用类 App 使用了语音技术、自然语言处理（Nature Language Processing，NLP）技术；

（3）新闻头条等热门新闻应用、滴滴或优步、淘宝、亚马逊等 App 使用了机器学习技术。

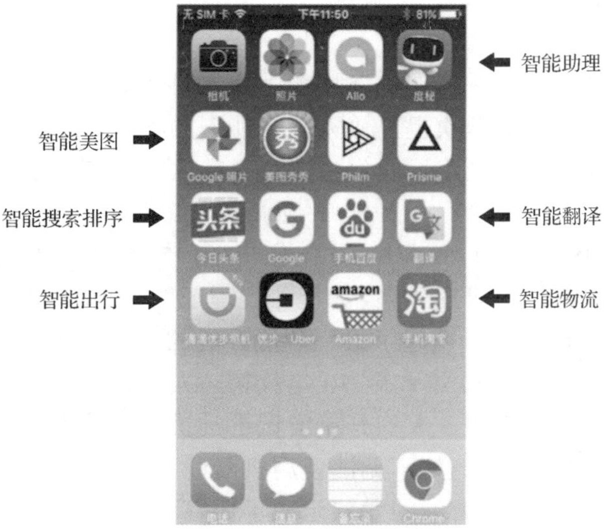

图 1-9　手机中的人工智能应用

那什么是人工智能呢？《人工智能，一种现代的方法》一书中将人工智能定义为

(1)人工智能就是与人类思考方式相似的计算机程序；

(2)人工智能就是与人类行为相似的计算机程序；

(3)人工智能就是会学习的计算机程序；

(4)人工智能就是根据对环境的感知，能够做出合理的行动，并获得最大收益的计算机程序。

图 1-10 展示了部分人工智能情景。

图 1-10　人工智能情景

人工智能的表现形式如表 1-1 所示。

表 1-1　人工智能的表现形式

会　看	会　听	会　说	会　行　动	会　思　考	会　学　习
图像识别 文字识别 车牌识别	语音识别 说话人识别 机器翻译	语音合成 人机对话	机器人 自动驾驶汽车 无人机	人机对弈 定理证明 医疗诊断	机器学习 知识表示

二、人工智能的发展

1956 年夏，麦卡锡、明斯基、罗切斯特和香农等科学家在美国达特茅斯学院开会研讨如何用机器模拟人的智能，并首次提出“人工智能”的概念，这标志着人工智能的诞生。此后便开启了人工智能的探索之路。我们将人工智能六十余年的发展历程划分为以下 6 个阶段(见图 1-11)。

(1)起步发展期：1956 年至 20 世纪 60 年代初。1956 年人工智能概念首次被提出后，相继出现了一系列令人瞩目的研究成果，如机器定理证明、智能跳棋程序、表处理语言(List Processing Language，LISP)等，掀起了人工智能发展的第一个高潮。

(2)反思发展期：20 世纪 60 年代至 70 年代初。人工智能发展初期的突破性进展极大地提高了人们对人工智能的期望，人们开始尝试更具挑战性的人工智能任务。然而，接二连三的失败和预期目标的落空(例如，无法使用机器证明两个连续函数之和还是连续函数，机器翻译闹出笑话等)，使人工智能的发展走入了低谷。

(3)应用发展期：20 世纪 70 年代初至 80 年代中。20 世纪 70 年代出现的各类专家系统，实现了人工智能从理论研究到实际应用的重大转变。从一般思维规律探讨到专门知识运用

的重大突破，人工智能迎来了应用发展的新高潮。

(4)低迷发展期：20 世纪 80 年代中至 90 年代中。随着人工智能的应用规模不断扩大，专家系统存在的应用领域狭窄、缺乏常识性知识、知识获取困难、推理方法单一、缺乏分布式功能、难以与现有数据库兼容等问题逐渐暴露出来。

(5)稳步发展期：20 世纪 90 年代中至 2010 年。网络技术特别是互联网技术的发展、信息与数据汇聚不断加速和互联网应用不断普及加快了我们对人工智能的创新研究，促使人工智能技术进一步走向实用化。1997 年 IBM 深蓝超级计算机战胜了国际象棋世界冠军卡斯帕罗夫(Garry Kasparo)，2008 年 IBM 提出“智慧地球”的概念，这些都是这一时期的标志性事件。

(6)蓬勃发展期：2011 年至今。随着大数据、云计算、互联网、物联网等信息技术的发展，泛在感知数据和图形处理器等计算平台推动以深度神经网络为代表的人工智能技术飞速发展，大幅跨越了科学与应用之间的技术鸿沟，图像分类、语音识别、知识问答、人机对弈、无人驾驶等具有广阔应用前景的人工智能技术突破了从“不能用、不好用”到“可以用”的技术瓶颈，人工智能发展进入爆发式增长的红利期。

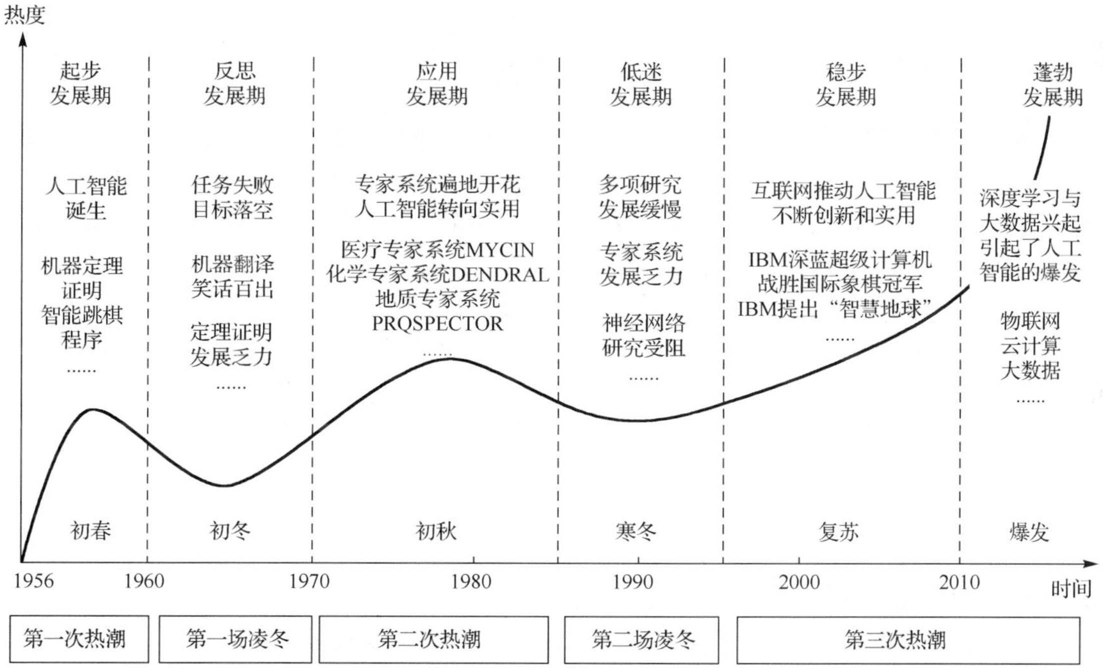

图 1-11　人工智能发展历程

三、人工智能发展的重要突破

人工智能经过六十多年的发展，其理论、技术和应用都取得了重要突破，已成为推动新一轮科技和产业革命的驱动力，并深刻影响着世界经济、政治、军事和社会的发展，逐渐得到了世界各主要国家政府部门、产业界和学术界的高度关注。

(1)专用人工智能取得重要突破，但是人工智能总体发展水平仍处于起步阶段。从可应用性看，人工智能大体可分为专用人工智能和通用人工智能。面向特定领域的人工智能技术，即专用人工智能，由于任务单一、需求明确、领域知识积累深厚、建模计算简单可行，因而形成了人工智能领域的单点突破，在局部智能水平的单项测试中可以超越人类智能。近期人工智能的进展主要集中在专用智能领域，例如，AlphaGo 在围棋比赛中战胜两届围棋冠军李世石和柯洁，人工智能在 ImageNet 图像识别和 LFW（Labeled Faces in the Wild）人脸识别中的准确率超越了人类的水平，微软语音识别系统 5.1%的错误率比肩专业速记员，2017 年斯坦福大学在 *Nature* 杂志上发表的论文显示人工智能诊断皮肤癌的水平达专家水平。

人的大脑是一个通用的智能系统，能举一反三、融会贯通，可处理视觉、听觉、判断、推理、学习、思考、规划、设计等各类问题，可谓“一脑万用”。真正意义上完备的人工智能系统应该是一个通用的智能系统。我们对通用人工智能的研究与应用刚刚起步，依然任重道远。

人工智能系统的能力维度可分为信息感知（Perceiving）、机器学习（Learning）、概念抽象（Abstracting）和规划决策（Reasoning）。目前人工智能系统在信息感知和机器学习两方面进展显著，但是在概念抽象和规划决策方面能力还很薄弱。总体上看，目前的人工智能系统可谓有智能没智慧、有智商没情商、会计算不会“算计”、有专才无通才……，人工智能还有很多不能。

（2）统计机器学习理论成为人工智能走向实用的理论基础。近些年来，深度学习、强化学习、对抗学习等统计机器学习理论在计算机视觉、语音识别、自然语言理解、人机博弈等方向取得显著成果。例如，研究人员通过对深度神经网络进行应用创新，在国际计算机视觉竞赛中，ImageNet 图像分类的 Top5 误差率从 2012 年的 16%降到了 2017 年的 3%左右；在人机博弈方面，*Nature* 在 2016 年和 2017 年分别刊登了 AlphaGo 和 AlphaGoZero 的研究成果，其中 AlphaGoZero 不依赖人类知识，通过强化学习算法完胜 AlphaGo。该研究探索了在特定应用中不依赖外部数据和人类知识的人工智能技术发展新路线。

（3）人工智能技术生态的建设备受重视。人工智能技术生态包括数据平台、开源算法、计算芯片、基础软件、GPU 服务器、垂直应用等。全球科技巨头如 Google、IBM、Microsoft、Facebook 等积极推动人工智能技术生态的自主研发，抢占人工智能相关产业制高点。目前人工智能算法、数据、GPU/TPU/NPU 计算、运行/编译/管理等基础软件已有大量开源资源，例如，Google 的 TensorFlow、Facebook 的 Torchnet、Microsoft 的 DMTK、IBM 的 SystemML 等。Google、IBM、英伟达、Intel、中国科学院等都在积极研发人工智能领域的计算芯片。例如，IBM 的 TrueNorth 芯片模拟人脑神经网络，已具有相当于包含 6 400 万个神经细胞和 160 亿个神经突触的类脑数据处理能力，并应用于超级计算机。

（4）人工智能创新创业如火如荼。全球产业界充分认识到人工智能技术引领新一代科技产业发展的重大意义，比如 2017 年 Google 在 I/O 大会上明确提出发展战略从“MobileFirst”转向“AIFirst”，微软在 2017 财年年报中首次提出将人工智能作为公司发展愿景。人工智能领域处于创新创业的前沿，麦肯锡报告显示 2016 年全球人工智能研发投入超 300 亿美元且正在高速增长，CBInsights 报告显示 2017 年全球新成立人工智能创新创业公司 1 100 家，人工智能领域共获得投资 152 亿美元，同比增长 141%。

（5）“智能+”成为人工智能应用的创新范式。“智能+”创新范式是指人工智能技术向创新性的消费场景和不同行业快速渗透、融合，并重塑整个社会发展，为人类社会交通、医疗、教育、安防等领域带来普惠服务。这是人工智能作为第 4 次技术革命关键驱动力最主要的表现方式。例如，智能手机——华为 Mate10 搭载人工智能领域的深度学习芯片；智能交通——Google 自动驾驶汽车已经在公路上行驶了 400 万英里（1 英里≈1.6 千米）；智能医疗——2016 年 Google 检测糖尿病诱发的视网膜病变；智能安防——视频的行人和车辆属性分析技术已经广泛应用于我国公共安全领域的“雪亮工程”。

（6）人工智能加速成为国家战略。人工智能将成为新一轮产业革命的引擎，必将深刻影响国际产业竞争格局和一个国家的国际竞争力。世界主要发达国家纷纷把发展人工智能作为提升国家竞争力、维护国家安全的重大战略，加紧积极出台政策，在核心技术、顶尖人才、标准规范等方面强化部署，力图在新一轮国际科技竞争中掌握主导权。例如，人工智能成为德国“工业 4.0”、美国“工业互联网”、日本“超智能社会”等重大国家战略的核心技术。

（7）人工智能的社会影响得到广泛关注。2017 年 11 月，*Nature* 中的一篇文章 *Four Ethical Priorities for Neuro technologies and AI* 提出人工智能和脑 - 机接口必须尊重和保护人的隐私、身份认同、能动性和平等性。2017 年 1 月，在美国加州召开的 Asilomar 会议，近千名人工智能和机器人领域的专家联合签署了“Asilomar 人工智能 23 条原则”——“阿西洛马人工智能原则”（Asilomar AI Principles），呼吁保障人类未来的伦理、利益和安全。2018 年，来自澳大利亚、美国、日本等三十多个国家和地区的研究人员签署公开信，敦促韩国科学技术院停止对人工智能武器的研发。

（8）当前社会对人工智能领域的误解和炒作普遍存在。由于人工智能与人类智能密切关联且应用前景广阔、专业性强，容易造成人们的误解，也引发了很多炒作。例如，有些人错误地认为人工智能就是机器学习，人工智能与人类智能是零和博弈，人工智能已经达到 5 岁小孩的水平，人工智能系统的智能水平即将全面超越人类的智能水平，30 年内机器人将统治世界，人类将成为人工智能的奴隶等。这些错误认识会给人工智能的发展带来不利影响。还有很多人对人工智能预期过高，以为通用人工智能很快就能实现，只要给机器人下达指令，它们就可以干任何事。另外还存在有意地炒作并通过包装人工智能概念来谋取不当利益，如一些地方不切实际地一窝蜂发展人工智能产业，“一拥而上、一哄而散”的跟风行为不利于人工智能的可持续发展。因此，科学家有义务向社会大众普及人工智能知识，引导政府、企业、民众科学客观地认识和了解人工智能。

四、RPA 与人工智能的关系

从一定程度上来说，RPA 和人工智能（见图 1-12）都有替代人工劳动的功能。

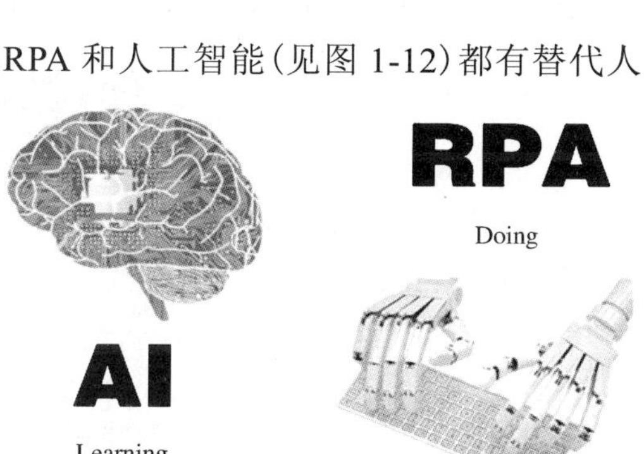

图 1-12 RPA 与人工智能

RPA 作为软件机器人，其需要依靠固定的脚本执行命令，模拟用户手工操作及交互，完成规则明确、重复性强、大批量机械性的劳作，并以外挂的形式部署在客户原有的系统上。RPA 和自动化生产线上的工业机器人较为相似，只能死板地按照人类给它规定的程序工作。

人工智能结合机器学习和深度学习，具有很强的自主学习能力。通过计算机视觉、语音识别、自然语言处理等技术拥有认知能力，通过大数据不断矫正自己的行为，具备预测、规划、调度及重塑流程场景的能力。

在具体应用上，RPA 和人工智能各有所长，且密不可分，其应用场景如图 1-13 所示。

(1) RPA 倾向于重复地执行命令，人工智能更倾向于发出命令。

(2) RPA 能够将简单的工作自动化，并为人工智能提供大数据。

(3) 人工智能能够根据 RPA 提供的数据进行模仿并改善流程。

(4) RPA 以流程为中心，人工智能以数据为中心。

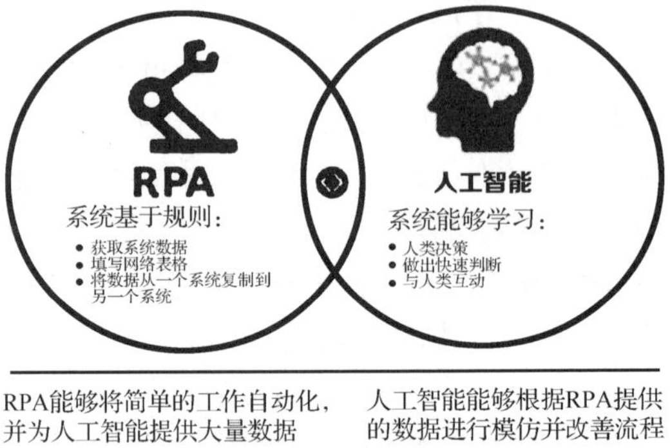

图 1-13　RPA 与人工智能应用场景

从技术角度来讲，RPA 和人工智能处于智能自动化（Intelligent Autornation，IA）的两端，其技术角度场景如图 1-14 所示。

(1) RPA 阶段，没有人工智能的参与，着重应对结构化、高度重复性的工作。主要涉及批处理、桌面自动化等技术。

(2) IA 阶段，可以完成非结构化、具有一定规律性的工作。主要涉及自然语言处理、深度学习等技术。此阶段也可被看成认知性 RPA 阶段，即“RPA 4.0 阶段”。

(3) 人工智能阶段，非结构化自由形式。主要涉及深度学习、机器学习、认知计算等技术。

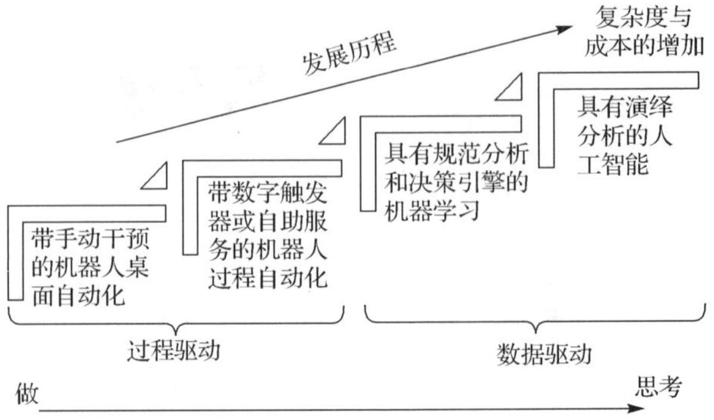

图 1-14　RPA 与人工智能技术角度场景

麦肯锡公司预测，到2025年，全球人工智能应用市场的规模总值将达到1 270亿美元，这将成为智能产业领域发展的新突破点。不过，目前人工智能技术在企业中的应用仍处于初步探索阶段。从短期来看，企业更倾向于以标准化、逻辑清晰的RPA为基础，逐步向智能程度更高的人工智能方向发展。未来，随着RPA技术的不断发展及人工智能应用的不断落地，为进一步提高企业智能效率，二者的融合将会更加快速与深入，进而演变成行业的趋势。

五、RPA与人工智能融合的案例

1. RPA+NLP案例场景

某保险公司业务员，每天都需要登录发布保险相关法律法规的网站，打开法律法规页面，单击每一个更新的文章，并提取文章里的关键信息，整理填写到表格里，然后发邮件给业务主管。其中提取文章里的关键信息就是利用NLP对文章语义的理解功能。

NLP是人工智能的一个子领域，它使计算机拥有处理人类语言的能力，让计算机能够理解并使用人类的语言。当RPA与NLP结合后，可以获取大型文本的文本摘要，然后填入到系统里。

使用RPA后效率明显提升：未使用RPA前，阅读和提炼信息的时间需要半天，使用RPA后，只需要十分钟就可以完成。

2. RPA+OCR案例场景

(1)场景描述：

OCR(Optical Charavter Recognition，光学字符识别)识别文件扫描件和图片，提取其中有用字段信息，录入到系统中或与系统中已有信息做比对验证。

(2)特点：

① 批量处理。

② 需要调用OCR做识别，并处理识别结果。

③ 人工验证耗时，易出错。

(3)应用场景：

① 证件票据验证：发票验证、证照对比、空头支票查询。

② 纸质文件录入：保单录入、纸质订单录入等。

OCR提供批量发票识别功能。首先将要处理的发票放入指定文件夹后，OCR能够自动识别发票中的数据并放入指定文件夹，然后将处理的发票转移到已处理文件夹。RPA检测到指定文件夹中新识别的发票文件，自动输入查验平台。处理完毕后生成处理结果文件并发送至相关人员进行复核，对无效发票再次做人工复核，以降低OCR识别失误的影响。场景如图1-15所示。

(4)处理效率：

OCR数据处理用时2小时，查验平台开发用时4小时，总体时间6小时。票据识别约为20秒，一张发票的在线处理时间约为10秒，共计30秒。

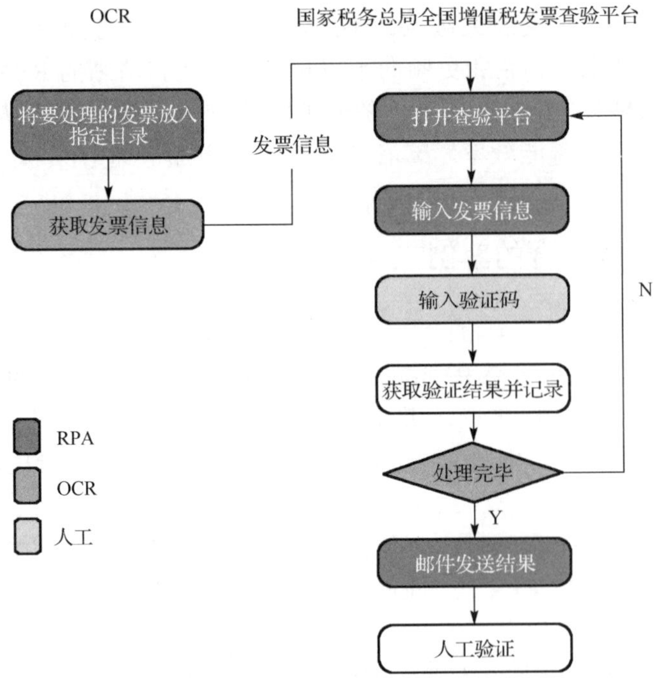

图 1-15　RPA+OCR 案例场景

第四节　RPA 软件产品

RPA 软件产品由 RPA 集成开发环境、RPA 服务器端和 RPA 客户端三个部分组成（见图 1-16）。

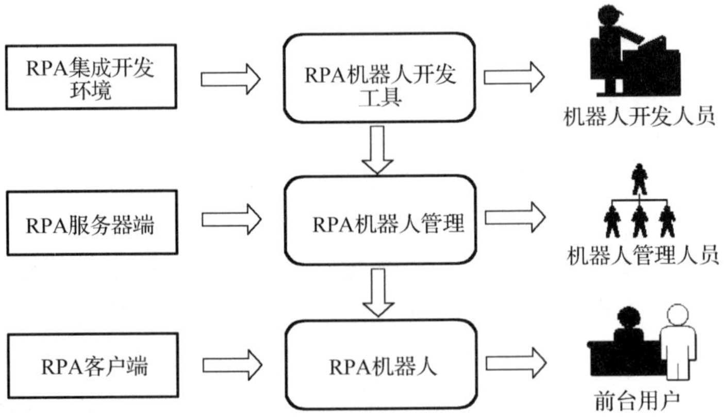

图 1-16　RPA 产品组成

目前常用的 RPA 软件产品有云帐房的 AutoWork、UiPath、Blue Prism、Automation Anywhere、华为、达观数据、艺赛旗等。

第五节 云帐房 RPA 产品——AutoWork

一、AutoWork 产生背景

随着云帐房开通报税地区的增加，税务产品部门遇到了流程越来越复杂、工作效率越来越低等问题，亟须一种方法来提升员工的工作效率，而软件机器人在国内的高速发展加速了 AutoWork 的诞生。AutoWork 企业智能机器人的特点如图 1-17 所示。

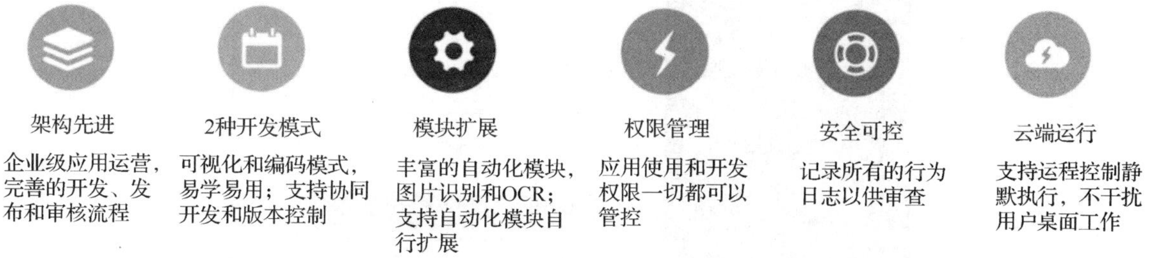

图 1-17 AutoWork 企业智能机器人的特点

二、AutoWork 产品结构

AutoWork 产品主要包含设计者、执行者、管理者三大模块(见图 1-18)，为机器人的生产、执行、管理提供了良好的载体。

(1) 管理机器人：管理机器人又称管理者，主要包括需求管理、机器人管理、执行计划管理等。

(2) 生产机器人：生产机器人又称为设计者，主要提供可视化的拖拽组件让流程开发者以画流程图的方式设计流程，同时设计端支持智能元素识别、机器人调试等功能。

(3) 执行机器人：执行机器人又称执行者，具有无人值守自动化运行、智能辅助半自动化运行和网页/桌面/软件自动化执行三种方式。

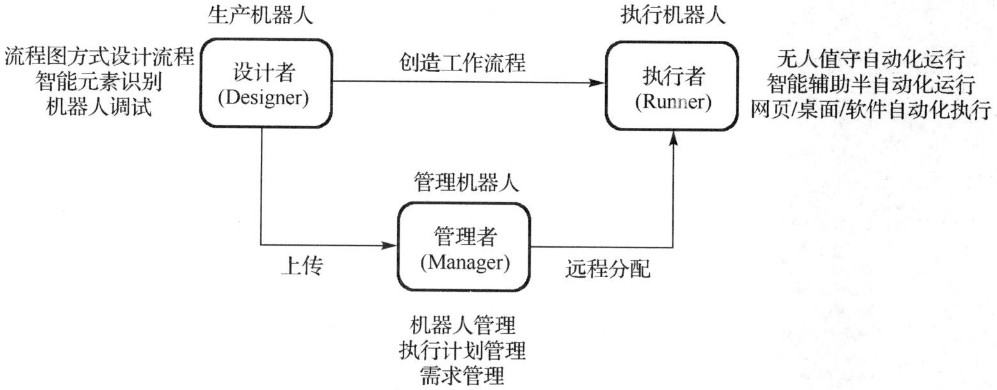

图 1-18 AutoWork 三大模块

三、AutoWork 流程创建与运行

作为 RPA 流程开发者，我们这门课主要是让读者学会使用 AutoWork 设计流程，实现业务流程的自动化。

第一步，登录 AutoWork 客户端(见图 1-19)，输入注册的手机号和密码，单击【登录】按钮进入【设计端】界面，然后单击【新建文档】(见图 1-20)按钮进入设计端流程主界面。

图 1-19　AutoWork 登录界面

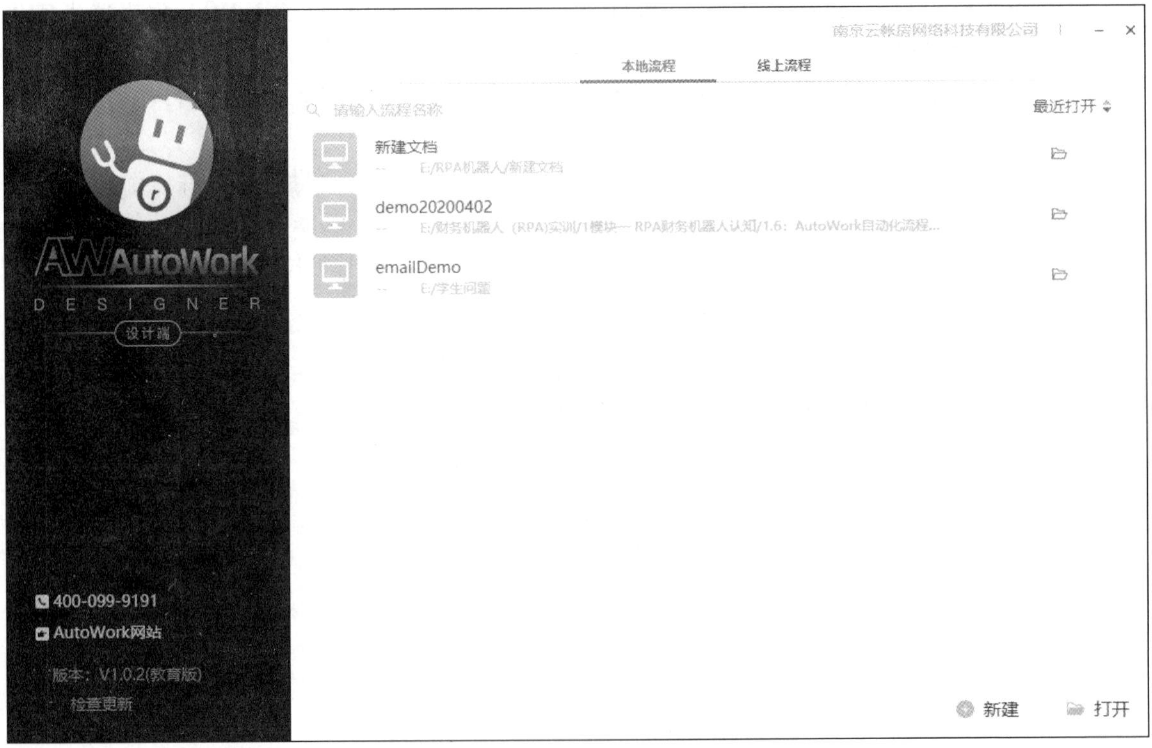

图 1-20　在【设计端】界面新建文档

第二步，在设计端的流程主界面，拖拽流程组件构建主流程(见图 1-21)。

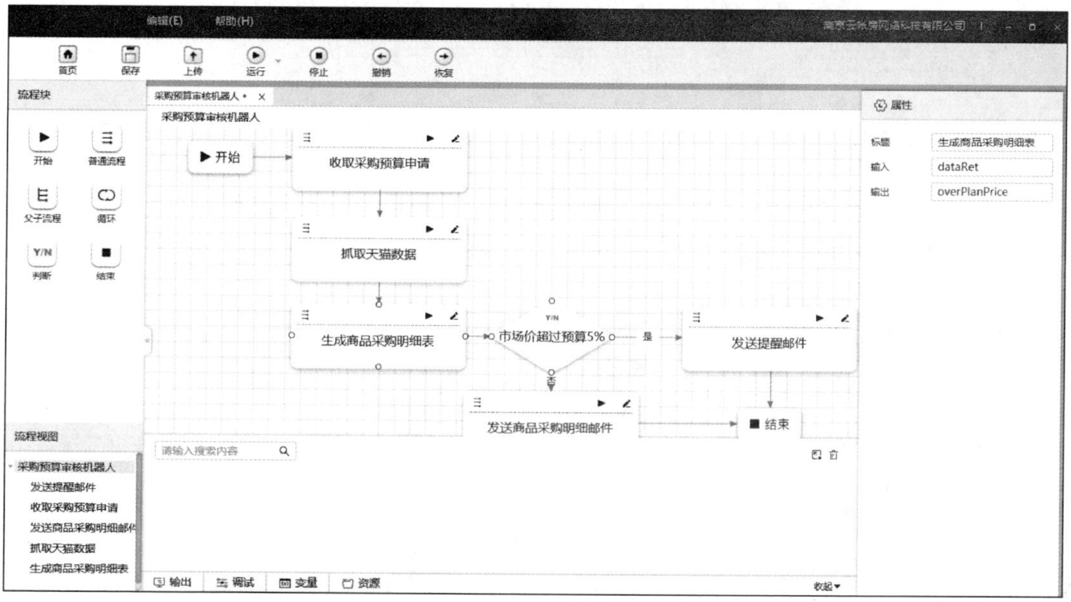

图 1-21 拖拽流程组件构建主流程

第三步，单击【主流程】组件，进入【流程编辑】界面(见图 1-22)。左侧区域显示的是流程设计组件，用户通过流程设计组件对流程块进行设计，一个流程块可对应多个设计组件；右上方区域是组件设计快捷功能，包含元素、窗口、区域等功能；中间区域是画布区内容展示，显示组件对应的描述，便于用户理解；中间底部区域是变量编辑区域，能编辑和使用用户变量；右侧区域是组件属性展示区，根据所选组件展示对应的属性，并对其进行维护。

第四步，流程设计完毕，单击上方菜单栏处的【运行】按钮，进行流程的运行与调试。

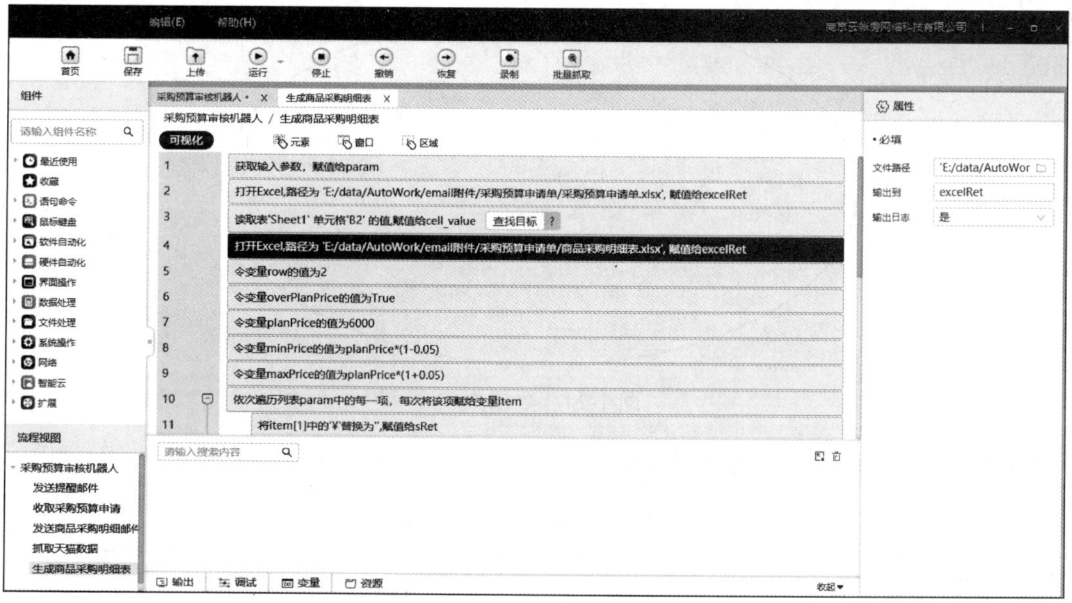

图 1-22 【流程编辑】界面

第六节　AutoWork 软件基础

一、AutoWork 中的变量

我们可以把变量看作是一个盒子，可以将钥匙、手机、饮料等物品存放在盒子中，也可以在需要的时候换成我们想存放的物品。情景模拟如图 1-23 所示。

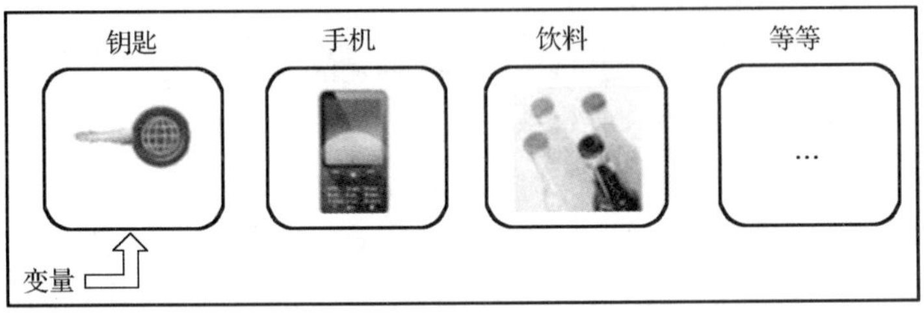

图 1-23　变量情景模拟

我们通过三个元素描述变量：变量类型、变量名及变量值。

二、AutoWork 中的数据类型

通常情况下，为了方便物品的存储，我们会规定每个盒子可以存放的物品种类，就好比在“放臭袜子的盒子”里我们不会放“面包”。同理，变量的存储也讲究“分门别类”。

对于数据来说也是一样的，我们把数据按照数据类型划分为数值型与非数值型两种，数值型数据主要是指整型数据、非整型数据；非数值型数据主要是字符串(String)数据(如人的姓名)和布尔型(Boolean)数据(如是/否)。数据类型如图 1-24 所示。

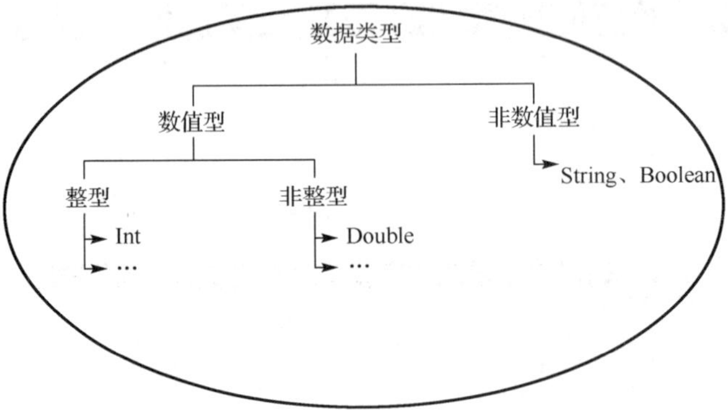

图 1-24　数据类型

AutoWork 对不同数据类型的设置不同，具体如表 1-2 所示。

表 1-2　数据类型设置说明

数据类型	说　明	AutoWork 中的变量表示
Int (整型)	用于存储整数 如一天的时间是 24 小时，一月份有 31 天	hour=24 day=31

续表

数据类型	说明	AutoWork 中的变量表示
Double （双精度）	用于存储小数 如蒙牛早餐奶的价格为 1.3 元，手机待机时间为 6.5 小时	price=1.3 standby time=6.5
String （字符串）	用于存储一串字符 如“我的爱好是踢足球”	hobby = '我的爱好是踢足球'
Boolean （布尔型）	用于存储逻辑真/假数据 如 True、False	bMarried=True

三、AutoWork 中的运算符

AutoWork 中常用的运算符有算术运算符和关系运算符两种。

1．算术运算符

【问题一】

在银行存 10 000 元，银行一年的利息为 5%，一年之后 10 000 元变成了多少元？

答案：10 000*（1+0.05）=10 500

答案中的“*”我们称为算术运算符，基本的算术运算符包含加、减、乘、除四类，如图 1-25 所示。

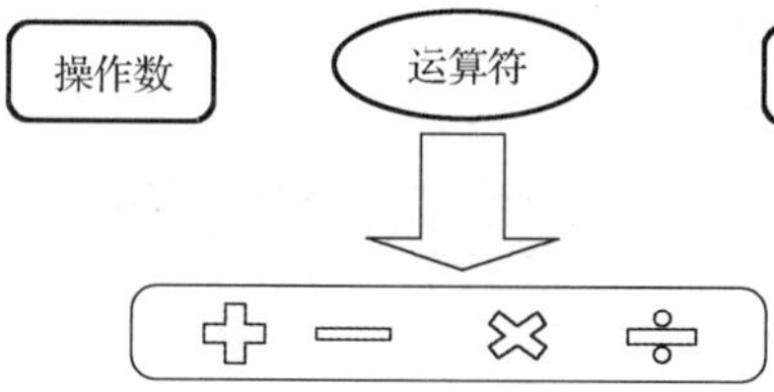

图 1-25　基本的算术运算符

【案例一】

在 AutoWork 中设计自动化流程，得出问题一的答案。

AutoWork 中的自动化流程如图 1-26 所示。

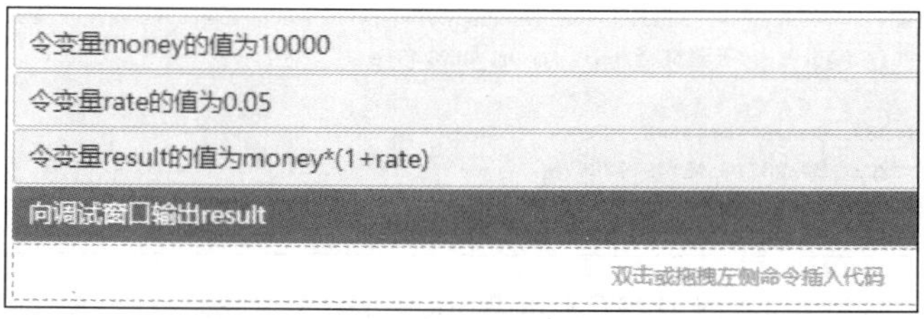

图 1-26　AutoWork 中的自动化流程

AutoWork 的运行结果如图 1-27 所示。

2．关系运算符

算术运算符用于完成两个数值型数据的数学运算，那么我们如何判断两个物体的高低、大小、长短呢？可以使用关系运算符，常用的关系运算符有>、<、==、!=、>=、<=。

```
请输入搜索内容
================================================================================
开始编译：E:\RPA机器人\新建文档
编译成功
================================================================================
检测环境...
检测成功
================================================================================
运行流程(E:/RPA机器人/新建文档/build)：aw_4b0245fe
10500.0
开始时间：2021-09-28 14:47:39.746517
结束时间：2021-09-28 14:47:40.994595
总 时 间：0:00:01.248078
运行结束返回：0，成功
```

图 1-27　AutoWork 的运行结果

【案例二】

A 公司的资产负债率为 55%，若资产负债率的范围为 50%～70%，请在 AutoWork 中设计自动化流程判断 A 公司的资产负债率是否在正常范围内。

AutoWork 中的自动化流程如图 1-28 所示，它的运行结果如图 1-29 所示。

```
令变量debt_rate的值为0.55
令变量result的值为debt_rate>=0.5 and debt_rate<=0.7
向调试窗口输出result
双击或拖拽左侧命令插入代码
```

图 1-28　AutoWork 中的自动化流程

```
================================================================================
开始编译：E:\RPA机器人\新建文档
编译成功
================================================================================
检测环境...
检测成功
================================================================================
运行流程(E:/RPA机器人/新建文档/build)：aw_4b0245fe
True
开始时间：2021-09-28 14:43:48.733779
结束时间：2021-09-28 14:43:49.978670
总 时 间：0:00:01.244891
运行结束返回：0，成功
```

图 1-29　AutoWork 中的运行结果

输出的结果是布尔型数据“True”，A 公司的资产负债率在正常范围内。

第二章

员工费用智能审核机器人应用开发

第一节　员工费用智能审核——问题提出

某上市公司财务部办公区。

上午 10 时，财务部小张收到了同事小王发来的三次出差费用报销数据。公司对各项费用报销的金额有严格的控制，所以每次审核发票前，小张都需要对同事的报销金额进行审核，看是否在公司的报销标准内。公司的住宿费、市内交通费/餐费报销标准（见表 2-1）和小王的报销数据（见图 2-1）如下。

表 2-1　公司差旅报销标准

地区	京沪广深宁杭地区		其他地区		出差补助
类别	住宿费	市内交通费/餐费	住宿费	市内交通费/餐费	
标准	360 元/(间・天)	150/(人・天) 其中：市内交通费 75 元/(人・天)，餐费 75 元/(人・天)	250 元/(间・天)	130/(人・天) 其中：市内交通费 65 元/(人・天)，餐费 65 元/(人・天)	25 元/(人・天)

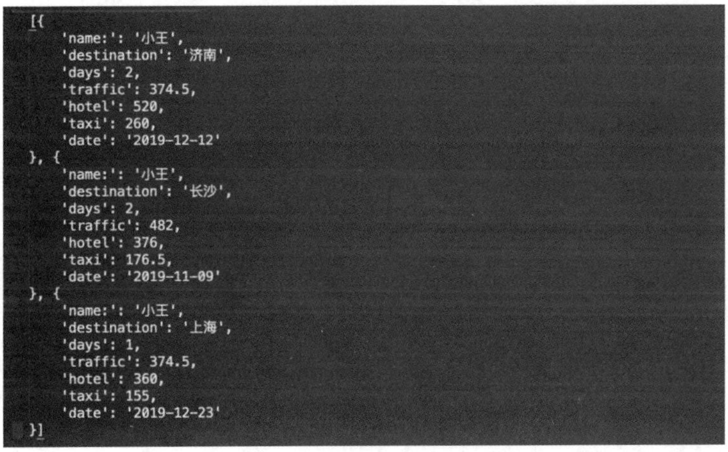


```
[{
    'name:': '小王',
    'destination': '济南',
    'days': 2,
    'traffic': 374.5,
    'hotel': 520,
    'taxi': 260,
    'date': '2019-12-12'
}, {
    'name:': '小王',
    'destination': '长沙',
    'days': 2,
    'traffic': 482,
    'hotel': 376,
    'taxi': 176.5,
    'date': '2019-11-09'
}, {
    'name:': '小王',
    'destination': '上海',
    'days': 1,
    'traffic': 374.5,
    'hotel': 360,
    'taxi': 155,
    'date': '2019-12-23'
}]
```


图 2-1　小王的报销数据

第二节　员工费用智能审核——业务场景分析

员工费用报销流程如图 2-2 所示。

第一步，报销人发起报销申请，提供发票、凭证、单据等原始单据；

第二步，上级领导核对金额是否正确、原始单据是否齐全、费用是否超支等；

第三步，费用会计核查发票、凭证、单据信息是否合规；

第四步，费用会计审核通过后进行账务处理。

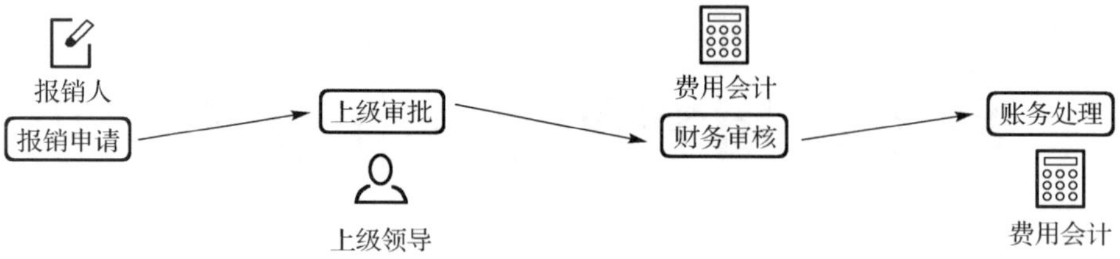

图 2-2　员工费用报销流程

第三节　AutoWork 的流程控制与字符串

一、AutoWork 中的条件分支

【案例】

如何判断 A 公司本年度的资产负债率是否正常呢？判断流程如图 2-3 所示。

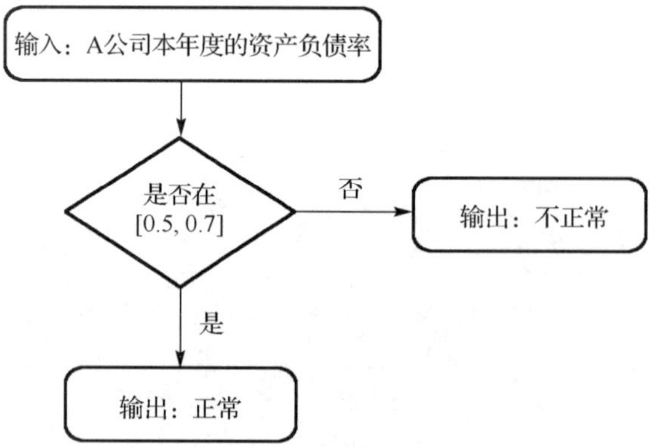

图 2-3　判断流程

【分析】

图 2-3 中判断 A 公司本年度的资产负债率是否正常需要使用 AutoWork 中的【条件分支】组件（见图 2-4）。

如果条件成立，则执行为真的分支的组件块，否则执行为假的分支的组件块。条件分支的属性描述如表 2-2 所示。

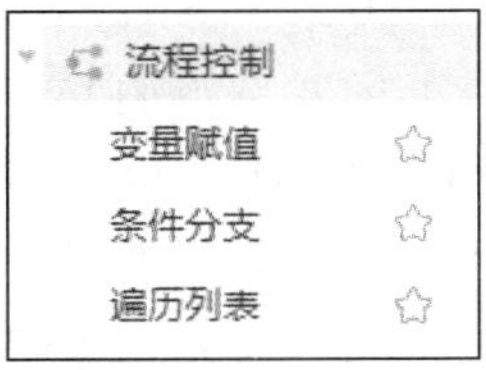

图 2-4 AutoWork 中的【条件分支】组件

表 2-2 条件分支属性描述

名 称	默 认 值	描 述
判断表达式	True	结果为真，执行为真的分支
判断表达式	False	结果为假，执行为假的分支

【RPA 实现及执行结果】

使用 AutoWork 中的【流程控制】组件的【条件分支】组件设计流程判断 A 公司本年度的资产负债率是否正常。RPA 实现及执行结果如图 2-5 所示。

图 2-5 RPA 实现及执行结果

二、AutoWork 中的循环结构

【问题一】

A 公司 2019 年营业额为 2 500 万元，根据业务需要平均每年增长 25%，请问按此增长速度，到哪一年该公司营业额将达到 1 亿元？

【解答】

(1)计算 2020 年营业额：2 500×(1+0.25)=3 125(万元)；
(2)判断 2020 年营业额是否达到 1 亿元？没有达到，继续计算；
(3)计算 2021 年营业额：3 125×(1+0.25)=3 906.25(万元)；
(4)判断 2021 年营业额是否达到 1 亿元？没有达到，继续计算；
(5)计算 2022 年营业额：3 906.25×(1+0.25)=4 882.812 5(万元)；
(6)判断 2022 年营业额是否达到 1 亿元？没有达到，继续计算；
……

上述中每年的营业额计算过程和判断过程是类似的，这时候我们就可以使用循环结构来解决。

循环是指某个操作一直重复执行，如围着操场跑 2 圈、打印 50 份文件、写 10 遍错题等。

循环包括无限循环和有限循环两种。无限循环是无限制的重复操作，如地球的自转；有限循环是指有限制的重复操作，达到循环条件就不再进行，如打印 50 份文件，循环条件是 50 份，一旦满足循环条件，则循环终止。在实际应用中，循环一般都会有循环条件，否则就进入了死循环。

循环结构是由循环条件和循环操作构成的。AutoWork 中实现循环的步骤如下。

第一步，确定循环条件和循环操作；

第二步，调用【条件循环】组件，如图 2-6 所示；

第三步，检查循环是否能够退出。

图 2-6 【条件循环】组件

【案例】

使用 AutoWork 设计流程，解决问题一中的问题。

【分析】

案例分析流程如图 2-7 所示。

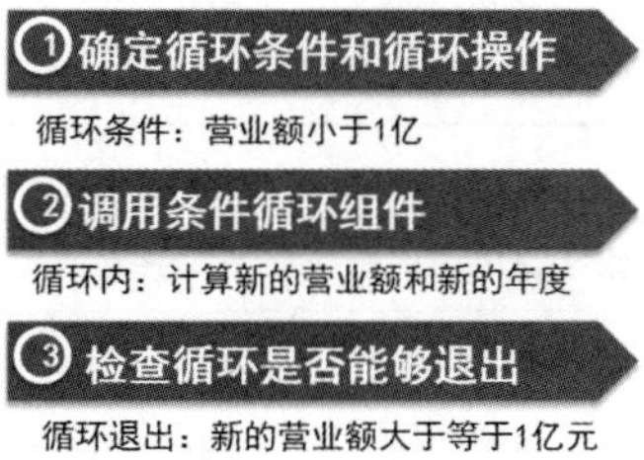

图 2-7 案例分析流程

【RPA 实现】

RPA 实现如图 2-8 所示。

图 2-8 RPA 实现

【RPA 执行结果】

RPA 执行结果如图 2-9 所示。

```
运行流程(E:/财务机器人（RPA)实训/2模块二 费用报销智能审核机器人开发
2026
开始时间：2021-09-28 17:13:05.782778
结束时间：2021-09-28 17:13:07.058569
总 时 间：0:00:01.275791
运行结束返回：0，成功
```

图 2-9 RPA 执行结果

所以问题一的答案是“2026 年”。

三、AutoWork 中的字符串

AutoWork 中的【字符串】组件的各子组件名称及功能描述如表 2-3 所示。

表 2-3　AutoWork【字符串】组件各子组件说明

序号	组 件 名 称	功 能 描 述
1	替换字符串	将原字符串中的指定字符串替换为新字符串，并返回替换后的字符串
2	将字符串转换为大写	将字符串中的所有字符转换为大写字母
3	将字符串转换为小写	将字符串中的所有字符转换为小写字母
4	获取字符串长度	返回字符串的字符个数
5	查找字符串	在字符串内查找指定的字符串，返回查找到的第一个字符串位置，如果没有找到，返回-1
6	倒序查找字符串	在字符串内倒序查找指定的字符串，返回查找到的第一个字符串位置，如果没有找到，返回-1
7	颠倒文字	将字符串倒序返回
8	获取字符	获取字符串指定位置的字符
9	字符串比较	对两个字符串进行比较，字符串相同时返回 True，否则返回 False
10	分割字符	使用特定字符分割字符串
11	合并字符	将两个字符串合并成一个字符串
12	抽取指定位置字符	从字符串中抽取指定位置开始到指定位置结束的字符，位置从 0 开始
13	取 ASCII 代码	获取指定字符的 ASCII 代码
14	取 ASCII 字符	获取指定 ASCII 代码对应的字符
15	转为数字	将字符串转化为整数或小数
16	是否可转为数字	返回是否可以将字符串转化为整数或小数
17	数字转为字符串	将数值型数据转换为字符串

【案例】

输入员工正确的身份证号码，提取员工的出生年月日并输出。

【分析】

需要匹配第一代身份证号码和第二代身份证号码两种格式。

(1)输入第一代身份证号码：220122820213091，最终结果返回“1982 年 02 月 13 日”。

(2)输入第二代身份证号码：220122198202130911，最终结果返回“1982 年 02 月 13 日”。

需要使用【获取字符串长度】【抽取指定位置字符】【合并字符】【分支结构】等子组件。

【RPA 实现】

RPA 实现如图 2-10 所示。

```
令变量IdCard的值为'220122820213091'
令变量IdCard的值为'220122198202130911'
获取IdCard的字符串长度，赋值给strLen
如果strLen==15 成立 则
    在字符串IdCard中抽取6与8之间的字符，赋值给year
    令变量year的值为'19'+year
    在字符串IdCard中抽取8与10之间的字符，赋值给month
    在字符串IdCard中抽取10与12之间的字符，赋值给day

否则
    在字符串IdCard中抽取6与10之间的字符，赋值给year
    在字符串IdCard中抽取10与12之间的字符，赋值给month
    在字符串IdCard中抽取12与14之间的字符，赋值给day

令变量result的值为year+'年'+month+'月'+day+'日'
向调试窗口输出result
```

图 2-10　RPA 实现

第四节　员工费用智能审核——原型设计

A 公司报销标准与小王的报销数据之间的关系如图 2-11 所示。

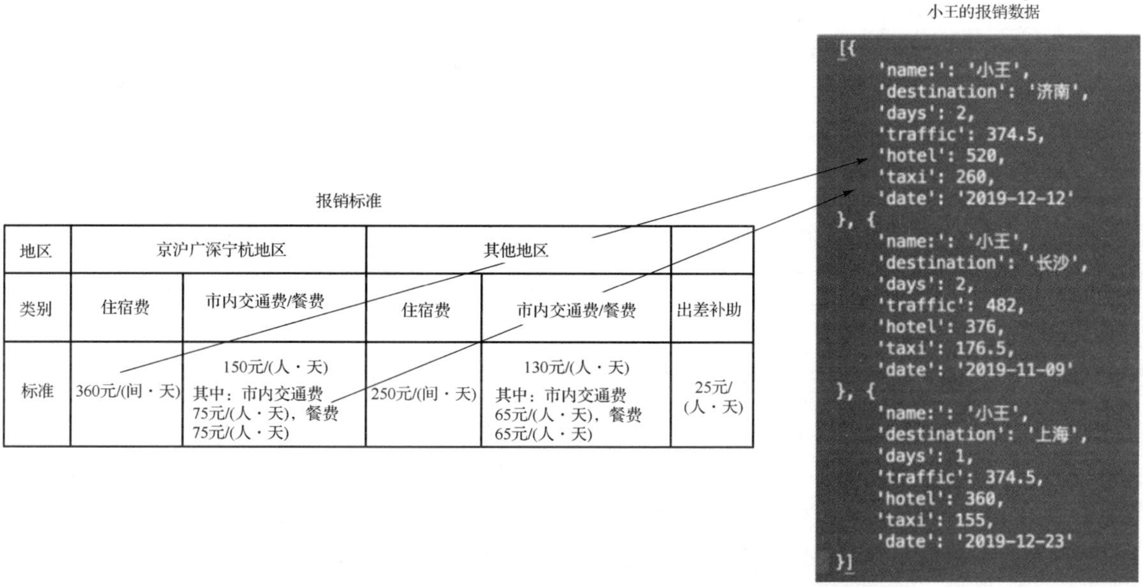
小王的报销数据
报销标准
地区
京沪广深宁杭地区
其他地区
类别
住宿费
市内交通费/餐费
住宿费
市内交通费/餐费
出差补助
标准
360元/(间・天)
150元/(人・天)
其中：市内交通费75元/(人・天)，餐费75元/(人・天)
250元/(间・天)
130元/(人・天)
其中：市内交通费65元/(人・天)，餐费65元/(人・天)
25元/(人・天)
[{
'name:': '小王',
'destination': '济南',
'days': 2,
'traffic': 374.5,
'hotel': 520,
'taxi': 260,
'date': '2019-12-12'
}, {
'name:': '小王',
'destination': '长沙',
'days': 2,
'traffic': 482,
'hotel': 376,
'taxi': 176.5,
'date': '2019-11-09'
}, {
'name:': '小王',
'destination': '上海',
'days': 1,
'traffic': 374.5,
'hotel': 360,
'taxi': 155,
'date': '2019-12-23'
}]

图 2-11　A 公司报销标准与小王的报销数据之间的关系

【任务要求】

使用 AutoWork 中的组件，完成员工费用智能审核的原型设计。

【解答】

员工费用智能审核流程原型设计如图 2-12 所示。

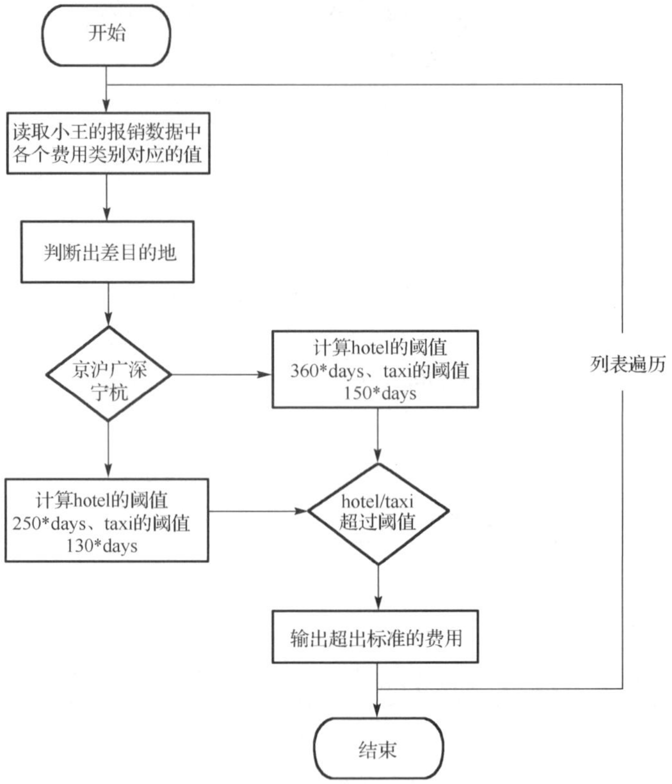

图 2-12　员工费用智能审核流程原型设计

第五节　员工费用智能审核——RPA 实现

【案例】

使用 AutoWork 帮小张设计一个自动化流程，它能够实现输入小王的报销数据后，就返回小王报销中不符合报销标准的数据。

【RPA 步骤拆解】

第一步，依次单击【流程控制】—【变量赋值】组件，输入小王的报销数据；

第二步，依次单击【流程控制】—【遍历列表】组件，遍历每一行数据；

第三步，依次单击【字典】—【获取字典的值】组件，获取每一行数据中的“destination”“days”“hotel”“taxi”和“date”对应的值，分别赋值给相应的变量；

第四步，依次单击【流程控制】—【条件分支】组件，判断 destination 是否在['北京', '上海', '广州', '深圳', '宁波', '杭州']列表中，如果在，设置不同的 hotel 阈值和 taxi 阈值；

第五步，【流程控制】—【条件分支】，判断 hotel 值是否大于 hotel 阈值，如果大于则把“date+'，'+'hotel 费用超过标准'”添加到结果列表中；

第六步，【流程控制】—【条件分支】，判断 taxi 值是否大于 taxi 阈值，如果大于则把“date+'，'+'taxi 费用超过标准'”添加到结果列表中；

第七步，输出结果列表。

【RPA 实现】

RPA 实现如图 2-13 所示。

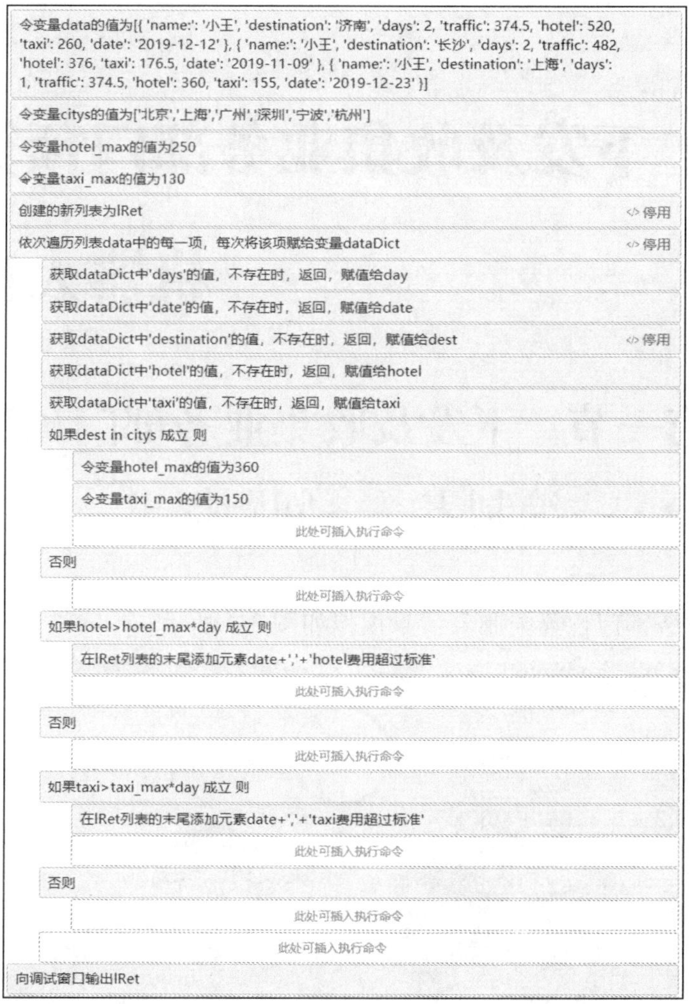
令变量data的值为[{ 'name:': '小王', 'destination': '济南', 'days': 2, 'traffic': 374.5, 'hotel': 520, 'taxi': 260, 'date': '2019-12-12' }, { 'name:': '小王', 'destination': '长沙', 'days': 2, 'traffic': 482, 'hotel': 376, 'taxi': 176.5, 'date': '2019-11-09' }, { 'name:': '小王', 'destination': '上海', 'days': 1, 'traffic': 374.5, 'hotel': 360, 'taxi': 155, 'date': '2019-12-23' }]
令变量citys的值为['北京','上海','广州','深圳','宁波','杭州']
令变量hotel_max的值为250
令变量taxi_max的值为130
创建的新列表为lRet
停用
依次遍历列表data中的每一项，每次将该项赋给变量dataDict
停用
获取dataDict中'days'的值，不存在时，返回，赋值给day
获取dataDict中'date'的值，不存在时，返回，赋值给date
获取dataDict中'destination'的值，不存在时，返回，赋值给dest
停用
获取dataDict中'hotel'的值，不存在时，返回，赋值给hotel
获取dataDict中'taxi'的值，不存在时，返回，赋值给taxi
如果dest in citys 成立 则
令变量hotel_max的值为360
令变量taxi_max的值为150
此处可插入执行命令
否则
此处可插入执行命令
如果hotel>hotel_max*day 成立 则
在lRet列表的末尾添加元素date+','+'hotel费用超过标准'
此处可插入执行命令
否则
此处可插入执行命令
如果taxi>taxi_max*day 成立 则
在lRet列表的末尾添加元素date+','+'taxi费用超过标准'
此处可插入执行命令
否则
此处可插入执行命令
此处可插入执行命令
向调试窗口输出lRet

图 2-13　RPA 实现

【RPA 执行结果】

RPA 执行结果输出如图 2-14 所示。

输出结果：

[‘2019-12-12, hotel 费用超过报销标准’，‘2019-12-23, taxi 费用超过报销标准’]

图 2-14　RPA 执行结果

第三章
下发及收集业务部门预算编制表机器人应用开发

第一节 下发及收集业务部门预算编制表——问题提出

下发及收集业务部门预算编制表情景模拟如图 3-1 所示。

图 3-1 情景模拟

财务部专员小郑：唉……这么多活，什么时候能做完啊！
同事小杨：小郑，发生什么事情了？给我说说，看能不能帮你解决。

财务部专员小郑：又到了做月度财务计划的日子，如果只是编制财务计划用不了多长时间，但是首先我要登录邮箱下载各个事业部发来的收支计划，然后将所有邮件按部门归类。这些重复又无技术含量的工作耗费了我太多时间。而且我们计划岗每月要接收大量的计划表，各部门提交的数据又多又杂，比如收支计划里的收入就有销售收入、劳务收入、利息收入、固定资产租赁收入等，汇总整理起来效率特别低，要是有人帮我完成这些工作就好了。

同事小杨：我能请到一个既聪明又帅气的朋友帮你减轻压力。

财务部专员小郑：你说的是真的吗？工作的事情可不能开玩笑哦。

同事小杨：但你得首先向我讲解和展示一下你原来的财务计划编制工作流程，要不然神仙也救不了你。

第二节　下发及收集业务部门预算编制表——业务场景分析

月度财务计划编制工作流程如图 3-2 所示。

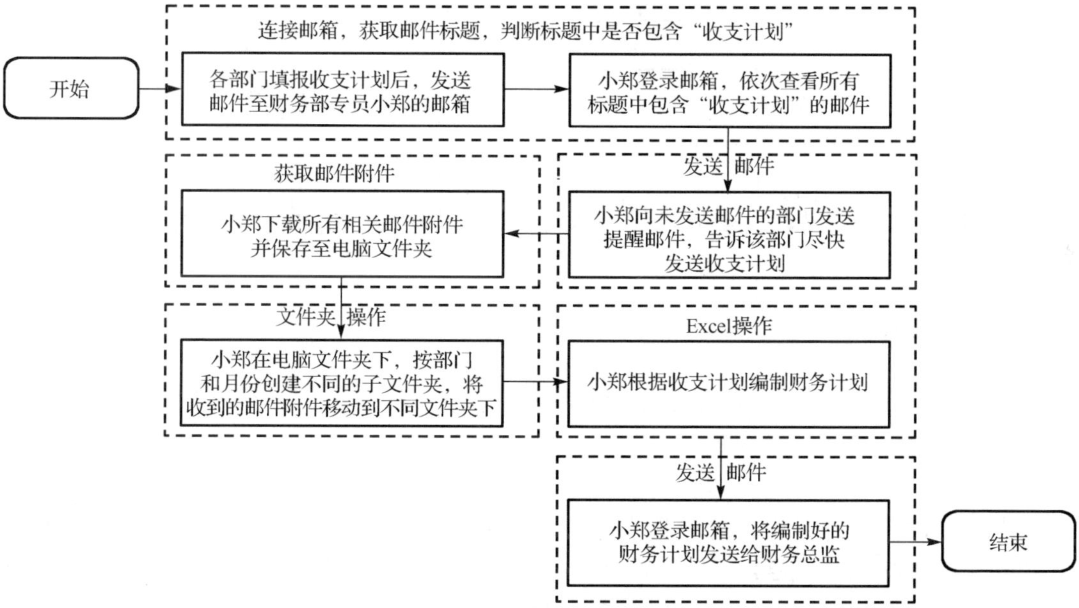

连接邮箱，获取邮件标题，判断标题中是否包含“收支计划”
开始
各部门填报收支计划后，发送邮件至财务部专员小郑的邮箱
小郑登录邮箱，依次查看所有标题中包含“收支计划”的邮件
获取邮件附件
小郑下载所有相关邮件附件并保存至电脑文件夹
发送邮件
小郑向未发送邮件的部门发送提醒邮件，告诉该部门尽快发送收支计划
文件夹操作
小郑在电脑文件夹下，按部门和月份创建不同的子文件夹，将收到的邮件附件移动到不同文件夹下
Excel操作
小郑根据收支计划编制财务计划
发送邮件
小郑登录邮箱，将编制好的财务计划发送给财务总监
结束

图 3-2　月度财务计划编制工作流程

操作流程如下。

第一步，各部门填报收支计划后，发送邮件至财务部专员小郑的邮箱；

第二步，小郑登录邮箱，依次查看所有标题中包含“收支计划”的邮件；

第三步，小郑向未发送邮件的部门发送提醒邮件，告诉该部门尽快发送收支计划；

第四步，小郑下载所有相关邮件的附件并保存至电脑文件夹；

第五步，小郑在电脑文件夹下，按部门和月份创建不同的子文件夹，将收到的邮件附件移动到不同文件夹下；

第六步，小郑根据收支计划编制财务计划；

第七步，小郑登录邮箱，将编制好的财务计划发送给财务总监。

下发及收集业务部门预算编制表业务流程如图 3-3 所示。下发及收集业务部门预算编制表业务流程是在月度财务计划编制工作流程的基础上，去掉了编制财务计划和下发财务计划的流程。

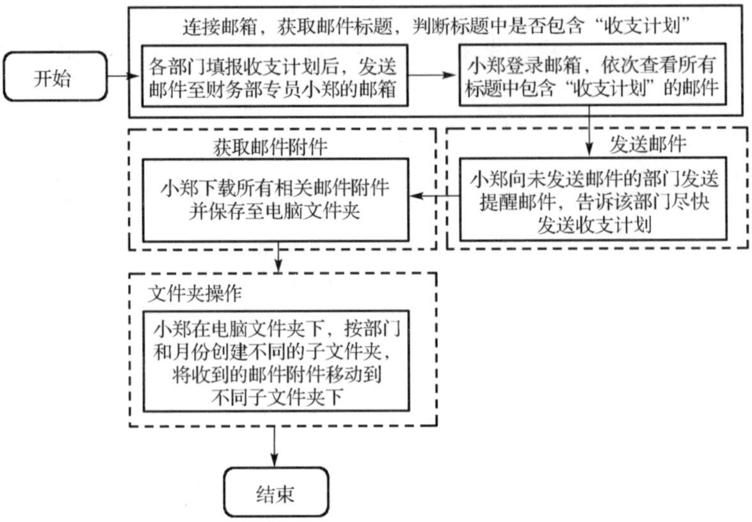
开始
连接邮箱，获取邮件标题，判断标题中是否包含“收支计划”
各部门填报收支计划后，发送邮件至财务部专员小郑的邮箱
小郑登录邮箱，依次查看所有标题中包含“收支计划”的邮件
获取邮件附件
小郑下载所有相关邮件附件并保存至电脑文件夹
发送邮件
小郑向未发送邮件的部门发送提醒邮件，告诉该部门尽快发送收支计划
文件夹操作
小郑在电脑文件夹下，按部门和月份创建不同的子文件夹，将收到的邮件附件移动到不同子文件夹下
结束

图 3-3　下发及收集业务部门预算编制表业务流程

第三节　AutoWork 的电子邮件应用

一、电子邮件概述

电子邮件(E-mail，以下简称邮件)是一种用电子手段提供信息交换的通信方式，是互联网应用最广泛的服务。常用的邮件有 Outlook、Exchange、Gmail、网易 163 邮件、新浪邮件等。

因特网上传送邮件是通过邮件服务器及其程序进行的。与个人计算机不同，这些邮件服务器及其程序必须每天 24 小时不停地运行，否则就不能收发邮件了。简单邮件传输协议(Simple Mail Transfer Protocol，SMTP)和邮局协议(Post Office Protocol，POP)是负责用客户端/服务器模式发送和检索邮件的协议。互联网信息访问协议(Internet Message Access Protocal，IMAP)是一种优于 POP 的新协议。

邮件的应用通过两个协议来实现，其工作原理如图 3-4 所示。

(1) SMTP，它的功能是把邮件发送到收件人的电子邮箱里。

(2) POP3 (Poot Office Protocol 3，电子邮局协议)，它的功能是让收件人从电子邮箱中将邮件读取到本地计算机上，在本地计算机电子邮箱软件的支持下显示邮件。

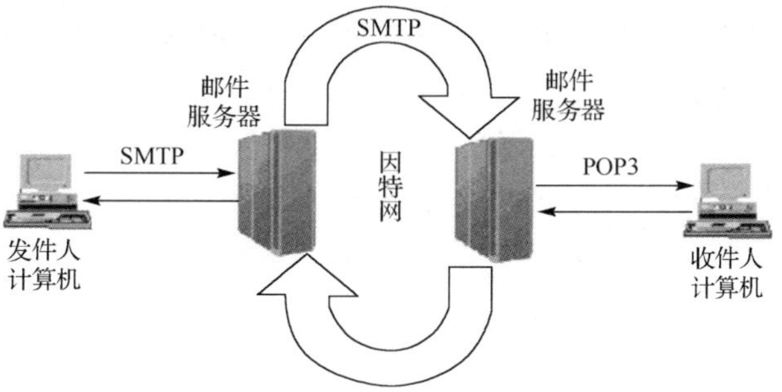

图 3-4 邮件工作原理

二、开启邮件中的 POP3/SMTP 服务

为了能让 RPA 机器人更好地帮助我们收发邮件，下面我们以 QQ 邮箱为例，详细描述具体设置。

第一步，首先打开 QQ 邮箱，在【邮箱设置】界面单击【账户】按钮，切换到【账户】界面，如图 3-5 所示。

图 3-5 【账户】界面[①]

第二步，单击 POP3/SMTP 服务的【开启】按钮，开启服务，如图 3-6 所示。

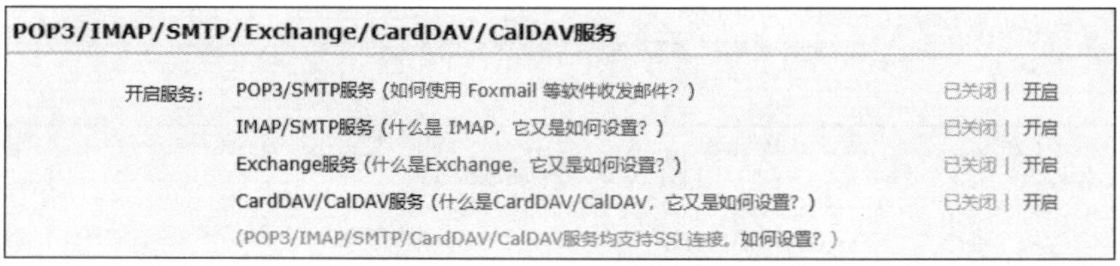

图 3-6 开启 POP/SMTP 服务

第三步，开启 POP3/SMTP 服务需要一系列验证操作。按照 QQ 邮箱提示，用手机发送“配置邮件客户端”到“1069070069”，发送完毕单击【我已发送】按钮。配置邮件客户端界面如图 3-7 所示。

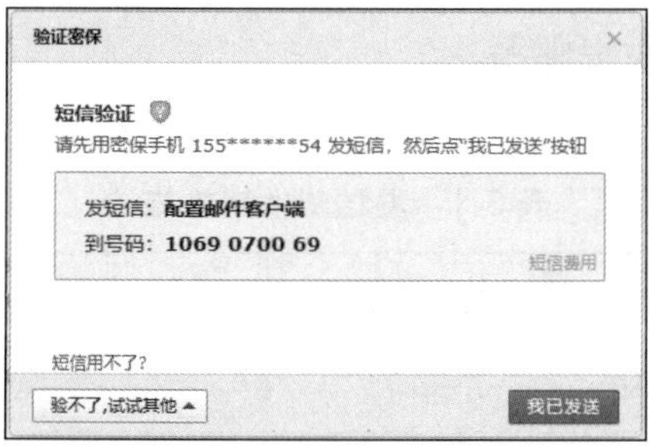

图 3-7 配置邮件客户端

① 图 3-5 中“帐户”应为“账户”，为保持截图真实性，不对图片做修改，下同。

第四步，获取授权码(见图 3-8)，并记下来，在 AutoWork 中输入授权码。(注意：每个人的 QQ 邮箱授权码是不同的。)

第五步，开启成功，如图 3-9 所示。

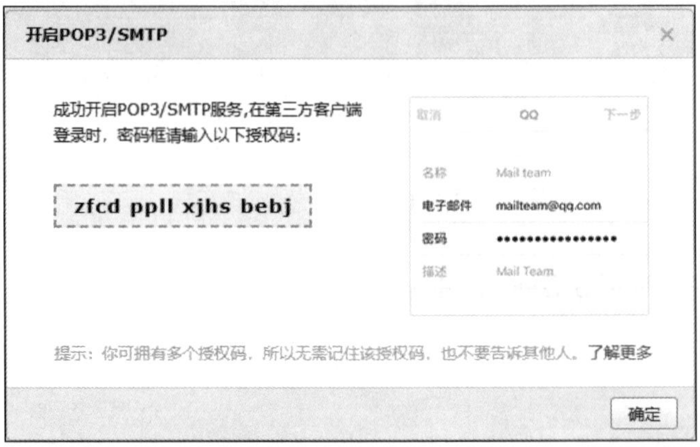

图 3-8　获取授权码

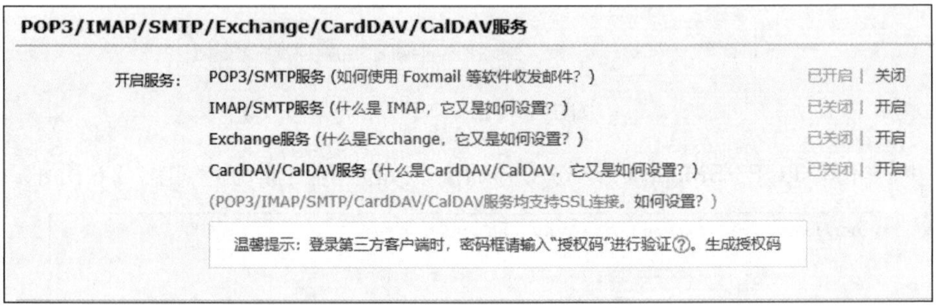

图 3-9　开启成功

三、AutoWork 中的【邮件】组件

AutoWork 中的【邮件】组件包含【发送邮件】【连接邮箱】【获取邮件标题】【获取邮件正文】【获取邮件发送人】【获取邮件地址】【获取邮件时间】【保存附件】等子组件。

1. 发送邮件

功能描述：发送邮件到指定邮箱。

属性描述：如表 3-1 所示。

表 3-1　发送邮件属性描述

名　称	默认值	描　述
SMTP 服务器	‘’	SMTP 服务器地址
邮箱账号	‘’	邮箱账号
登录密码	‘’	登录密码
收信邮箱	‘’	目标邮箱地址
邮件标题	‘’	邮件标题

续表

名　称	默 认 值	描　述
邮件正文	''	邮件正文
邮件附件	''	邮件附件路径
服务器端口	25	SMTP 服务器端口，默认为 25，一般不需要更改
SSL 加密	False	是否使用 SSL 加密，默认为 False

2. 连接邮箱

功能描述：连接一个邮箱，并作为操控对象。

属性描述：如表 3-2 所示。

表 3-2　连接邮箱属性描述

名　称	默 认 值	描　述
POP 服务器	''	POP 服务器地址
邮箱账号	''	邮箱账号
登录密码	''	登录密码
使用协议	0	使用协议
服务器端口	110	SMTP 服务器端口，默认为 110，一般不需要更改
SSL 加密	False	是否使用 SSL 加密，默认为 False

3. 获取邮件标题

功能描述：获取指定序号邮件的标题并赋值给变量，获取失败则返回空字符串。

属性描述：如表 3-3 所示。

表 3-3　获取邮件标题属性描述

名　称	默 认 值	描　述
邮箱对象	objMail	要操作的邮箱对象
邮箱序号	1	要获取的邮件序号

4. 获取邮件正文

功能描述：获取指定序号邮件的正文内容并赋值给变量，获取失败则返回空字符串。

属性描述：如表 3-4 所示。

表 3-4　获取邮件正文属性描述

名　称	默 认 值	描　述
邮箱对象	objMail	要操作的邮箱对象
邮箱序号	1	要获取的邮件序号

5. 获取邮件发送人

功能描述：获取指定序号邮件的发送人并赋值给变量，获取失败则返回空字符串。

属性描述：如表 3-5 所示。

表 3-5　获取邮件发送人属性描述

名　　称	默 认 值	描　　述
邮箱对象	objMail	要操作的邮箱对象
邮箱序号	1	要获取的邮件序号

6. 获取邮件地址

功能描述：获取指定序号邮件的发送地址。

属性描述：如表 3-6 所示。

表 3-6　获取邮件地址属性描述

名　　称	默 认 值	描　　述
邮箱对象	objMail	要操作的邮箱对象
邮箱序号	1	要获取的邮件序号

7. 获取邮件时间

功能描述：获取指定序号邮件的发送时间。

属性描述：如表 3-7 所示。

表 3-7　获取邮件时间属性描述

名　　称	默 认 值	描　　述
邮箱对象	objMail	要操作的邮箱对象
邮箱序号	1	要获取的邮件序号

8. 保存附件

功能描述：获取指定序号邮件的附件并保存在指定目录下。

属性描述：如表 3-8 所示。

表 3-8　保存附件属性描述

名　　称	默 认 值	描　　述
邮箱对象	objMail	要操作的邮箱对象
保存路径	‘’	要保存附件的路径
邮箱序号	1	要获取的邮件序号

四、案例：接收邮件

【案例】

获取邮件中的第 1 封邮件的标题、正文、发送人、邮件地址、时间和附件。

【分析】

使用 AutoWork 中的【邮件】组件的【连接邮箱】【获取邮件标题】【获取邮件正文】【获取邮件发送人】【获取邮件地址】【获取邮件时间】【保存附件】等子组件实现。

【RPA 实现】

第一步，在 AutoWork 中，依次单击组件面板中的【软件自动化】【邮件】【连接邮箱】按钮，连接邮箱，如图 3-10 所示。

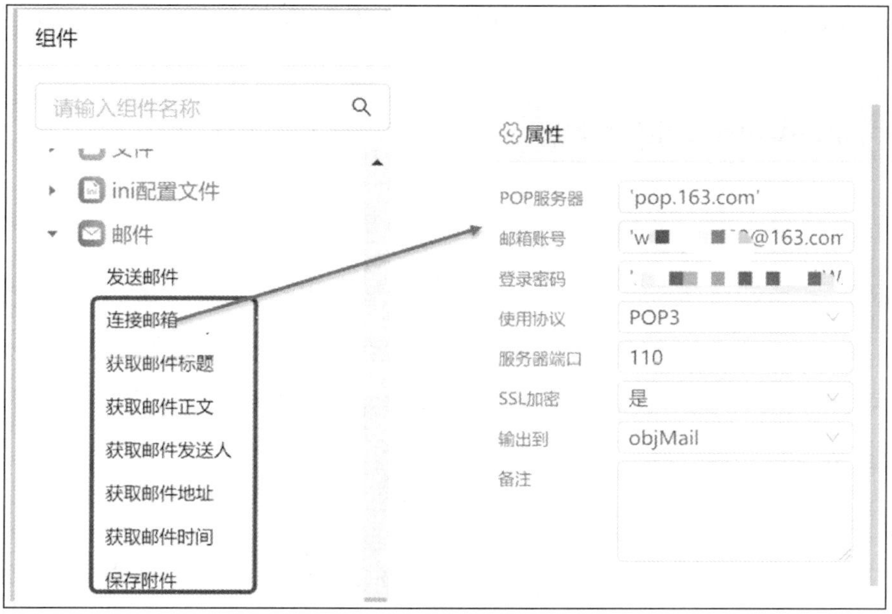

图 3-10 RPA 实现连接邮箱

第二步，分别调用【获取邮件标题】【获取邮件正文】【获取邮件发送人】【获取邮件地址】【获取邮件时间】【保存附件】组件接收邮件，如图 3-11 所示。

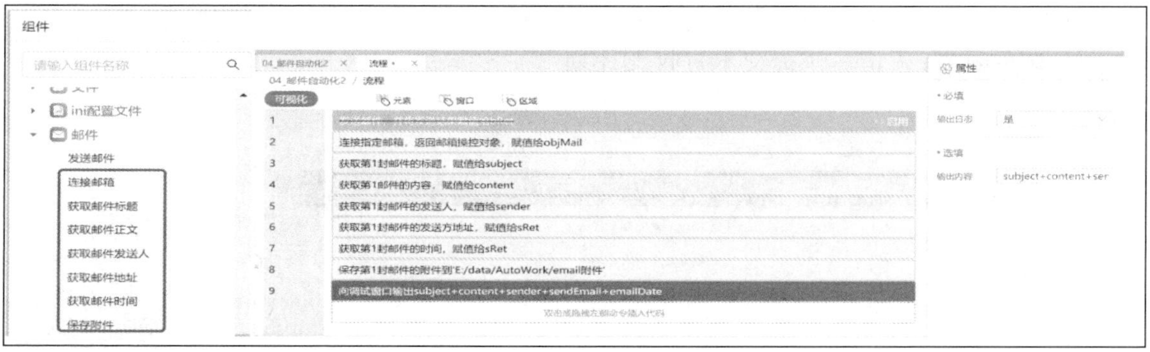

图 3-11 RPA 实现接收邮件

【RPA 执行结果】

RPA 执行结果如图 3-12 所示。

图 3-12 执行结果

五、案例：发送邮件

【案例】

使用 AutoWork 中的【邮件】组件完成发送邮件的自动化流程。

【分析】

使用 AutoWork 中的【邮件】组件中的【发送邮件】子组件（如图 3-13）来实现。

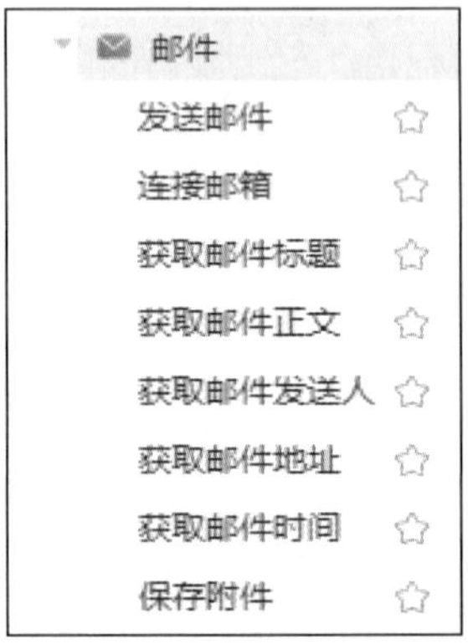

图 3-13　【发送邮件】组件

【RPA 实现】

在 AutoWork 中，依次单击【软件自动化】【邮件】【发送邮件】组件，进入发送邮件界面，如图 3-14 所示。

双击左侧组件面板中的【发送邮件】组件，然后设置右侧属性面板的参数。

(1) 邮件标题：“请尽快提交本月收支计划”。

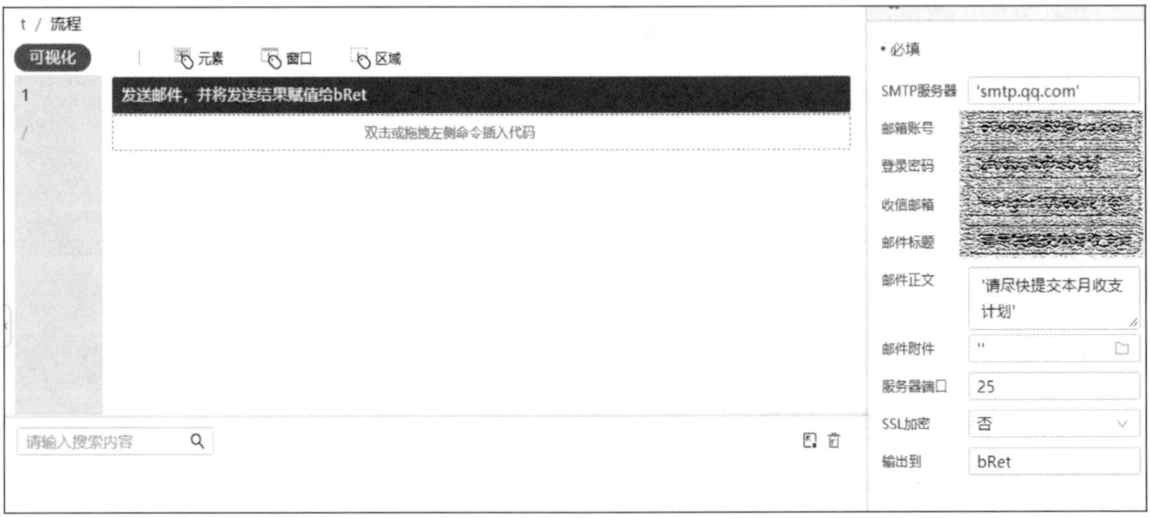

图 3-14　发送邮件界面

(2) 邮件正文：“请尽快提交本月收支计划”。

【RPA 执行结果】

收件人邮箱会收到提醒邮件，如图 3-15 所示。

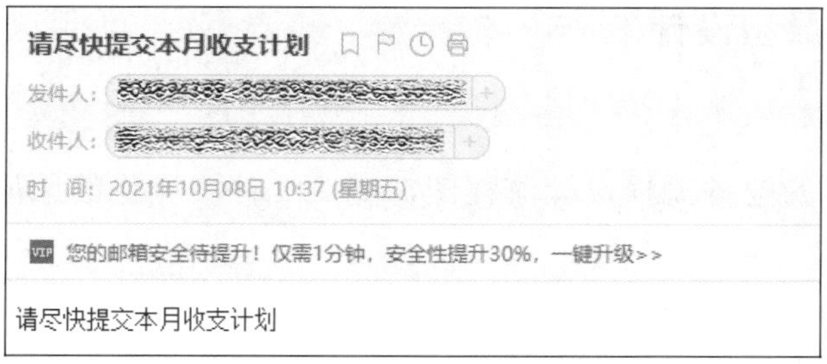
请尽快提交本月收支计划
发件人:
收件人:
时　间：2021年10月08日 10:37 (星期五)
您的邮箱安全待提升！仅需1分钟，安全性提升30%，一键升级>>
请尽快提交本月收支计划

图 3-15　收到提醒邮件

六、练习：E-mail 处理自动化

【练习要求】

把邮箱中标题包含“测试”的所有邮件的正文、发送人、邮件地址、时间显示出来，附件保存到电脑文件夹中。

【考查】

条件分支、循环结构、字符串操作、E-mail 处理自动化。

【重难点分析】

(1) 如何获取所有邮件的标题。
(2) 如何判断标题内是否包含“测试”。

第四节　下发及收集业务部门预算编制表——原型设计

一、获取目标邮件中附件的原型设计

【任务要求】

根据图 3-13 所示的业务流程，完成获取目标邮件附件业务流程（见图 3-16）的原型设计。

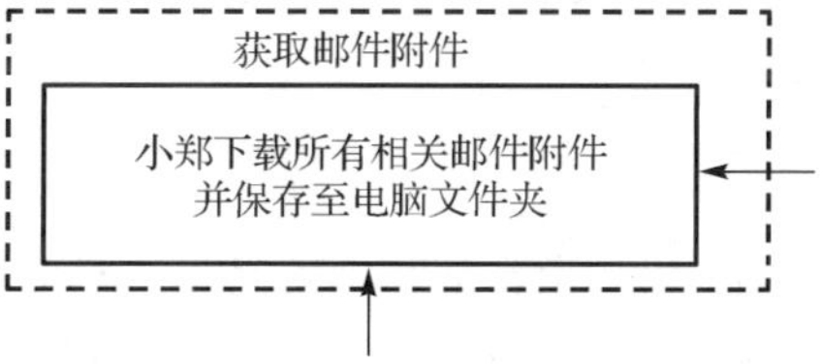
获取邮件附件
小郑下载所有相关邮件附件
并保存至电脑文件夹

图 3-16　获取目标邮件附件业务流程

【解答】

获取目标邮件附件业务流程的原型设计如图 3-17 所示。

二、文件夹操作的原型设计

【任务要求】

根据图 3-13 所示的业务流程设计流程图，完成文件夹操作的原型设计。

【解答】

文件夹操作的原型设计如图 3-18 所示。

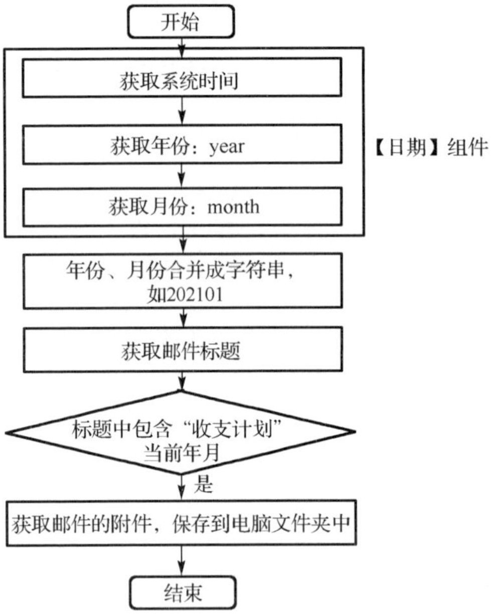

图 3-17　获取目标邮件附件业务流程的原型设计

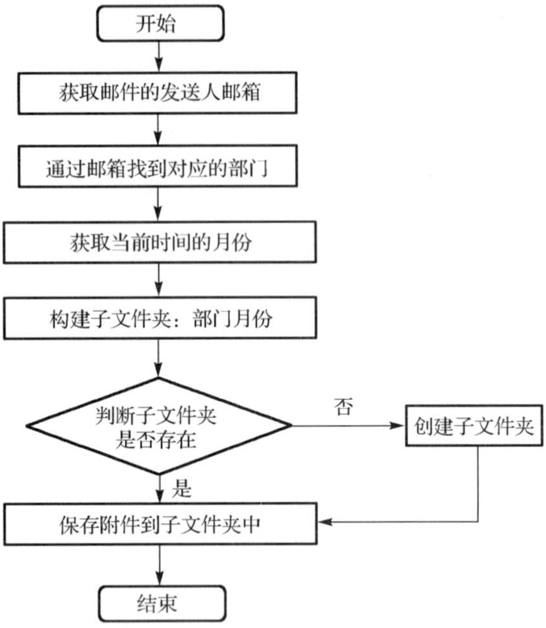

图 3-18　文件夹操作的原型设计

第五节　下发及收集业务部门预算编制表——RPA 实现

【案例】

在 AutoWork 中设计并开发自动化流程，帮助财务部专员小郑实现业务部门预算编制表的下发及收集流程（见图 3-3）。

【RPA 步骤拆解】

第一步，构建新列表 receiverList，保存发送过收支计划的部门的邮箱地址；

第二步，设置字典类型的变量 emailDict，保存部门和邮箱地址的对应关系；

第三步，获取系统时间及年份和月份，分别赋值给变量 dtRet，year 和 month，表示年份的字符串占 4 位，表示月份的字符串占 2 位，月份不够位数在左侧补零；

第四步，连接指定邮箱，循环遍历邮件连接中指定的邮箱，返回邮箱对象变量 objMail；

第五步，循环读取指定数量的邮件；

第六步，获取每一封邮件的标题；

第七步，判断标题内是否包含“收支计划”；

第八步，如果有，则判断标题是否包含当前年月的字符串；

第九步，如果有，说明这封邮件就是要处理的邮件；

第十步，获取发件人的邮箱地址，通过字典变量 emailDict 中的数据，找到对应的部门；

第十一步，判断部门_月份的文件夹是否存在，若不存在则创建文件夹；

第十二步，保存邮件的附件到指定文件夹下；

第十三步，将发送过收支计划的部门的邮箱地址保存在 receiveList 列表内；

第十四步，遍历字典变量 emailDict 中的每个 value 值，判断 value 是否在 receiveList 内；

第十五步，如果不在，则发送提醒邮件。

【RPA 实现】

RPA 实现如图 3-19 所示。

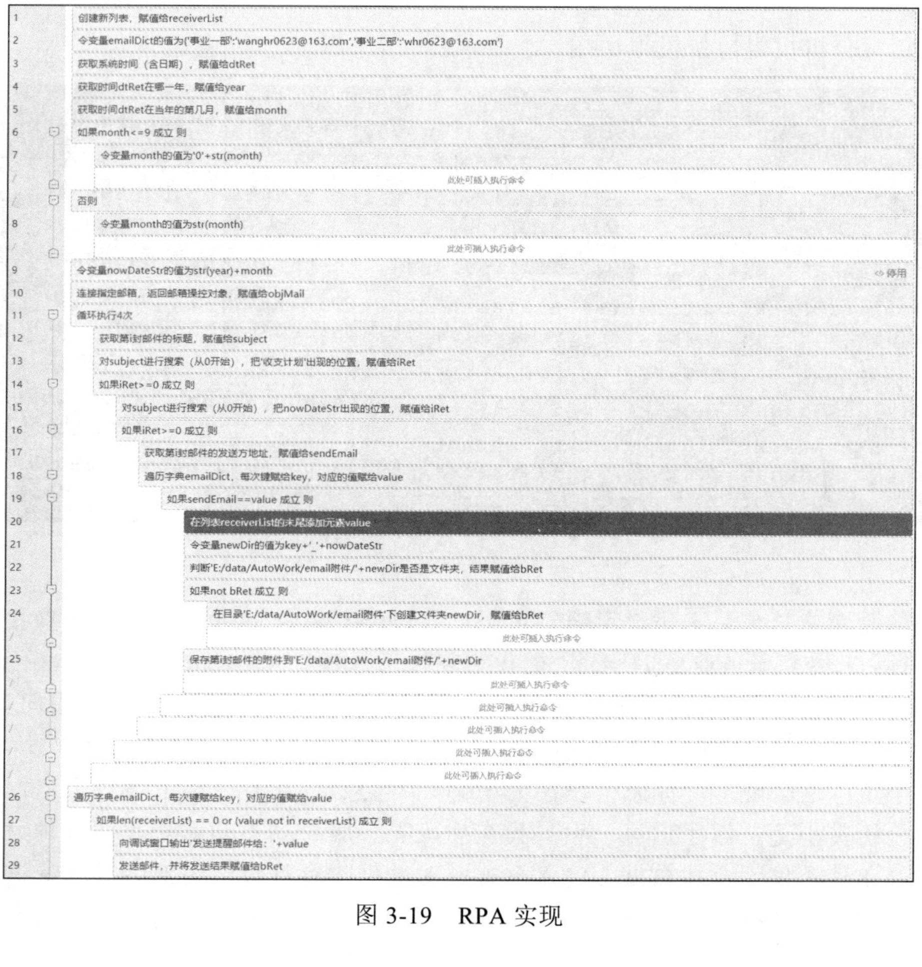

1 创建新列表，赋值给receiverList
2 令变量emailDict的值为{'事业一部':'wanghr0623@163.com','事业二部':'whr0623@163.com'}
3 获取系统时间（含日期），赋值给dtRet
4 获取时间dtRet在哪一年，赋值给year
5 获取时间dtRet在当年的第几月，赋值给month
6 如果month<=9 成立 则
7 令变量month的值为'0'+str(month)
此处可插入执行命令
否则
8 令变量month的值为str(month)
此处可插入执行命令
9 令变量nowDateStr的值为str(year)+month
停用
10 连接指定邮箱，返回邮箱操控对象，赋值给objMail
11 循环执行4次
12 获取第i封邮件的标题，赋值给subject
13 对subject进行搜索（从0开始），把'收支计划'出现的位置，赋值给iRet
14 如果iRet>=0 成立 则
15 对subject进行搜索（从0开始），把nowDateStr出现的位置，赋值给iRet
16 如果iRet>=0 成立 则
17 获取第i封邮件的发送方地址，赋值给sendEmail
18 遍历字典emailDict，每次键赋给key，对应的值赋给value
19 如果sendEmail==value 成立 则
20 在列表receiverList的末尾添加元素value
21 令变量newDir的值为key+'_'+nowDateStr
22 判断'E:/data/AutoWork/email附件/'+newDir是否是文件夹，结果赋值给bRet
23 如果not bRet 成立 则
24 在目录'E:/data/AutoWork/email附件'下创建文件夹newDir，赋值给bRet
此处可插入执行命令
25 保存第i封邮件的附件到'E:/data/AutoWork/email附件/'+newDir
此处可插入执行命令
此处可插入执行命令
此处可插入执行命令
此处可插入执行命令
此处可插入执行命令
26 遍历字典emailDict，每次键赋给key，对应的值赋给value
27 如果len(receiverList) == 0 or (value not in receiverList) 成立 则
28 向调试窗口输出'发送提醒邮件给：'+value
29 发送邮件，并将发送结果赋值给bRet

图 3-19　RPA 实现

第四章

财务分析机器人应用开发

第一节　财务指标分析报告——问题提出

财务指标分析报告情景模拟如图 4-1 所示。

图 4-1　情景模拟

财务总监康总：小毛，还没走吧？正好，我刚刚和龚总通了电话，他指责我们的财务工作不达标，未尽到服务业务的职责，把我给痛批了一顿。这样，你赶紧分析一下公司 2018 年和 2019 年的财务报表，然后把分析报告发到我邮箱，我整理后明天一早去向龚总汇报。

财务分析员小毛：好的，康总。

同事小王：这么晚了，你怎么还在公司啊？不会是趴在办公桌上睡着了吧？

财务分析员小毛：你才睡着了呢！我在加班呢！康总动不动就让我做各种财务分析，我要在 Excel 里不停地查找数据、输入公式，对数据进行计算，再对各项指标进行排序。一个一个单元格的数据，密密麻麻的，看得我都视力模糊了，又费时又费力。今天已经是我这周第三次加班了！大神，你能不能帮帮我啊？我再没完没了地加班就真的秃头了，更别想找男朋友了！

同事小王：那你跟我说说你的工作流程，我看看能不能帮助你。

第二节 财务指标分析报告——业务场景分析

一、财务指标分析报告编制工作流程

财务指标分析报告编制工作流程如图 4-2 所示。

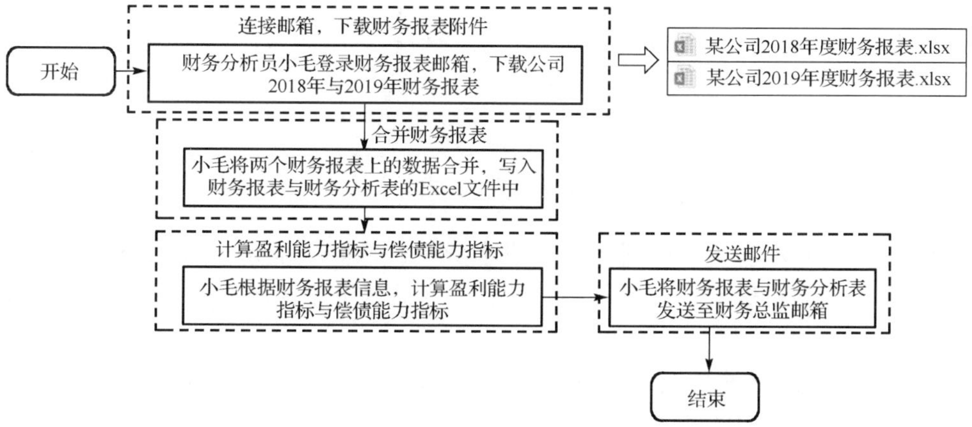
开始
连接邮箱，下载财务报表附件
财务分析员小毛登录财务报表邮箱，下载公司2018年与2019年财务报表
某公司2018年度财务报表.xlsx
某公司2019年度财务报表.xlsx
合并财务报表
小毛将两个财务报表上的数据合并，写入财务报表与财务分析表的Excel文件中
计算盈利能力指标与偿债能力指标
小毛根据财务报表信息，计算盈利能力指标与偿债能力指标
发送邮件
小毛将财务报表与财务分析表发送至财务总监邮箱
结束

图 4-2 财务指标分析报告编制工作流程

第一步，财务分析员小毛登录财务报表邮箱，下载公司 2018 年度财务报表和 2019 年度财务报表。

第二步，小毛将 2018 年和 2019 年两个财务报表上的数据合并（见图 4-3）[①]，并写入财务报表与财务分析表的 Excel 文件中。合并财务报表是将公司 2019 年度财务报表中的资产负债表、利润表、现金流量表分别合并到公司 2018 年度财务报表中。如合并资产负债表后，A 列到 C 列显示公司 2018 年度资产负债表的数据，E 列到 G 列显示某公司 2019 年度资产负债表的数据。合并利润表和现金流量表也是如此操作。

第三步，小毛根据财务报表信息，计算盈利能力指标与偿债能力指标。

第四步，小毛将财务报表与财务分析表发送至财务总监邮箱。

二、财务指标分析——盈利能力

财务指标分析是指总结和评价企业财务状况与经营成果的分析指标，包括盈利能力指标、偿债能力指标、运营能力指标和发展能力指标。

盈利能力是指企业获取利润的能力，也称企业的资金或资本增值能力，通常表现为一定时期内企业收益数额的多少及收益水平的高低。

---

① 说明：本书中提到的资产负债表、利润表、现金流量表、财务报告等均为财务机器人实训平台中的任务资源，因图书篇幅有限，不能将各任务资源在书中完整展示，请读者自行登录财务机器人实训平台下载任务资源，并结合本书使用。

	A	B	C
1	2018年资产负债表		
2		单位：元	
3	项目	期末余额	期初余额
4	流动资产：		
5	货币资金	137,727,366.63	163,722,126.35
6	以公允价值计量且其变动计入当期损益的金融资产		
7	衍生金融资产		
8	应收票据		
9	应收账款	32,545,881.45	692,059.00
10	预付款项	115,779,398.56	123,368,352.95
11	应收利息		
12	应收股利	19,050,292.09	171,462,139.25
13	其他应收款	307,825,685.46	197,342,829.41
14	存货	725,225,481.23	694,139,718.97
15	持有待售的资产		
16	一年内到期的非流动资产		
17	其他流动资产	3,554,061.97	2,724,022.96
18	流动资产合计	1,341,708,167.39	1,353,451,248.89
19			
20	非流动资产：		
21	可供出售金融资产	20,000,000.00	20,000,000.00
22	持有至到期投资		
23	长期应收款		
24	长期股权投资	136,273,939.75	136,389,353.95
25	投资性房地产	5,250,932.79	5,442,719.43
26	固定资产	17,883,709.63	20,328,114.68
27	在建工程	12,535,337.75	
28	工程物资		
29	固定资产清理		
30	生产性生物资产	138,517.00	56,508.00
31	油气资产		
32	无形资产	12,673,128.57	11,922,320.98
33	开发支出		
34	商誉		
35	长期待摊费用	1,204,169.37	238,932.20
36	递延所得税资产		

E	F	G
2019年资产负债表		
		单位：元
项目	期末余额	期初余额
流动资产：		
货币资金	149862915.8	137727366.6
以公允价值计量且其变动计入当期损益的金融资产		
衍生金融资产		
应收票据及应收账款	22299080.01	32545881.45
其中：应收票据	0	0
应收账款	22299080.01	32545881.45
预付款项	44684650.88	115779398.6
其他应收款	337424555.1	326875977.6
其中：应收利息	0	0
应收股利	57347618.15	19050292.09
存货	788948970.2	725225481.2
持有待售资产		
一年内到期的非流动资产		
其他流动资产	4179404.71	3554061.97
流动资产合计	1347399577	1341708167
非流动资产：		
可供出售金融资产	20000000	20000000
持有至到期投资		
长期应收款		
长期股权投资	135403415	136273939.8
投资性房地产	5059146.15	5250932.79
固定资产	20511958.07	17883709.63
在建工程		12535337.75
生产性生物资产	139597	138517
油气资产		
无形资产	20485286.6	12673128.57
开发支出		
商誉		
长期待摊费用	1041314.25	1204169.37
递延所得税资产		
其他非流动资产	24785215.24	34547410.78

资产负债表　利润表　现金流量表　财务指标　+

图 4-3　合并财务报表

盈利能力指标主要包括营业利润率、成本费用利润率、盈余现金保障倍数、总资产报酬率、净资产收益率和资本收益率 6 项，除此之外还有销售利润率、成本费用利润率、税前利润率等。

本书中，我们仅介绍盈利能力分析的 RPA 实现中用到的营业利润率、成本费用利润率、净资产收益率和销售利润率 4 项指标。

(1) 营业利润率是企业在一定时期内营业利润与营业收入的比率。其计算公式为：

营业利润率=营业利润÷营业收入×100%

营业利润率越高，表明企业市场竞争力越强、发展潜力越大、盈利能力越强。

(2) 成本费用利润率是企业在一定时期内利润总额与成本费用总额的比率。其计算公式为：

成本费用利润率=利润总额÷成本费用总额×100%

其中，成本费用总额=营业成本+营业税金及附加+销售费用+管理费用+财务费用。

成本费用利润率越高，表明企业为取得利润所付出的代价越小、成本费用控制得越好、盈利能力越强。

在利润表（见图 4-4）中，成本费用利润率的计算公式为：

利润总额 B19/SUM(B5：B9)

(3) 净资产收益率是企业在一定时期内净利润与平均净资产的比率，反映企业自有资金的投资收益水平。其计算公式为：

净资产收益率=净利润÷平均净资产×100%

其中，平均净资产=(所有者权益年初数+所有者权益年末数)÷2。

一般认为，净资产收益率越高，表明企业自有资金获取收益的能力越强，运营效益越好，对企业投资人、债权人利益的保证程度越高。

在利润表(见图 4-4)中，净资产收益率的计算公式为：

利润表!B21/(资产负债表!B84+资产负债表!C84)/2

(4)销售利润率是企业利润总额与销售总额之间的比率。它是以销售收入为基础分析企业获利能力，反映销售收入的收益水平的指标，即每元销售收入所获得的利润。其计算公式为：

销售利润率=利润总额÷销售总额×100%

在利润表(见图 4-4)中，销售利润率的计算公式为：

利润表!B19/利润表!B4

	A	B	C
1	2018年利润表		
2		单位：元	
3	项目	本期发生额	上期发生额
4	一、营业收入	116,425,584.74	69,890,905.01
5	减：营业成本	28,482,969.06	23,700,467.43
6	税金及附加	541,445.03	385,803.04
7	销售费用	3,705,488.85	2,875,421.12
8	管理费用	28,106,759.20	31,461,761.97
9	财务费用	44,366,484.50	44,969,383.83
10	资产减值损失	2,346,424.90	-171,998.87
11	加：公允价值变动收益（损失以“－”号填列）		
12	投资收益（损失以“－”号填列）	18,934,877.89	35,619,646.90
13	其中：对联营企业和合营企业的投资收益	-115,414.20	399,334.49
14	资产处置收益（损失以“－”号填列）	63,011.75	
15	其他收益	25,694,300.54	
16	二、营业利润（亏损以“－”号填列）	53568203.38	2,289,713.39
17	加：营业外收入	1,016,909.15	16,188,185.68
18	减：营业外支出	298,005.00	969,408.96
19	三、利润总额（亏损总额以“－”号填列）	54,287,107.53	17,508,490.11
20	减：所得税费用	2,978,476.68	49,616.03
21	四、净利润（净亏损以“－”号填列）	51,308,630.85	17,458,874.08
22	（一）持续经营净利润（净亏损以“－”号填列	51,308,630.85	
23	（二）终止经营净利润（净亏损以“－”号填列）		
24	五、其他综合收益的税后净额		
25	（一）以后不能重分类进损益的其他综合收益		
26	1.重新计量设定受益计划净负债或净资产的变动		
27	2.权益法下在被投资单位不能重分类进损益的其他综合收益中享有的份额		
28	1.权益法下在被投资单位以后将重分类进损益的其他综合收益中享有的份额		
29	2.可供出售金融资产公允价值变动损益		
30	3.持有至到期投资重分类为可供出售金融资产损益		
31	4.现金流量套期损益的有效部分		
32	5.外币财务报表折算差额		
33	6.其他		
34	六、综合收益总额	51,308,630.85	17,458,874.08
35	七、每股收益：		
36	（一）基本每股收益		
37	（二）稀释每股收益		

图 4-4　某公司 2018 年财务报表的“利润表”

三、财务指标分析——偿债能力

偿债能力是指企业偿还到期债务(包括本息)的能力。偿债能力分析包括短期偿债能力分析和长期偿债能力分析。短期偿债能力衡量指标主要有净营运资本、流动比率、速动比率。长期偿债能力衡量指标主要有资产负债率、产权比率、权益乘数、长期资本负债率。

本书中，我们仅介绍偿债能力分析的 RPA 实现中用到的流动比率、速动比率、产权比率 3 项指标。

(1)流动比率是指流动资产与流动负债的比率，它表明企业每元流动负债有多少流动资产作为偿还保证，反映企业在短期内将流动资产转变为现金，以偿还到期流动负债的能力。其计算公式为：

流动比率=流动资产÷流动负债×100%

一般情况下，流动比率越高，表明企业短期偿债能力越强，但流动比率高，不等于企业有足够的现金或存款用来偿债。其水平的高低由企业对待风险与收益的态度确定。

(2)速动比率是指企业速动资产与流动负债的比率。其计算公式为：

速动比率=速动资产÷流动负债×100%

速动资产是指可以迅速转换成为现金或已属于现金形式的资产。其中，速动资产=流动资产–存货–预付账款–一年内到期的非流动资产–其他流动资产等。

一般情况下，速动比率越高，表明企业偿还流动负债的能力越强。

(3)产权比率指企业负债总额与所有者权益总额的比率，是企业财务结构稳健与否的重要标志，也称资本负债率。它反映企业所有者权益对债权人权益的保障程度。其计算公式为：

产权比率=负债总额÷所有者权益总额×100%

一般情况下，产权比率越低，表明企业长期偿债能力越强、债权人权益的保障程度越高、债权人承担的风险越小，但企业不能充分地发挥负债的财务杠杆效应。

第三节　AutoWork 中的 Excel 操作

一、Excel 工作簿对象

AutoWork 中的 Excel 工作簿对象及其内容如图 4-5 所示。某公司 2018 年度财务报表是 Excel 工作簿对象(workBook)，其内容包括工作表(workSheet)、列号、行号和单元格(Cell)4 项。

二、AutoWork 中的【Excel】组件

AutoWork 中的【Excel】组件包含【打开 Excel】【关闭 Excel】【保存 Excel】【另存为 Excel】【获取行数量】【获取列数量】【读取单元格内容】【设置单元格内容】【获取单元格类型】【读取行】【读取列】【插入行】【设置行高】【设置列宽】【创建工作表】【删除工作表】【复制工作表】【获取当前表名】【重命名工作表】【获取 Excel 路径】【获取表数量】【设置数据类型】【设置对齐方式】【设置背景颜色】【设置字体样式】【清除样式】【获取公式】【设置公式】等子组件。

1. 打开 Excel

功能描述：通过指定路径打开一个 Excel 文件(如果文件不存在则会创建该文件)，并返回 Excel 工作簿对象，支持 xls、xlsx 格式。

	A	B	C	D
1	2018年资产负债表			
2		单位：元		
3	项目	期末余额	期初余额	
4	流动资产：			
5	货币资金	137,727,366.63	163,722,126.35	
6	以公允价值计量且其变动计入当期损益的金融资产			
7	衍生金融资产			
8	应收票据			
9	应收账款	32,545,881.45	692,059.00	
10	预付款项	115,779,398.56	123,368,352.95	
11	应收利息			
12	应收股利	19,050,292.09	171,462,139.25	
13	其他应收款	307,825,685.46	197,342,829.41	
14	存货	725,225,481.23	694,139,718.97	
15	持有待售的资产			
16	一年内到期的非流动资产			
17	其他流动资产	3,554,061.97	2,724,022.96	
18	流动资产合计	1,341,708,167.39	1,353,451,248.89	
19				
20	非流动资产：			
21	可供出售金融资产	20,000,000.00	20,000,000.00	
22	持有至到期投资			
23	长期应收款			
24	长期股权投资	136,273,939.75	136,389,353.95	
25	投资性房地产	5,250,932.79	5,442,719.43	
26	固定资产	17,883,709.63	20,328,114.68	
27	在建工程	12,535,337.75		
28	工程物资			
29	固定资产清理			
30	生产性生物资产	138,517.00	56,508.00	
31	油气资产			
32	无形资产	12,673,128.57	11,922,320.98	
33	开发支出			
34	商誉			
35	长期待摊费用	1,204,169.37	238,932.20	
36	递延所得税资产			

图 4-5 Excel 工作簿对象及其内容

属性描述：如表 4-1 所示。

表 4-1 打开 Excel 属性描述

名　称	默 认 值	描　述
文件路径	‘’	Excel 文件路径，如果指定路径不存在对应文件，该命令在此路径创建该文件
是否可见	1	是否以可视化的模式打开 Excel 文件，默认打开

2. 关闭 Excel

功能描述：关闭打开的 Excel 文件。

属性描述：如表 4-2 所示。

表 4-2 关闭 Excel 属性描述

名　称	默 认 值	描　述
工作簿对象	excelRet	Excel 工作簿对象[使用“打开 Excel”命令(open_excel)打开的工作簿]
立即保存	1	操作完成立即保存

3．保存 Excel

功能描述：保存指定的 Excel 文件。

属性描述：如表 4-3 所示。

表 4-3　保存 Excel 属性描述

名　称	默 认 值	描　述
工作簿对象	excelRet	Excel 工作簿对象[使用“打开 Excel”命令(open_excel)打开的工作簿]

4．另存为 Excel

功能描述：另存为 Excel。

属性描述：如表 4-4 所示。

表 4-4　另存为 Excel 属性描述

名　称	默 认 值	描　述
工作簿对象	excelRet	Excel 工作簿对象[使用“打开 Excel”命令(open_excel)打开的工作簿]
文件路径	‘’	另存为文件的文件路径

5．获取行数量

功能描述：获取工作表中已使用的行数。

属性描述：如表 4-5 所示。

表 4-5　获取行数量属性描述

名　称	默 认 值	描　述
工作簿对象	excelRet	Excel 工作簿对象[使用“打开 Excel”命令(open_excel)打开的工作簿]
工作表	‘Sheet1’	如果使用字符串，则表示指定工作表的名字；如果使用数字，则表示指定工作表的顺序(从 0 开始)

6．获取列数量

功能描述：获取工作表中已使用的列数。

属性描述：如表 4-6 所示。

表 4-6　获取列数量属性描述

名　称	默 认 值	描　述
工作簿对象	excelRet	Excel 工作簿对象[使用“打开 Excel”命令(open_excel)打开的工作簿]
工作表	‘Sheet1’	如果使用字符串，则表示指定工作表的名字；如果使用数字，则表示指定工作表的顺序(从 0 开始)

7．读取单元格内容

功能描述：读取工作表中指定单元格的内容。

属性描述：如表 4-7 所示。

表 4-7　读取单元格内容属性描述

名　称	默 认 值	描　述
工作簿对象	excelRet	Excel 工作簿对象[使用“打开 Excel”命令(open_excel)打开的工作簿]
工作表	‘Sheet1’	如果使用字符串，则表示指定工作表的名字；如果使用数字，则表示指定工作表的顺序(从 0 开始)
单元格	‘’	指定的单元格，支持单元格名称如‘A1’与行列数组如[行号，列号]两种形式，当使用单元格名称时不区分大小写

8．设置单元格内容

功能描述：将数据写入工作表指定单元格。

属性描述：如表 4-8 所示。

表 4-8　设置单元格内容属性描述

名　称	默 认 值	描　述
工作簿对象	excelRet	Excel 工作簿对象[使用“打开 Excel”命令(open_excel)打开的工作簿]
工作表	‘Sheet1’	如果使用字符串，则表示指定工作表的名字；如果使用数字，则表示指定工作表的顺序(从 0 开始)
单元格	‘’	指定的单元格，支持单元格名称如‘A1’与行列数组如[行号，列号]两种形式，当使用单元格名称时不区分大小写
数据	‘’	要写入的数据
立即保存	是	操作完成立即保存

9．获取单元格类型

功能描述：获取单元格类型，–1=未知、0=数值、1=字符串、2=公式、3=空、4=布尔、5=错误。

属性描述：如表 4-9 所示。

表 4-9　获取单元格类型属性描述

名　称	默 认 值	描　述
工作簿对象	excelRet	Excel 工作簿对象[使用“打开 Excel”命令(open_excel)打开的工作簿]
工作表	‘Sheet1’	如果使用字符串，则表示指定工作表的名字；如果使用数字，则表示指定工作表的顺序(从 0 开始)
单元格	‘’	指定的单元格，支持单元格名称如‘A1’与行列数组如[行号，列号]两种形式，当使用单元格名称时不区分大小写
输出到	cellType	保存输出值的变量名

10．读取行

功能描述：读取表格的一行数据。

属性描述：如表 4-10 所示。

表 4-10　读取行属性描述

名　称	默 认 值	描　述
工作簿对象	excelRet	Excel 工作簿对象[使用“打开 Excel”命令(open_excel)打开的工作簿]
工作表	‘Sheet1’	如果使用字符串，则表示指定工作表的名字；如果使用数字，则表示指定工作表的顺序(从 0 开始)
行号	‘’	获取表格的一行数据，如第一行‘1’

11．读取列

功能描述：读取表格的一列数据。

属性描述：如表 4-11 所示。

表 4-11　读取列属性描述

名　称	默 认 值	描　述
工作簿对象	excelRet	Excel 工作簿对象[使用“打开 Excel”命令(open_excel)打开的工作簿]
工作表	‘Sheet1’	如果使用字符串，则表示指定工作表的名字；如果使用数字，则表示指定工作表的顺序(从 0 开始)
列	‘’	获取表格的一列数据，如第一列‘A’

12．插入行

功能描述：在工作簿的指定工作表中插入数据。

属性描述：如表 4-12 所示。

表 4-12　插入行属性描述

名　称	默 认 值	描　述
工作簿对象	excelRet	Excel 工作簿对象[使用“打开 Excel”命令(open_excel)打开的工作簿]
工作表	‘Sheet1’	如果使用字符串，则表示指定工作表的名字；如果使用数字，则表示指定工作表的顺序(从 0 开始)
单元格	‘’	指定的单元格上插入一行，支持单元格名称，如‘A1’
插入数据	‘’	插入 List(列表)数据

13．设置行高

功能描述：设置单元格所在行的行高。

属性描述：如表 4-13 所示。

表 4-13　设置行高属性描述

名　称	默 认 值	描　述
工作簿对象	excelRet	Excel 工作簿对象[使用“打开 Excel”命令(open_excel)打开的工作簿]
工作表	‘Sheet1’	如果使用字符串，则表示指定工作表的名字；如果使用数字，则表示指定工作表的顺序(从 0 开始)
单元格	‘’	指定的单元格，支持单元格名称如“A1”与行列数组如[行号，列号]两种形式，当使用单元格名称时不区分大小写

续表

名　称	默 认 值	描　述
行高	‘’	调整的行高
立即保存	1	操作完成立即保存

14．设置列宽

功能描述：设置单元格所在列的列宽。

属性描述：如表 4-14 所示。

表 4-14　设置列宽属性描述

名　称	默 认 值	描　述
工作簿对象	excelRet	Excel 工作簿对象[使用“打开 Excel”命令(open_excel)打开的工作簿]
工作表	‘Sheet1’	如果使用字符串，则表示指定工作表的名字；如果使用数字，则表示指定工作表的顺序(从 0 开始)
单元格	‘’	指定的单元格，支持单元格名称如‘A1’与行列数组如[行号，列号]两种形式，当使用单元格名称时不区分大小写
列宽	‘’	调整的列宽
立即保存	1	操作完成立即保存

15．创建工作表

功能描述：创建工作表，插入在当前激活的工作表之前或之后，完成创建后激活此工作表。

属性描述：如表 4-15 所示。

表 4-15　创建工作表属性描述

名　称	默 认 值	描　述
工作簿对象	excelRet	Excel 工作簿对象[使用“打开 Excel”命令(open_excel)打开的工作簿]
新表名	‘Sheet1’	创建的新工作表名
立即保存	1	操作完成立即保存
插入参照表	0	创建工作表时作为位置参照的工作表

16．删除工作表

功能描述：删除指定的工作表。

属性描述：如表 4-16 所示。

表 4-16　删除工作表属性描述

名　称	默 认 值	描　述
工作簿对象	excelRet	Excel 工作簿对象[使用“打开 Excel”命令(open_excel)打开的工作簿]
工作表	‘Sheet1’	如果使用字符串，则表示指定工作表的名字；如果使用数字，则表示指定工作表的顺序(从 0 开始)
立即保存	1	操作完成立即保存

17．复制工作表

功能描述：创建一个工作表，并将指定的工作表数据复制到已创建的工作表中。
属性描述：如表 4-17 所示。

表 4-17　复制工作表属性描述

名　称	默 认 值	描　述
工作簿对象	excelRet	Excel 工作簿对象[使用“打开 Excel”命令(open_excel)打开的工作簿]
原表名	‘’	原来的表名
新工作簿对象	excelRet	新 Excel 工作簿对象
新表名	‘’	新工作表名
立即保存	是	操作完成立即保存

18．获取当前表名

功能描述：获取指定 Excel 工作簿对象当前活动的工作表表名。
属性描述：如表 4-18 所示。

表 4-18　获取当前表名属性描述

名　称	默 认 值	描　述
工作簿对象	excelRet	Excel 工作簿对象[使用“打开 Excel”命令(open_excel)打开的工作簿]

19．重命名工作表

功能描述：重命名工作表表名。
属性描述：如表 4-19 所示。

表 4-19　重命名工作表属性描述

名　称	默 认 值	描　述
工作簿对象	excelRet	Excel 工作簿对象[使用“打开 Excel”命令(open_excel)打开的工作簿]
原表名	‘’	原来的表名
新表名	‘’	新的表名
立即保存	是	操作完成立即保存

20．获取 Excel 路径

功能描述：获取 Excel 路径。
属性描述：如表 4-20 所示。

表 4-20　获取 Excel 路径属性描述

名　称	默 认 值	描　述
工作簿对象	excelRet	Excel 工作簿对象[使用“打开 Excel”命令(open_excel)打开的工作簿]

21. 获取表数量

功能描述：获取指定 Excel 文件下工作表的数量。

属性描述：如表 4-21 所示。

表 4-21 获取表数量属性描述

名称	默认值	描述
工作簿对象	excelRet	Excel 工作簿对象[使用“打开 Excel”命令(open_excel)打开的工作簿]

22. 设置数据类型

功能描述：设置指定单元格的数据类型。

属性描述：如表 4-22 所示。

表 4-22 设置数据类型属性描述

名称	默认值	描述
工作簿对象	excelRet	Excel 工作簿对象[使用“打开 Excel”命令(open_excel)打开的工作簿]
工作表	‘Sheet1’	如果使用字符串，则表示指定工作表的名字；如果使用数字，则表示指定工作表的顺序(从 0 开始)
单元格	‘’	指定的单元格，支持单元格名称如‘A1’与行列数组如[行号，列号]两种形式，当使用单元格名称时不区分大小写
数据类型	‘常规’	支持设置常规、数字、文本、日期
立即保存	是	操作完成立即保存

23. 设置对齐方式

功能描述：设置指定单元格的对齐方式。

属性描述：如表 4-23 所示。

表 4-23 设置对齐方式属性描述

名称	默认值	描述
工作簿对象	excelRet	Excel 工作簿对象[使用“打开 Excel”命令(open_excel)打开的工作簿]
工作表	‘Sheet1’	如果使用字符串，则表示指定工作表的名字；如果使用数字，则表示指定工作表的顺序(从 0 开始)
单元格	‘’	指定的单元格，支持单元格名称如‘A1’与行列数组如[行号，列号]两种形式，当使用单元格名称时不区分大小写
水平对齐	保持不变	靠左、居中、靠右、填充、两端对齐、跨列居中、分散对齐、保持不变
垂直对齐	保持不变	靠左、居中、靠右、填充、两端对齐、跨列居中、分散对齐、保持不变
立即保存	是	操作完成立即保存

24. 获取背景颜色

功能描述：获取指定单元格的背景颜色。

属性描述：如表 4-24 所示。

表 4-24　获取背景颜色属性描述

名　称	默 认 值	描　述
工作簿对象	excelRet	Excel 工作簿对象[使用“打开 Excel”命令(open_excel)打开的工作簿]
工作表	‘Sheet1’	如果使用字符串，则表示指定工作表的名字；如果使用数字，则表示指定工作表的顺序(从 0 开始)
单元格	‘’	指定的单元格，支持单元格名称如‘A1’与行列数组如[行号，列号]两种形式，当使用单元格名称时不区分大小写
背景颜色	颜色值	支持选择背景颜色

25．设置字体样式

功能描述：设置指定单元格的字体大小、字体颜色、是否粗体。

属性描述：如表 4-25 所示。

表 4-25　设置字体样式属性描述

名　称	默 认 值	描　述
工作簿对象	excelRet	Excel 工作簿对象[使用“打开 Excel”命令(open_excel)打开的工作簿]
工作表	‘Sheet1’	如果使用字符串，则表示指定工作表的名字；如果使用数字，则表示指定工作表的顺序(从 0 开始)
单元格	‘’	指定的单元格，支持单元格名称如‘A1’与行列数组如[行号，列号]两种形式，当使用单元格名称时不区分大小写
字体大小	11	字号
字体颜色	‘’	字体的颜色
是否粗体	保持不变	是、否、保持不变
立即保存	是	操作完成立即保存

26．清除样式

功能描述：清除指定区域中的所有格式。

属性描述：如表 4-26 所示。

表 4-26　清除样式属性描述

名　称	默 认 值	描　述
工作簿对象	excelRet	Excel 工作簿对象[使用“打开 Excel”命令(open_excel)打开的工作簿]
工作表	‘Sheet1’	如果使用字符串，则表示指定工作表的名字；如果使用数字，则表示指定工作表的顺序(从 0 开始)
区域	‘’	指定的区域，支持单元格名称如‘A2：B2’与二维行列数组如{[单元格 1 行号，单元格 1 列号]，[单元格 2 行号，单元格 2 行列号]}两种形式，当使用单元格名称时不区分大小写
清除类型	清除所有	清除所有、清除样式、清除数据
立即保存	是	操作完成立即保存

27．获取公式

功能描述：获取指定单元格的公式。

属性描述：如表 4-27 所示。

表 4-27 获取公式属性描述

名称	默认值	描述
工作簿对象	excelRet	Excel 工作簿对象[使用“打开 Excel”命令(open_excel)打开的工作簿]
工作表	‘Sheet1’	如果使用字符串，则表示指定工作表的名字；如果使用数字，则表示指定工作表的顺序(从 0 开始)
单元格	‘’	指定的单元格，支持单元格名称如‘A1’与行列数组如[行号，列号]两种形式，当使用单元格名称时不区分大小写

28. 设置公式

功能描述：设置指定单元格中的公式。

属性描述：如表 4-28 所示。

表 4-28 设置公式属性描述

名称	默认值	描述
工作簿对象	excelRet	Excel 工作簿对象[使用“打开 Excel”命令(open_excel)打开的工作簿]
工作表	‘Sheet1’	如果使用字符串，则表示指定工作表的名字；如果使用数字，则表示指定工作表的顺序(从 0 开始)
单元格	‘’	指定的单元格，支持单元格名称如‘A1’与行列数组如[行号，列号]两种形式，当使用单元格名称时不区分大小写
公式	‘’	字符串形式的单元格公式
立即保存	是	操作完成立即保存

三、AutoWork 读写单元格操作

案例一：读取单元格内容

【案例】

使用 AutoWork 读取某公司 2018 年度财务报表中“资产负债表”(见图 4-6)工作表内货币资金、应收账款、预付款项的值。

【分析】

(1)确认要读取的 Excel 文件路径；

(2)打开 Excel 文件，确定要读取的单元格所在的工作表名称；

(3)确定要读取的单元格的列号和行号，如读取单元格 C2 的内容；

(4)输出单元格中的内容；

(5)关闭 Excel 文件。

【RPA 实现】

第一步，工作之前首先关闭已经打开的 Excel 文件。选择【组件】面板下【软件自动化/Excel】组件中的【打开 Excel】组件，如图 4-7 所示。在右侧属性面板中，设置文件打开路径，如图 4-8 所示。

	A	B	C	D
1	2018年资产负债表			
2		单位：元		
3	项目	期末余额	期初余额	
4	流动资产：			
5	货币资金	137,727,366.63	163,722,126.35	
6	以公允价值计量且其变动计入当期损益的金融资产			
7	衍生金融资产			
8	应收票据			
9	应收账款	32,545,881.45	692,059.00	
10	预付款项	115,779,398.56	123,368,352.95	
11	应收利息			
12	应收股利	19,050,292.09	171,462,139.25	
13	其他应收款	307,825,685.46	197,342,829.41	
14	存货	725,225,481.23	694,139,718.97	
15	持有待售的资产			
16	一年内到期的非流动资产			
17	其他流动资产	3,554,061.97	2,724,022.96	
18	流动资产合计	1,341,708,167.39	1,353,451,248.89	
19				
20	非流动资产：			
21	可供出售金融资产	20,000,000.00	20,000,000.00	
22	持有至到期投资			
23	长期应收款			
24	长期股权投资	136,273,939.75	136,389,353.95	
25	投资性房地产	5,250,932.79	5,442,719.43	
26	固定资产	17,883,709.63	20,328,114.68	
27	在建工程	12,535,337.75		
28	工程物资			
29	固定资产清理			
30	生产性生物资产	138,517.00	56,508.00	
31	油气资产			
32	无形资产	12,673,128.57	11,922,320.98	
33	开发支出			
34	商誉			
35	长期待摊费用	1,204,169.37	238,932.20	
36	递延所得税资产			

资产负债表　利润表　现金流量表　财务指标

图 4-6　某公司 2018 年度财务报表中的“资产负债表”

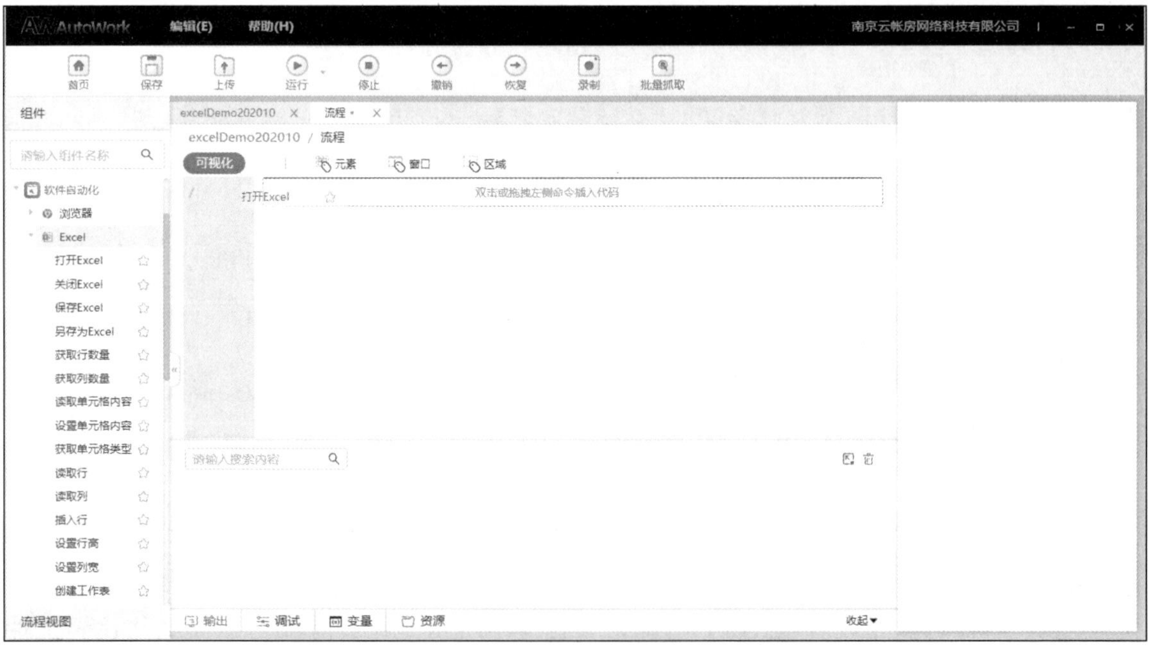

图 4-7　打开 Excel

图 4-8　设置文件打开路径

第二步，单击【读取单元格内容】组件，弹出的界面如图 4-9 所示。

图 4-9　读取单元格内容

在右侧的属性面板中，设置工作表为“'资产负债表'”，单元格为“'B5'”，如图 4-10 所示。以上设置表示读取“资产负债表”中单元格“B5”的值，赋值给 cell_value。

图 4-10　修改属性

第三步，增加输出调试信息命令，如图 4-11 所示。在右侧的属性面板中，设置输出内容为“'货币资金:'+str(cell_value)”，如图 4-12 所示。

图 4-11　增加输出调试信息命令

图 4-12 修改属性

第四步，复制并粘贴第 2 行和第 3 行的命令，如图 4-13 所示。

图 4-13 复制并粘贴命令

第五步，更改右侧属性面板的参数，设置单元格的值为“'B9'”，设置输出内容为“'应付账款：'+str(cell_value)”，如图 4-14 所示。

图 4-14　修改输出内容

第六步，继续上述第四和第五步，如图 4-15 所示，设置单元格的值为“B10”，设置输出内容为“'预付款项：'+str(cell_value)”，如图 4-16 所示。

图 4-15　设置单元格的值

图 4-16　设置输出内容的值

第七步，保存文件，单击【运行】按钮，效果如图 4-17 所示。

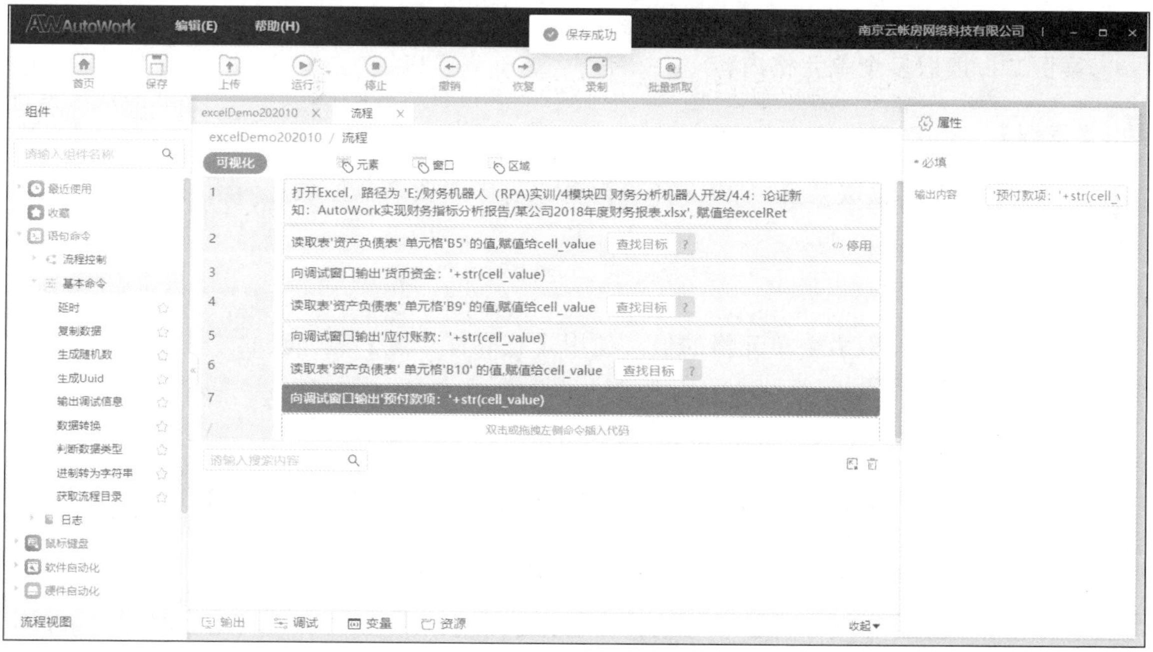

图 4-17　运行效果

【RPA 执行结果】

RPA 执行结果如图 4-18 所示。

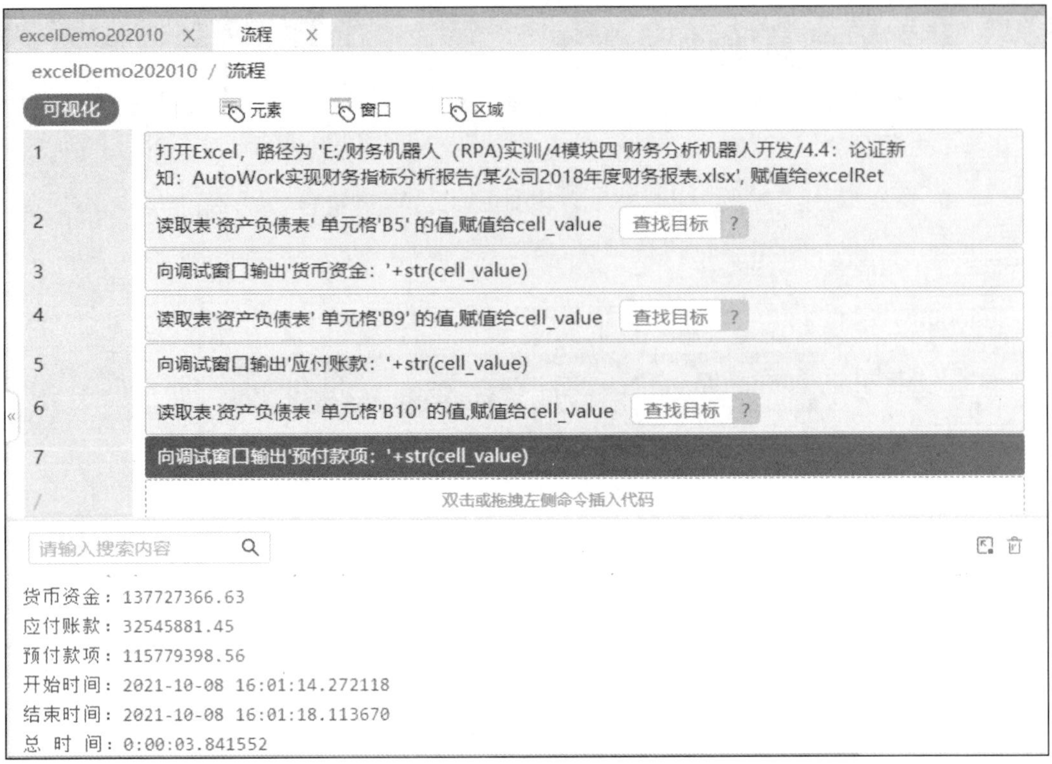
excelDemo202010
流程
excelDemo202010 / 流程
可视化
元素
窗口
区域
1
打开Excel，路径为 'E:/财务机器人 (RPA)实训/4模块四 财务分析机器人开发/4.4：论证新知：AutoWork实现财务指标分析报告/某公司2018年度财务报表.xlsx'，赋值给excelRet
2
读取表'资产负债表' 单元格'B5' 的值,赋值给cell_value
查找目标
3
向调试窗口输出'货币资金：'+str(cell_value)
4
读取表'资产负债表' 单元格'B9' 的值,赋值给cell_value
查找目标
5
向调试窗口输出'应付账款：'+str(cell_value)
6
读取表'资产负债表' 单元格'B10' 的值,赋值给cell_value
查找目标
7
向调试窗口输出'预付款项：'+str(cell_value)
双击或拖拽左侧命令插入代码
请输入搜索内容
货币资金：137727366.63
应付账款：32545881.45
预付款项：115779398.56
开始时间：2021-10-08 16:01:14.272118
结束时间：2021-10-08 16:01:18.113670
总 时 间：0:00:03.841552

图 4-18　RPA 执行结果

案例二：读取多个单元格内容

【案例】

使用 AutoWork 读取某公司 2018 年度财务报表中“资产负债表”内所有“期末余额”的值。

【分析】

使用循环结构读取多个单元格的值，使用【获取行数量】组件获取“资产负债表”中有数据的单元格的行数。

【RPA 实现】

第一步，首先关闭已经打开的 Excel 文件，然后依次单击【组件】—【软件自动化】—【Excel】—【打开 Excel】组件，进入流程编辑界面。在右侧属性栏中，设置文件路径的值为本地文件夹下的某公司 2018 年度财务报表所在的文件路径，如图 4-19 所示。

第二步，依次单击【组件】—【软件自动化】—【Excel】组件，将【获取行数量】组件拖拽至第 2 行，如图 4-20 所示。

第三步，选中第 2 行流程代码(获取 excelRet 行数量，赋值给 row-count)，在右侧属性栏中，设置工作表的值为“'资产负债表'”，如图 4-21 所示。

第四步，依次单击【组件】—【语句命令】—【流程控制】组件，将【计次循环】组件拖拽至第 3 行，如图 4-22 所示。

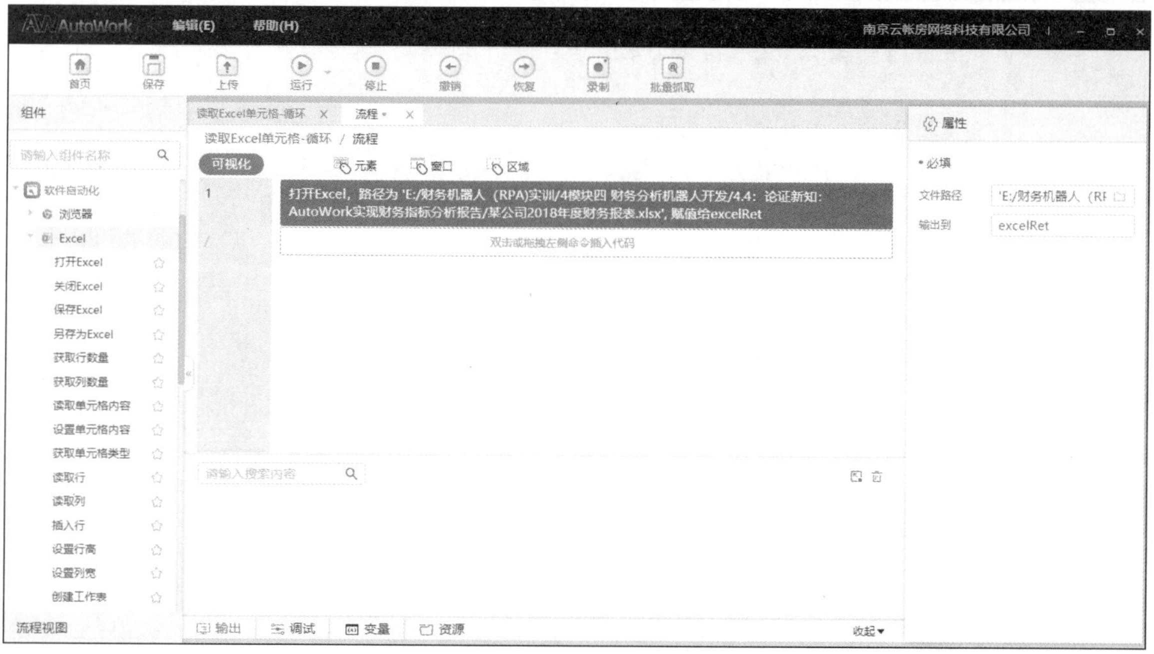

图 4-19　拖拽【打开 Excel】组件

图 4-20　拖拽【获取行数量】组件

图 4-21　设置工作表的值

图 4-22　拖拽【计次循环】组件

第五步，设置右侧属性栏中的循环次数的值为“rows_count”，设置初始值的值为“1”，如图 4-23 所示。

图 4-23　设置计次循环的值

第六步，依次单击【组件】—【软件自动化】—【Excel】组件，将【读取单元格内容】组件拖拽到第 3 行流程代码（循环执行 rows_count 次）内部（见图 4-24），作为第 4 行流程代码，如图 4-25 所示。

图 4-24　拖拽【读取单元格内容】组件

图 4-25　生成第 4 行流程代码

第七步，选中第 4 行流程代码，设置右侧属性栏中的工作表的值为“'资产负债表'”，设置单元格的值为“'B'+str(i)”，如图 4-26 所示。

图 4-26　设置工作表和单元格的值

第八步，依次单击【组件】—【语句命令】—【流程控制】组件，将【条件分支】组件拖拽到第 3 行流程代码(循环执行 rows_count 次)内部，作为第 4 行流程代码，如图 4-27 所示。设置右侧属性栏中的判断表达式为“i>=5”，如图 4-28 所示。

图 4-27　拖拽【条件分支】组件

图 4-28　设置判断表达式

第九步，将第 5 行流程代码[读取表'资产负债表'单元格'B'+str(i)的值，赋值给 cell_value]移动到第 4 行流程代码（如果 i>=5 成立则）内部，如图 4-29 所示。

图 4-29 移动流程代码

第十步，依次单击【组件】—【语句命令】—【基本命令】组件，将【输出调试信息】组件拖拽至第 6 行，如图 4-30 所示。

图 4-30 拖拽【输出调试信息】组件

第十一步，选中第 6 行流程代码，设置右侧属性栏中的输出内容的值为“cell_value”，如图 4-31 所示。

图 4-31　设置输出内容的值

第十二步，单击【保存】按钮，然后单击【运行】按钮(见图 4-32)，流程代码运行完毕后，在下方输出框内显示执行结果，如图 4-33 所示。

图 4-32　运行流程代码

第十三步，将第 5 行流程代码复制并粘贴至第 6 行(见图 4-34)，选中第 6 行流程代码，设置右侧属性栏中的单元格的值为“'A'+str(i)”，设置输出到的值为“cell_value1”，如图 4-35 所示。

图 4-33 显示执行结果

图 4-34 复制并粘贴流程代码

第十四步，选中第 7 行流程代码，设置右侧属性栏中的输出内容的值为“cell_value1+':'+str(cell_value)”,如图 4-36 所示。依次单击【保存】和【运行】按钮，流程代码执行完毕后，在下方输出框内显示执行结果，如图 4-37 所示。

图 4-35　设置单元格的值

图 4-36　设置输出内容的值

第十五步，依次单击【组件】—【语句命令】—【流程控制】组件，将【条件分支】组件拖拽到第 7 行，如图 4-38 所示。将原第 7 行流程代码[向调试窗口输出 cell_value1+':'+str(cell_value)]拖拽至现在第 7 行流程代码的内部，如图 4-39 所示。选中第 7 行流程代码，设置右侧属性栏中的判断表达式为“cell_value”，如图 4-40 所示。

图 4-37　显示执行结果

图 4-38　拖拽【条件分支】组件

图 4-39 拖拽流程代码

图 4-40 设置判断表达式

第十六步，依次单击【保存】和【运行】按钮（见图 4-41），在下方输出框内显示执行结果，如图 4-42 所示。

图 4-41　运行流程代码

图 4-42　显示运行结果

【RPA 执行结果】

RPA 执行结果如图 4-43 所示。

```
货币资金:137727366.63
应收账款:32545881.45
预付款项:115779398.56
应收股利:19050292.09
其他应收款:307825685.46
存货:725225481.23
其他流动资产:3554061.97
流动资产合计:1341708167.39
可供出售金融资产:20000000.0
长期股权投资:136273939.75
投资性房地产:5250932.79
固定资产:17883709.63
在建工程:12535337.75
生产性生物资产:138517.0
无形资产:12673128.57
长期待摊费用:1204169.37
其他非流动资产:34547410.78
非流动资产合计:240507145.64
资产总计:1582215313.03
短期借款:199000000.0
```

图 4-43　RPA 执行结果

案例三：向单元格写入内容

【案例】

使用 AutoWork 向单元格中写入“流动比率”及对应公式，并将字体颜色设置为红色。

【分析】

在单元格 E3 内写入“流动比率”，在单元格 F3 内写入公式“B18/B56”，使用【设置单元格字体样式】组件设置字体颜色。

【RPA 实现】

第一步，关闭已经打开的 Excel 文件。依次单击【组件】—【软件自动化】—【Excel】—【打开 Excel】组件，如图 4-44 所示，在右侧属性栏中，设置文件路径为本地文件夹下的某公司 2018 年度财务报表所在的文件路径。

第二步，依次单击【组件】—【软件自动化】—【Excel】组件，将【设置单元格内容】组件拖拽至第 2 行，设置右侧属性栏中的工作表的值为“'资产负债表'”，设置单元格的值为“'E3'”，设置数据的值为“'流动比率'”，如图 4-45 所示。

第三步，依次单击【组件】—【软件自动化】—【Excel】组件，将【设置公式】组件拖拽至第 3 行，如图 4-46 所示。设置右侧属性栏中的工作表的值为“'资产负债表'”，设置单元格的值为“'F3'”，设置公式的值为“'B18/B56'”，如图 4-47 所示。

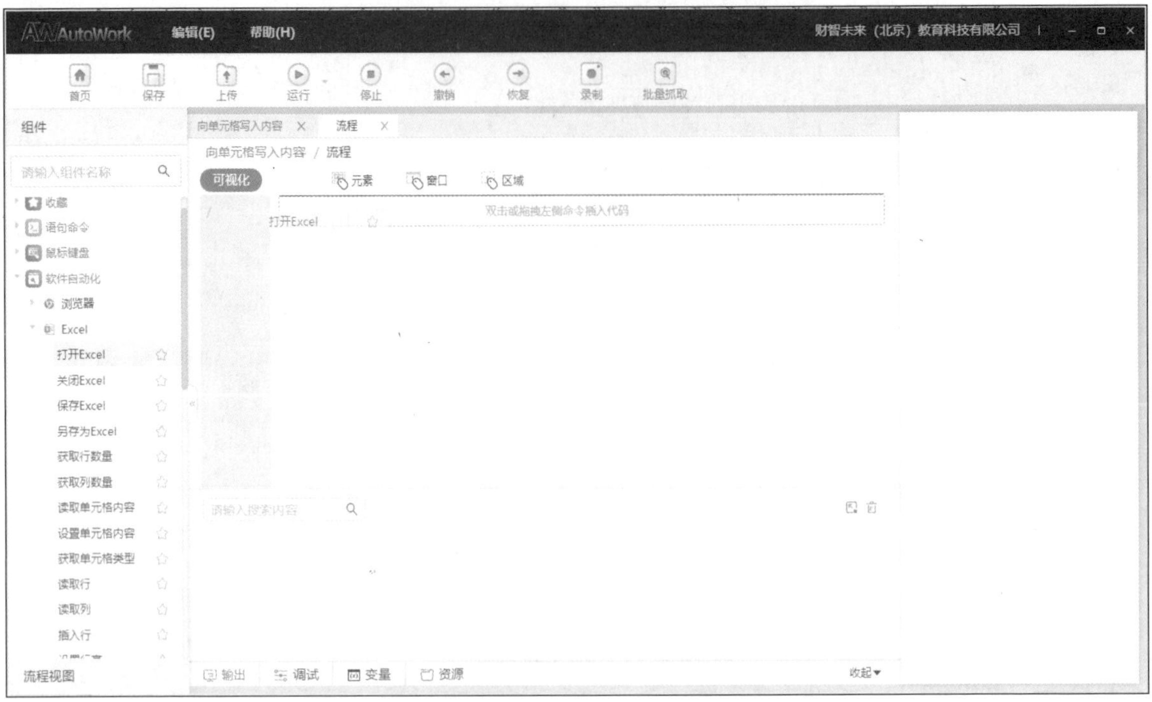

图 4-44　拖拽【打开 Excel】组件

图 4-45　设置工作表、单元格和数据的值

图 4-46　拖拽【设置公式】组件

图 4-47　设置工作表、单元格和公式的值

第四步，依次单击【组件】—【软件自动化】—【Excel】组件，将【设置字体样式】组件拖拽至第 4 行（见图 4-48）。设置右侧属性栏中的工作表的值为“'资产负债表'”，设置单元格的值为“'E3:F3'”（见图 4-49），设置字体颜色的值为“红色”（点开颜色框，选择红色），如图 4-50 所示。

图 4-48　拖拽【设置字体样式】组件

图 4-49　设置工作表和单元格的值

图 4-50 设置字体颜色

第五步，依次单击【保存】和【运行】按钮(见图 4-51)，流程代码运行完毕后，在输出框内显示运行结果，如图 4-52 所示。

图 4-51 运行流程代码

图 4-52　显示运行结果

【RPA 执行结果】

RPA 执行结果如图 4-53 所示。

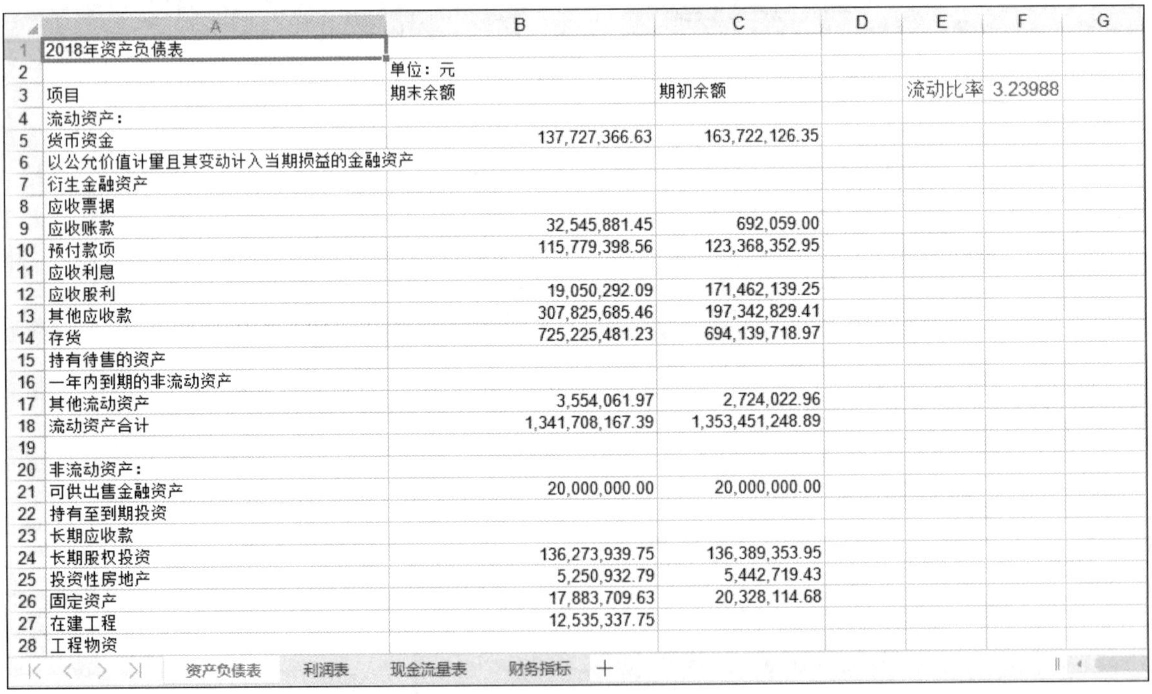

	A	B	C	D	E	F	G
1	2018年资产负债表						
2		单位：元					
3	项目	期末余额	期初余额		流动比率	3.23988	
4	流动资产：						
5	货币资金	137,727,366.63	163,722,126.35				
6	以公允价值计量且其变动计入当期损益的金融资产						
7	衍生金融资产						
8	应收票据						
9	应收账款	32,545,881.45	692,059.00				
10	预付款项	115,779,398.56	123,368,352.95				
11	应收利息						
12	应收股利	19,050,292.09	171,462,139.25				
13	其他应收款	307,825,685.46	197,342,829.41				
14	存货	725,225,481.23	694,139,718.97				
15	持有待售的资产						
16	一年内到期的非流动资产						
17	其他流动资产	3,554,061.97	2,724,022.96				
18	流动资产合计	1,341,708,167.39	1,353,451,248.89				
19							
20	非流动资产：						
21	可供出售金融资产	20,000,000.00	20,000,000.00				
22	持有至到期投资						
23	长期应收款						
24	长期股权投资	136,273,939.75	136,389,353.95				
25	投资性房地产	5,250,932.79	5,442,719.43				
26	固定资产	17,883,709.63	20,328,114.68				
27	在建工程	12,535,337.75					
28	工程物资						

图 4-53　RPA 执行结果

案例四：合并 2018 年度和 2019 年度财务报表

【案例】

将某公司 2018 年度财务报表和 2019 年度财务报表合并到财务报表 Excel 文件中，报表合并后的效果如图 4-54 所示。

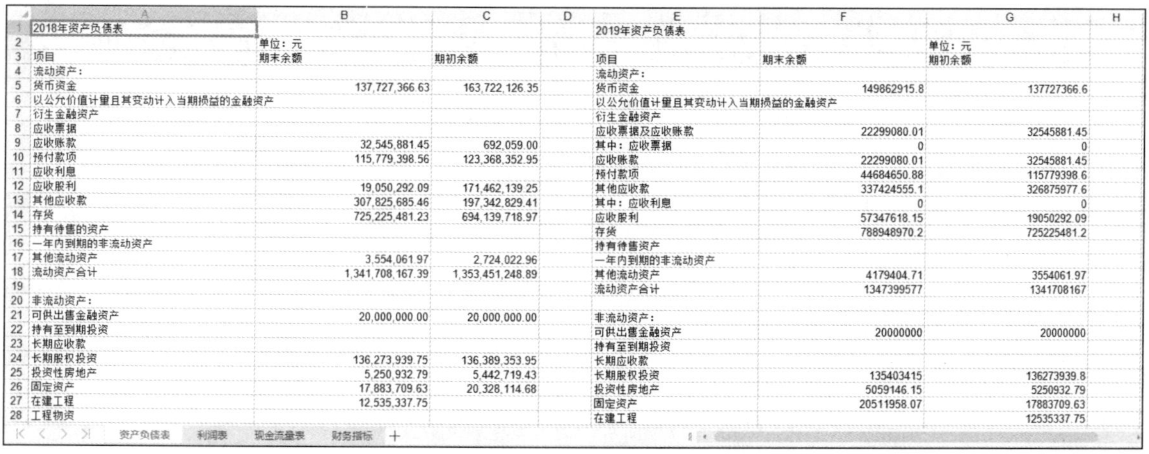

	A	B	C	D	E	F	G	H
1	2018年资产负债表				2019年资产负债表			
2		单位：元					单位：元	
3	项目	期末余额	期初余额		项目	期末余额	期初余额	
4	流动资产：				流动资产：			
5	货币资金	137,727,366.63	163,722,126.35		货币资金	149862915.8	137727366.6	
6	以公允价值计量且其变动计入当期损益的金融资产				以公允价值计量且其变动计入当期损益的金融资产			
7	衍生金融资产				衍生金融资产			
8	应收票据				应收票据及应收账款	22299080.01	32545881.45	
9	应收账款	32,545,881.45	692,059.00		其中：应收票据	0	0	
10	预付款项	115,779,398.56	123,368,352.95		应收账款	22299080.01	32545881.45	
11	应收利息				预付款项	44684650.88	115779398.6	
12	应收股利	19,050,292.09	171,462,139.25		其他应收款	337424555.1	326875977.6	
13	其他应收款	307,825,685.46	197,342,829.41		其中：应收利息	0	0	
14	存货	725,225,481.23	694,139,718.97		应收股利	57347618.15	19050292.09	
15	持有待售的资产				存货	788948970.2	725225481.2	
16	一年内到期的非流动资产				持有待售资产			
17	其他流动资产	3,554,061.97	2,724,022.96		一年内到期的非流动资产			
18	流动资产合计	1,341,708,167.39	1,353,451,248.89		其他流动资产	4179404.71	3554061.97	
19					流动资产合计	1347399577	1341708167	
20	非流动资产：							
21	可供出售金融资产	20,000,000.00	20,000,000.00		非流动资产：			
22	持有至到期投资				可供出售金融资产	20000000	20000000	
23	长期应收款				持有至到期投资			
24	长期股权投资	136,273,939.75	136,389,353.95		长期应收款			
25	投资性房地产	5,250,932.79	5,442,719.43		长期股权投资	135403415	136273939.8	
26	固定资产	17,883,709.63	20,328,114.68		投资性房地产	5059146.15	5250932.79	
27	在建工程	12,535,337.75			固定资产	20511958.07	17883709.63	
28	工程物资				在建工程		12535337.75	

资产负债表 利润表 现金流量表 财务指标

图 4-54 报表合并后的效果

【分析】

合并财务报表流程图如图 4-55 所示。

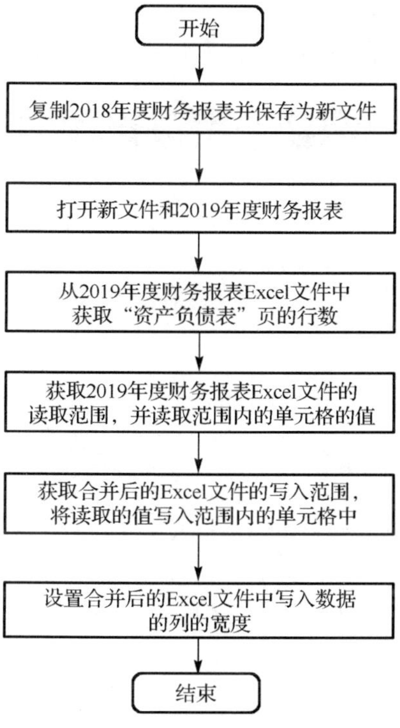
开始
复制2018年度财务报表并保存为新文件
打开新文件和2019年度财务报表
从2019年度财务报表Excel文件中获取“资产负债表”页的行数
获取2019年度财务报表Excel文件的读取范围，并读取范围内的单元格的值
获取合并后的Excel文件的写入范围，将读取的值写入范围内的单元格中
设置合并后的Excel文件中写入数据的列的宽度
结束

图 4-55 合并财务报表流程图

【RPA 实现】

第一步，依次单击【组件】—【文件处理】—【文件】组件，将【复制文件】组件拖拽至第 1 行，如图 4-56 所示。设置右侧属性栏中的源文件路径的值为本地文件夹下的某公司 2018 年度财务报表所在的文件路径(见图 4-57)，设置目标文件路径的值为本地文件夹下的财务报表所在的文件路径，如图 4-58 所示。

图 4-56　拖拽【复制文件】组件

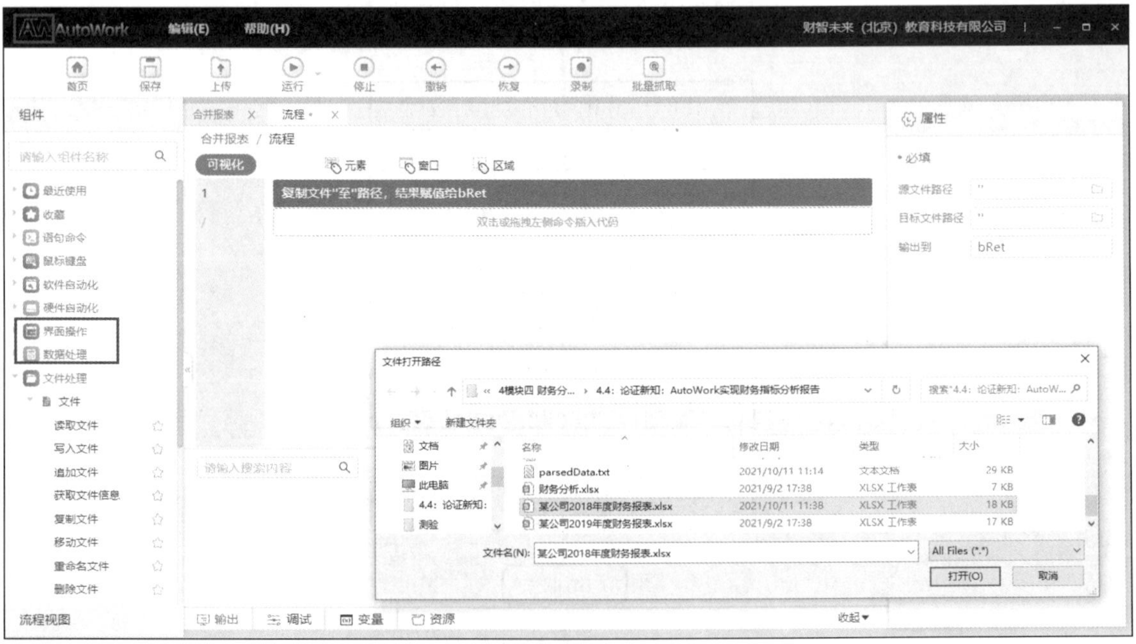

图 4-57　设置源文件路径

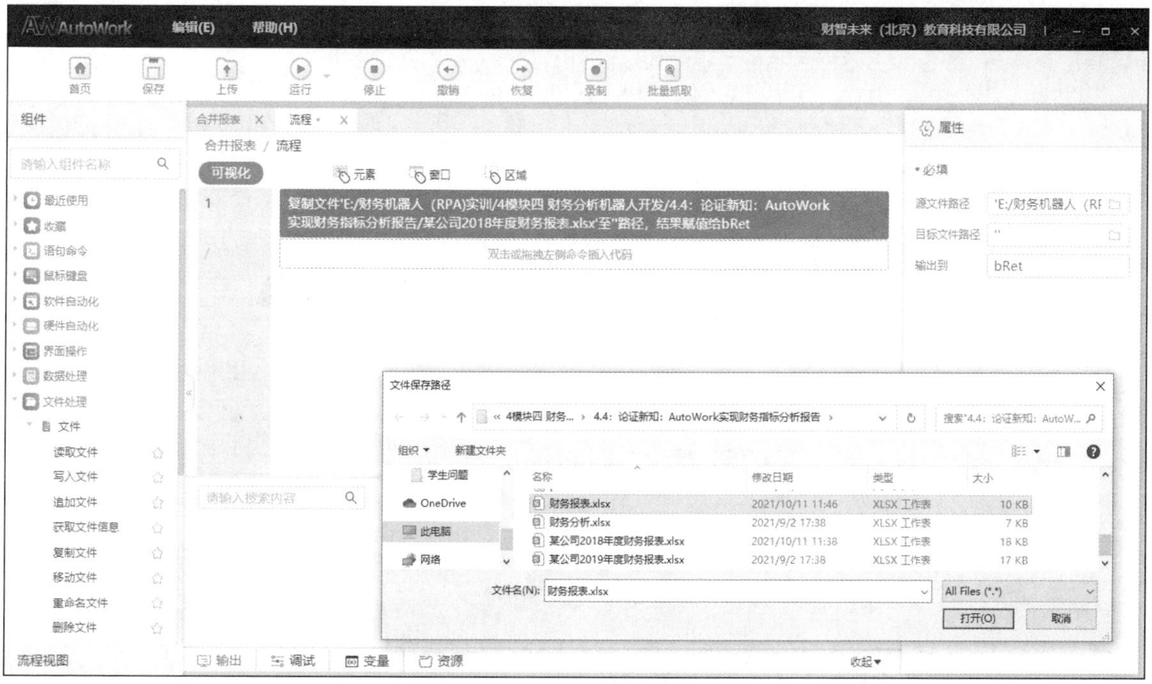

图 4-58　设置目标文件路径

第二步，依次单击【组件】—【软件自动化】—【Excel】组件，将【打开 Excel】组件拖拽至第 2 行，如图 4-59 所示。设置右侧属性栏中的文件路径的值为本地文件夹下的某公司 2019 年度财务报表所在的文件路径，如图 4-60 所示。

图 4-59　拖拽【打开 Excel】组件

图 4-60　设置文件路径

第三步，依次单击【组件】—【软件自动化】—【Excel】组件，将【打开 Excel】组件拖拽至第 3 行，如图 4-61 所示。设置右侧属性栏中的文件路径的值为本地文件夹下的财务报表所在的文件路径（见图 4-62），设置输出到的值为“resultExcel”，如图 4-63 所示。

图 4-61　拖拽【打开 Excel】组件

图 4-62 设置文件路径

图 4-63 设置输出到的值

第四步，依次单击【组件】—【软件自动化】—【Excel】组件，将【读取单元格内容】组件拖拽至第 4 行，如图 4-64 所示。

第五步，依次单击【组件】—【软件自动化】—【Excel】组件，将【获取行数量】组件拖拽至第 4 行，如图 4-65 所示。设置右侧属性栏中的工作表的值为“'资产负债表'”，如图 4-66 所示。

图 4-64 拖拽【读取单元格内容】组件

图 4-65 拖拽【获取行数量】组件

第六步，选中第 5 行流程代码，在右侧属性栏中，设置工作表的值为“'资产负债表'”，设置单元格的值为“'A1:C'+str(rows_count)”，如图 4-67 所示。

图 4-66 设置工作表的值

图 4-67 设置工作表的值

第七步，依次单击【组件】—【软件自动化】—【Excel】组件，将【设置单元格】组件拖拽至第 6 行，如图 4-68 所示。设置右侧属性栏中的工作簿对象的值为“resultExcel”，工作表的值为“'资产负债表'”，设置单元格的值为“‘E1:G’+str(rows_count)”，设置数据的值为“cell_value”，如图 4-69 所示。

图 4-68 拖拽【设置单元格】组件

图 4-69 设置工作簿对象、工作表、单元格和数据的值

第八步，依次单击【保存】和【运行】按钮（见图 4-70），流程代码运行完毕后，在下方输出框内显示执行结果，如图 4-71 所示。

图 4-70　运行流程代码

图 4-71　显示执行结果

第九步，打开本地文件夹下的财务报表，切换到“资产负债表”，如图 4-72 所示。

	A	B	C	D	E	F	G	H	I
1	2018年资产负债表				2019年资产负债表				
2		单位：元					单位：元		
3	项目	期末余额	期初余额		项目	期末余额	期初余额		
4	流动资产：				流动资产：				
5	货币资金	137,727,366.63	163,722,126.35		货币资金	1.5E+08	1.38E+08		
6	以公允价值计量且其变动计入当期损益的金融资产				以公允价值计量且其变动计入当期损益的金融资产				
7	衍生金融资产				衍生金融资产				
8	应收票据				应收票据及	22299080	32545881		
9	应收账款	32,545,881.45	692,059.00		其中：应收	0	0		
10	预付款项	115,779,398.56	123,368,352.95		应收账款	22299080	32545881		
11	应收利息				预付款项	44684651	1.16E+08		
12	应收股利	19,050,292.09	171,462,139.25		其他应收款	3.37E+08	3.27E+08		
13	其他应收款	307,825,685.46	197,342,829.41		其中：应收	0	0		
14	存货	725,225,481.23	694,139,718.97		应收股利	57347618	19050292		
15	持有待售的资产				存货	7.89E+08	7.25E+08		
16	一年内到期的非流动资产				持有待售资产				
17	其他流动资产	3,554,061.97	2,724,022.96		一年内到期的非流动资产				
18	流动资产合计	1,341,708,167.39	1,353,451,248.89		其他流动资	4179405	3554062		
19					流动资产合	1.35E+09	1.34E+09		
20	非流动资产：								
21	可供出售金融资产	20,000,000.00	20,000,000.00		非流动资产：				
22	持有至到期投资				可供出售金	20000000	20000000		
23	长期应收款				持有至到期投资				
24	长期股权投资	136,273,939.75	136,389,353.95		长期应收款				
25	投资性房地产	5,250,932.79	5,442,719.43		长期股权投	1.35E+08	1.36E+08		
26	固定资产	17,883,709.63	20,328,114.68		投资性房地	5059146	5250933		
27	在建工程	12,535,337.75			固定资产	20511958	17883710		
28	工程物资				在建工程		12535338		
29	固定资产清理				生产性生物	139597	138517		
30	生产性生物资产	138,517.00	56,508.00		油气资产				
31	油气资产				无形资产	20485287	12673129		
32	无形资产	12,673,128.57	11,922,320.98		开发支出				
33	开发支出				商誉				
34	商誉				长期待摊费	1041314	1204169		
35	长期待摊费用	1,204,169.37	238,932.20		递延所得税资产				
36	递延所得税资产				其他非流动	24785215	34547411		

资产负债表 利润表 现金流量表 财务指标

图 4-72 资产负债表

第十步，依次单击【组件】—【软件自动化】—【Excel】组件，将【设置列宽】组件拖拽至第 7 行，如图 4-73 所示。设置右侧属性栏中的工作簿对象的值修为“resultExcel”，设置工作表的值为“'资产负债表'”，设置列号的值为“6”，设置列宽的值为“27.4”，如图 4-74 所示。

图 4-73 拖拽【设置列宽】组件

图 4-74 设置工作簿对象、工作表、列号和列宽的值

第十一步，依次单击【保存】和【运行】按钮，流程代码运行完毕后，在下方输出框内显示运行结果，如图 4-75 所示。

图 4-75 显示运行结果

第十二步，执行成功后，打开本地文件夹下的财务报表，切换到“资产负债表”，如图 4-76 所示。

E	F	G
2019年资产负债表		
		单位：元
项目	期末余额	期初余额
流动资产：		
货币资金	149862915.8	1.38E+08
以公允价值计量且其变动计入当期损益的金融资产		
衍生金融资产		
应收票据及	22299080.01	32545881
其中：应收	0	0
应收账款	22299080.01	32545881
预付款项	44684650.88	1.16E+08
其他应收款	337424555.1	3.27E+08
其中：应收	0	0
应收股利	57347618.15	19050292
存货	788948970.2	7.25E+08
持有待售资产		
一年内到期的非流动资产		
其他流动资	4179404.71	3554062
流动资产合	1347399577	1.34E+09
非流动资产：		
可供出售金	20000000	20000000
持有至到期投资		
长期应收款		
长期股权投	135403415	1.36E+08
投资性房地	5059146.15	5250933
固定资产	20511958.07	17883710
在建工程		12535338
生产性生物	139597	138517
油气资产		
无形资产	20485286.6	12673129
开发支出		
商誉		
长期待摊费	1041314.25	1204169
递延所得税资产		
其他非流动	24785215.24	34547411

图 4-76　资产负债表

第十三步，利用同样的操作步骤，设置右侧属性栏中列号为“7”，流程代码如图 4-77 所示。

图 4-77　流程代码

第十四步，依次单击【保存】和【运行】按钮，流程代码运行完毕后，在下方输出框内显示执行结果，如图 4-78 所示。

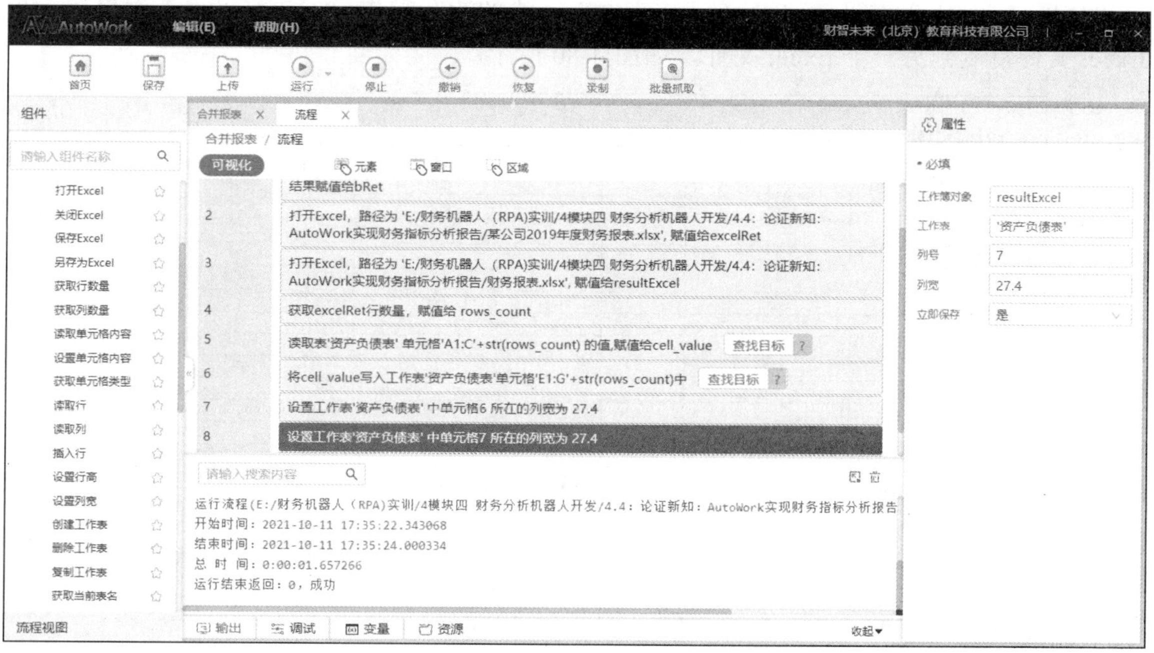

图 4-78　显示执行结果

第十五步，执行成功后，打开本地文件夹下的财务报表，切换到“资产负债表”，如图 4-79 所示。

E	F	G
2019年资产负债表		
		单位：元
项目	期末余额	期初余额
流动资产：		
货币资金	149862915.8	137727366.6
以公允价值计量且其变动计入当期损益的金融资产		
衍生金融资产		
应收票据及	22299080.01	32545881.45
其中：应收	0	0
应收账款	22299080.01	32545881.45
预付款项	44684650.88	115779398.6
其他应收款	337424555.1	326875977.6
其中：应收	0	0
应收股利	57347618.15	19050292.09
存货	788948970.2	725225481.2
持有待售资产		
一年内到期的非流动资产		
其他流动资	4179404.71	3554061.97
流动资产合	1347399577	1341708167
非流动资产：		
可供出售金	20000000	20000000
持有至到期投资		
长期应收款		
长期股权投	135403415	136273939.8
投资性房地	5059146.15	5250932.79
固定资产	20511958.07	17883709.63
在建工程		12535337.75
生产性生物	139597	138517
油气资产		
无形资产	20485286.6	12673128.57
开发支出		
商誉		
长期待摊费	1041314.25	1204169.37
递延所得税资产		
其他非流动	24785215.24	34547410.78

图 4-79　资产负债表

四、AutoWork 复制 Excel 工作表操作

使用 AutoWork 实现对 Excel 工作表中单元格的读写操作后，就可以将工作表从一个 Excel 文件复制到另一个 Excel 文件，如图 4-80 所示。

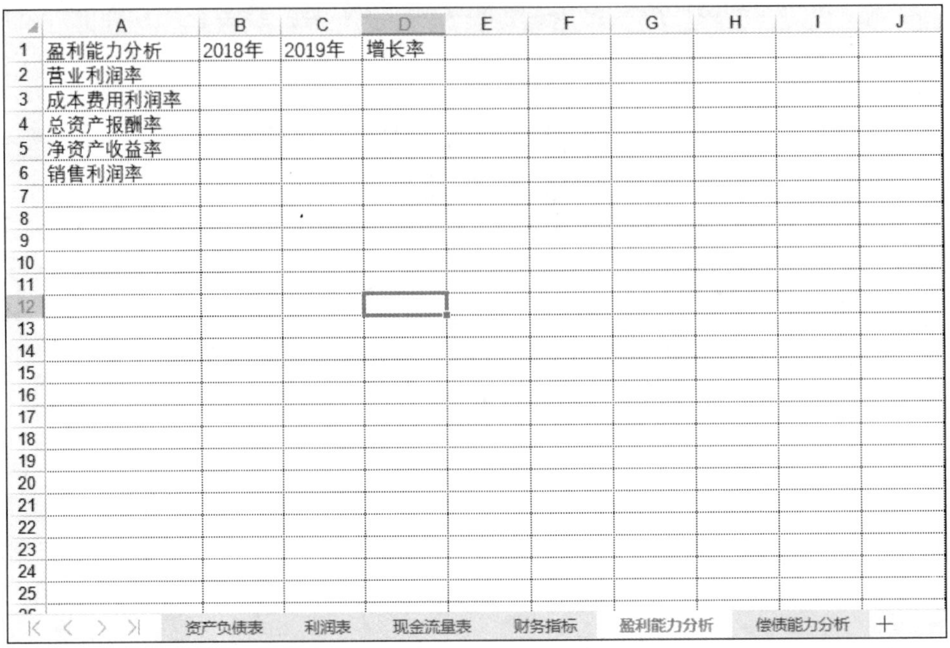

图 4-80 工作表复制

除可以通过单元格的读写操作实现工作表的复制外，还可以使用 AutoWork 中的【Excel】组件中的【复制工作表】子组件实现工作表的复制。

案例一：将财务分析表中的工作表合并到财务报表中

【案例】

将财务分析表中的“盈利能力分析”与“偿债能力分析”工作表复制到财务报表内。

【分析】

使用 AutoWork 中的【Excel】组件的【复制工作表】子组件完成工作表的复制。

【RPA 实现】

第一步，在“合并 2018 年度和 2019 年度财务报表”案例流程代码的基础上，依次单击【组件】—【软件自动化】—【Excel】组件，将【打开 Excel】组件拖拽至第 9 行，如图 4-81 所示。

第二步，选中第 9 行流程代码，设置右侧属性栏中的文件路径的值为本地文件夹下的财务分析报表所在的文件路径（见图 4-82），设置输出到的值为“excelRet2”，如图 4-83 所示。

图 4-81 拖拽【打开 Excel】组件

图 4-82 设置文件路径的值

第三步，依次单击【组件】—【软件自动化】—【Excel】组件，将【复制工作表】组件拖拽至第 10 行，如图 4-84 所示。

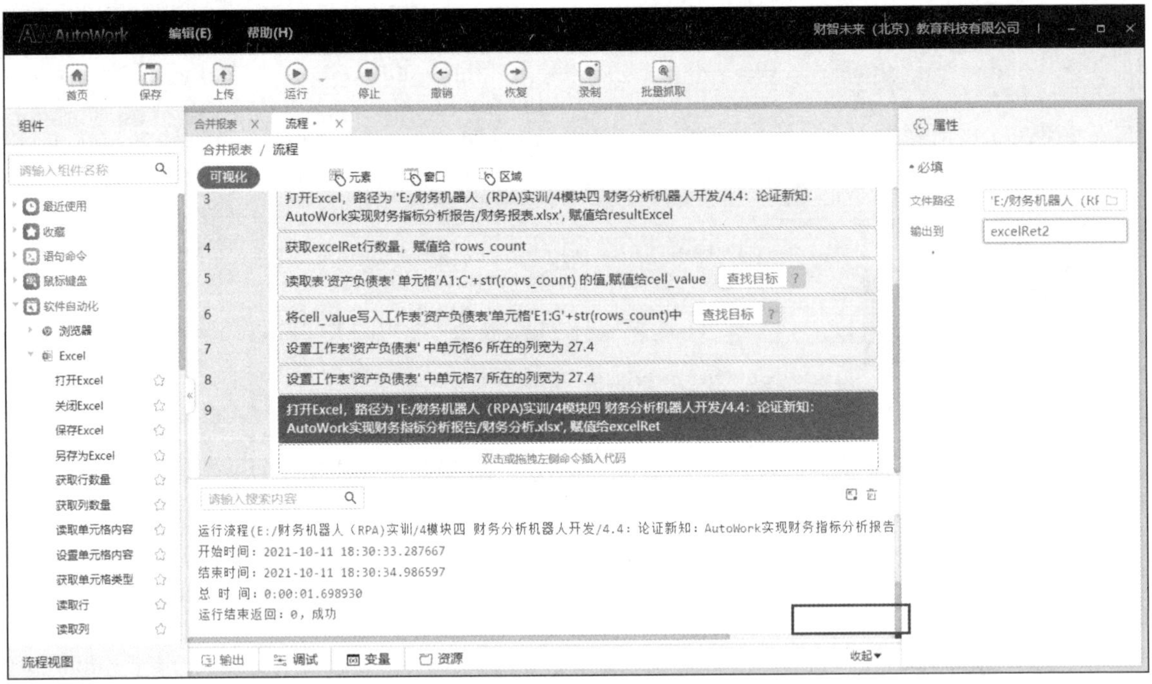

图 4-83　设置输出到的值

图 4-84　拖拽【复制工作表】组件

第四步，选中第 10 行流程代码，设置右侧属性栏中的工作簿对象的值为“excelRet2”，设置原表名的值为“'盈利能力分析'”，设置新工作簿对象的值为“resultExcel”，设置新表名的值为“'盈利能力分析'”，如图 4-85 所示。

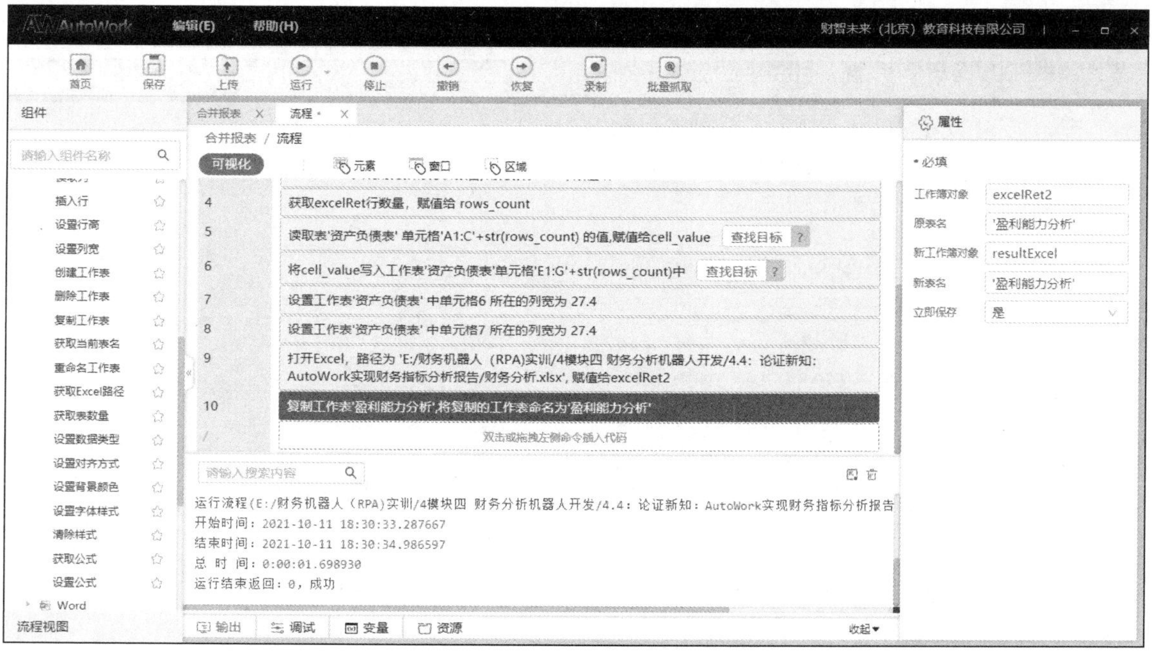

图 4-85　设置工作簿对象、原表名、新工作簿对象和新表名的值

第五步，复制第 10 行流程代码到第 11 行，如图 4-86 所示。设置右侧属性栏中的原表名的值为“'偿债能力分析'”，设置新表名的值为“'偿债能力分析'”，如图 4-87 所示。

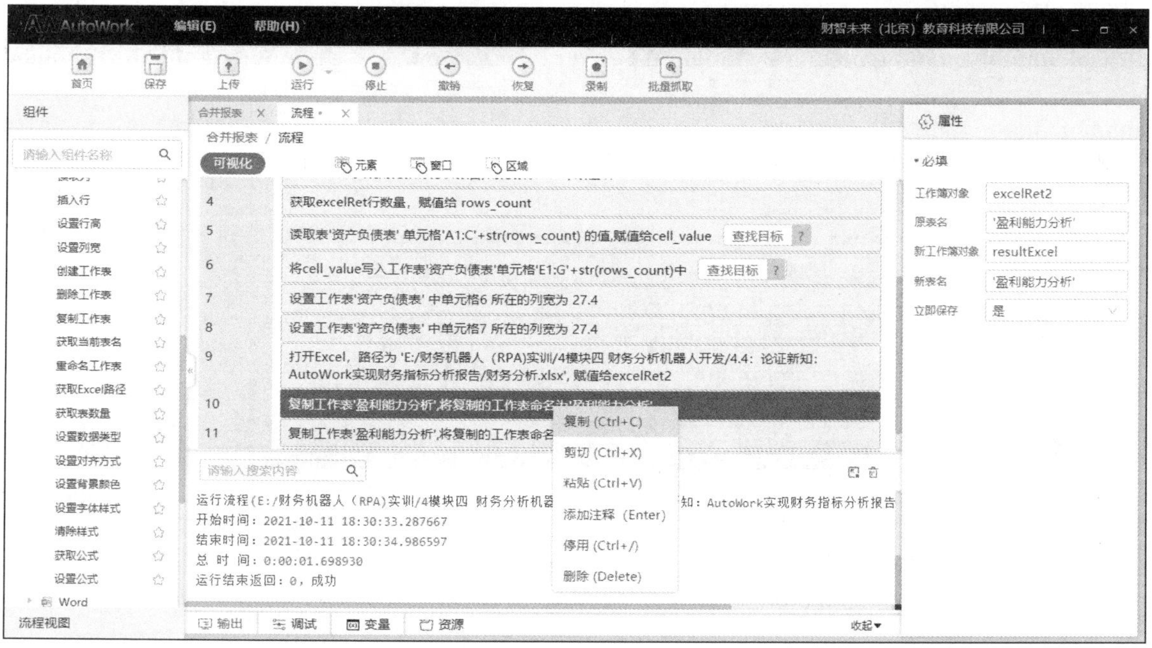

图 4-86　复制流程代码

第六步，依次单击【保存】和【运行】按钮，流程代码运行完毕后，在下方输出框内显示执行结果，如图 4-88 所示。

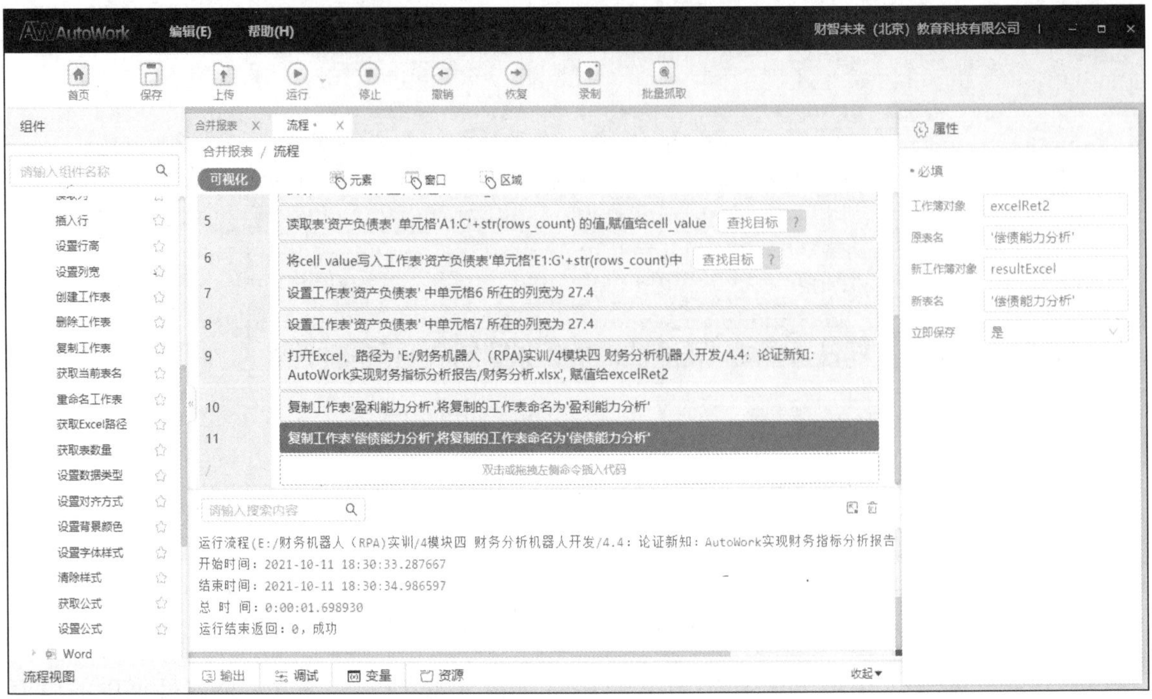

图 4-87　设置原表名和新表名的值

图 4-88　显示执行结果

【RPA 执行结果】

RPA 执行结果如图 4-89 所示。

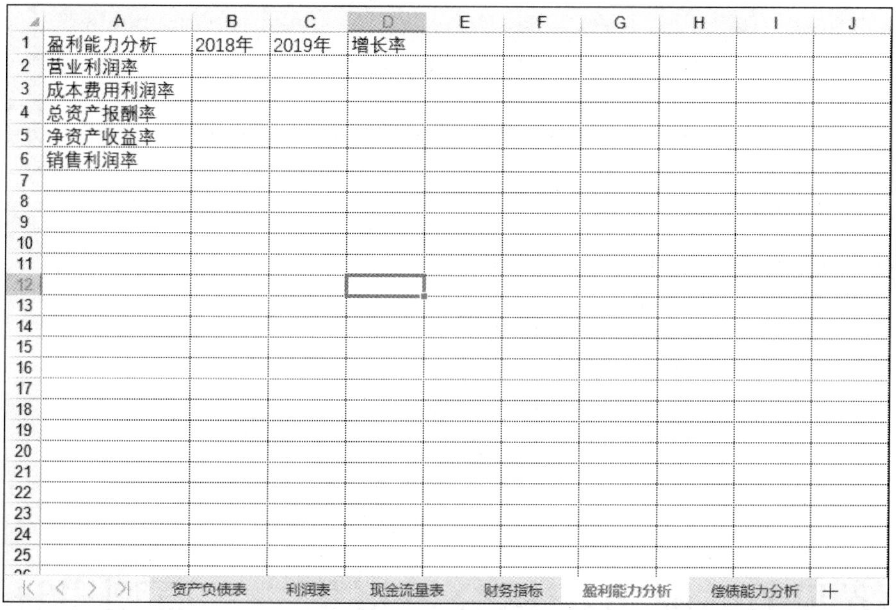

图 4-89　RPA 执行结果

案例二：偿债能力分析

【案例】

根据如图 4-6 所示的资产负债表，使用 AutoWork 计算偿债能力分析中的流动比率、速动比率和产权比率的值，偿债能力分析公式如图 4-90 所示。

流动比率：资产负债表!B18/资产负债表!B56

速动比率：(资产负债表!B18-资产负债表!B14-资产负债表!B10-资产负债表!B16-资产负债表!B17)/资产负债表!B56

产权比率：资产负债表!B71/资产负债表!B84

图 4-90　偿债能力分析公式

【分析】

使用 AutoWork 中的【Excel】组件的【设置公式】子组件设置偿债能力分析的公式。

【RPA 实现】

图 4-91 所示为设置偿债能力分析公式的 RPA 实现。

1 打开Excel，路径为 'E:/data/AutoWork/email附件/财务报表/财务报表.xlsx'，赋值给excelRet
2 设置表'偿债能力分析' 单元格'B2' 的公式为 '资产负债表!B18/资产负债表!B56' 查找目标 ?
3 设置表'偿债能力分析' 单元格'B3' 的公式为 '(资产负债表!B18-资产负债表!B14-资产负债表!B10-资产负债表!B16-资产负债表!B17)/资产负债表!B56' 查找目标 ?
4 设置表'偿债能力分析' 单元格'B4' 的公式为 '资产负债表!B71/资产负债表!B84' 查找目标 ?
双击或拖拽左侧命令插入代码

图 4-91　设置偿债能力分析公式的 RPA 实现

【RPA 执行结果】

RPA 执行结果如图 4-92 所示。

	A	B	C	D
1	偿债能力	2018年	2019年	增长率
2	流动比率	3.23988	3.401209	0.049795
3	速动比率	1.200488	1.286337	0.071512
4	产权比率	1.404781	1.467825	0.044878

图 4-92　RPA 执行结果

第四节　财务指标分析报告——原型设计

财务指标分析报告编制的业务流程如图 4-93 所示。

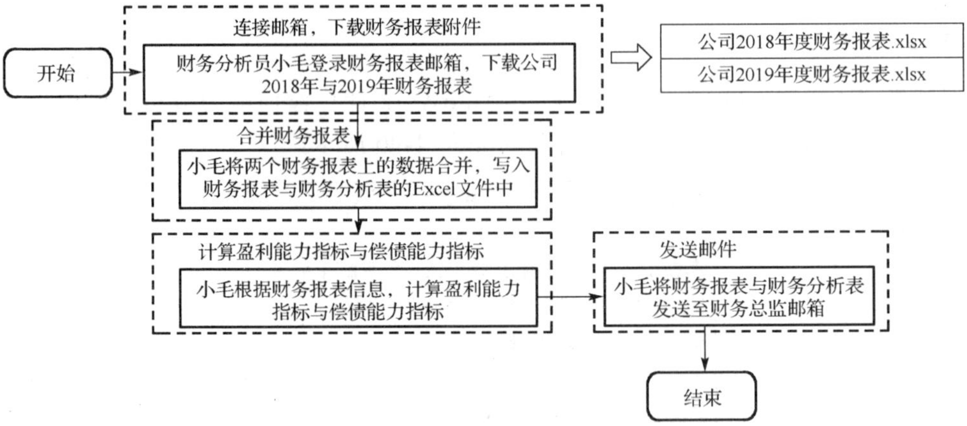
开始
连接邮箱，下载财务报表附件
财务分析员小毛登录财务报表邮箱，下载公司2018年与2019年财务报表
公司2018年度财务报表.xlsx
公司2019年度财务报表.xlsx
合并财务报表
小毛将两个财务报表上的数据合并，写入财务报表与财务分析表的Excel文件中
计算盈利能力指标与偿债能力指标
小毛根据财务报表信息，计算盈利能力指标与偿债能力指标
发送邮件
小毛将财务报表与财务分析表发送至财务总监邮箱
结束

图 4-93　财务指标分析报告编制的业务流程

【任务要求】

根据图 4-93 所示的业务流程，完成合并某公司 2018 年和 2019 年财务报表，以及复制财务分析表中的工作表到财务报告中的原型设计。

【解答】

合并某公司 2018 年和 2019 年财务报表，以及复制财务分析表中的工作表到财务报告的原型设计如图 4-94 所示。

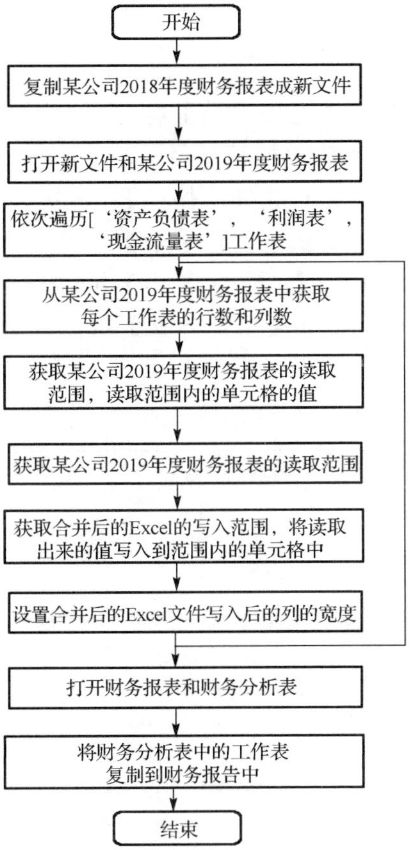
开始
复制某公司2018年度财务报表成新文件
打开新文件和某公司2019年度财务报表
依次遍历[‘资产负债表’，‘利润表’，‘现金流量表’]工作表
从某公司2019年度财务报表中获取每个工作表的行数和列数
获取某公司2019年度财务报表的读取范围，读取范围内的单元格的值
获取某公司2019年度财务报表的读取范围
获取合并后的Excel的写入范围，将读取出来的值写入到范围内的单元格中
设置合并后的Excel文件写入后的列的宽度
循环结构
打开财务报表和财务分析表
将财务分析表中的工作表复制到财务报告中
结束

图 4-94　合并某公司 2018 年和 2019 年财务报表以及复制财务分析表中的工作表到财务报告的原型设计

第五节　财务指标分析报告——RPA 实现

财务指标分析报告编制的 RPA 实现流程如图 4-95 所示。

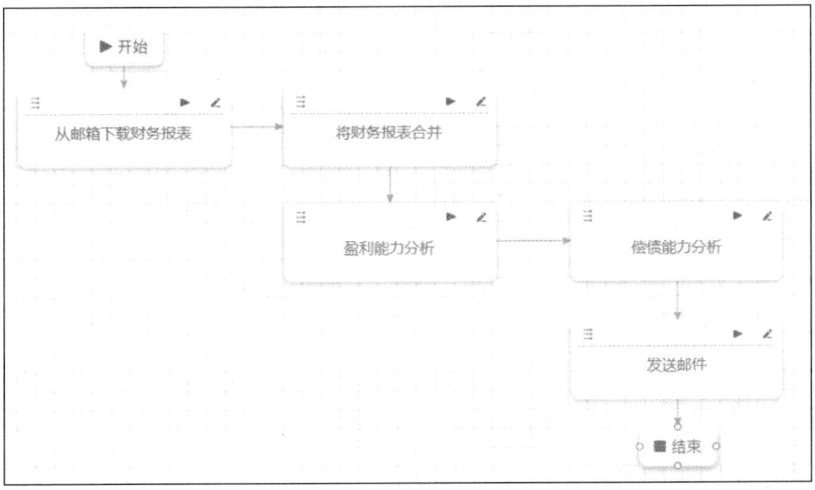
开始
从邮箱下载财务报表
将财务报表合并
盈利能力分析
偿债能力分析
发送邮件
结束

图 4-95　财务指标分析报告编制的 RPA 实现流程

一、从邮箱下载财务报表的 RPA 实现

第一步，依次单击【邮件】—【连接邮箱】组件，设置 POP 服务器为“pop.qq.com”、邮箱账号为“QQ 邮箱账号”，密码为“授权码”；

第二步，依次单击【流程控制】—【计次循环】组件，设置循环次数为“4”；

第三步，依次单击【邮件】—【获取邮件标题】组件；

第四步，依次单击【字符串】—【查找字符串】组件，设置查找内容为“财务报表”；

第五步，依次单击【流程控制】—【条件分支】组件，设置判断表达式为“iRet>=0”；

第六步，依次单击【邮件】—【保存附件】组件，保存路径设置为“本地路径”。

具体 RPA 实现如图 4-96 所示。

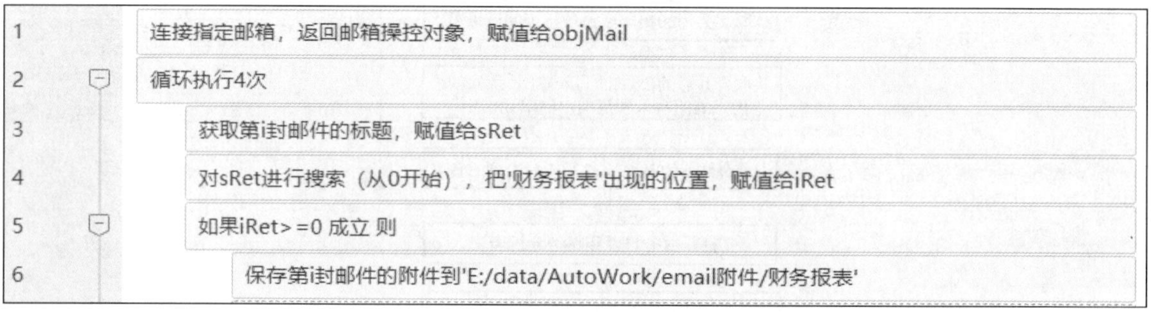
1 连接指定邮箱，返回邮箱操控对象，赋值给objMail
2 循环执行4次
3 获取第i封邮件的标题，赋值给sRet
4 对sRet进行搜索（从0开始），把'财务报表'出现的位置，赋值给iRet
5 如果iRet>=0 成立 则
6 保存第i封邮件的附件到'E:/data/AutoWork/email附件/财务报表'

图 4-96　邮箱下载财务报表的 RPA 实现

二、财务报表合并的 RPA 实现

第一步，使用【文件】组件中的【复制文件】子组件将某公司 2018 年度财务报表复制到财务报表；

第二步，设置变量 lRet 的值为['资产负债表'，'利润表'，'现金流量表']；

第三步到第四步，打开某公司 2019 年度财务报表，赋值给变量 excelRet；打开财务报表，赋值给变量 resultExcel；

第五步，使用【流程控制】组件中的【遍历列表】子组件，依次遍历列表 IRet 中的每一项，将值赋值给变量 sheet_value；

第六步，使用【Excel】组件中【获取行数量】子组件，获取 excelRet 中 sheet_value 工作表的行数量，赋值给变量 rows_count；

第七步，从 excelRet 的工作表 sheet_value 的单元格“'A1：C'+str(rows_count)”中读取值，并赋值给 cell_value；

第八步，向 resultExcel 工作表 sheet_value 的单元格“'E1：G'+str(rows_count)”中写入 cell_value 值；

第九步到第十步，设置 resultExcel 工作表 sheet_value 的第 5、6、7 列的列宽为 27.74；

第十一步到第十四步，将财务分析表中“盈利能力分析”和“偿债能力分析”工作表复制到财务报表中。

具体 RPA 实现如图 4-97 所示。

1	复制文件'E:/data/AutoWork/email附件/财务报表/某公司2018年度财务报表.xlsx'至'E:/data/AutoWork/email附件/财务报表/财务报表.xlsx'路径，结果赋值给bRet
2	令变量lRet的值为['资产负债表','利润表','现金流量表']
3	打开Excel,路径为 'E:/data/AutoWork/email附件/财务报表/某公司2019年度财务报表.xlsx', 赋值给excelRet
4	打开Excel,路径为 'E:/data/AutoWork/email附件/财务报表/财务报表.xlsx', 赋值给resultExcel
5	依次遍历列表lRet中的每一项，每次将该项赋给变量sheet_value
6	获取有数据的行总数,赋值给 rows_count
7	读取表sheet_value 单元格'A1:C'+str(rows_count) 的值,赋值给cell_value　查找目标
8	将cell_value写入工作表sheet_value单元格'E1:G'+str(rows_count)中　查找目标
9	循环执行3次
10	设置工作表sheet_value 中单元格5+i 所在的列宽为 27.74
/	此处可插入执行命令
/	此处可插入执行命令
11	令变量lRet的值为['盈利能力分析','偿债能力分析']
12	打开Excel，路径为 'E:/data/AutoWork/email附件/财务报表/财务分析.xlsx', 赋值给excelRet2
13	依次遍历列表lRet中的每一项，每次将该项赋给变量sheet_value
14	复制工作表sheet_value,将复制的工作表命名为sheet_value

图 4-97　财务报表合并的 RPA 实现

【RPA 执行结果】

RPA 执行结果如图 4-98 所示。

	A	B	C	D	E	F	G
1	2018年资产负债表				2019年资产负债表		
2		单位：元					单位：元
3	项目	期末余额	期初余额		项目	期末余额	期初余额
4	流动资产：				流动资产：		
5	货币资金	137,727,366.63	163,722,126.35		货币资金	149862915.8	137727366.6
6	以公允价值计量且其变动计入当期损益的金融资产				以公允价值计量且其变动计入当期损益的金融资产		
7	衍生金融资产				衍生金融资产		
8	应收票据				应收票据及应收账款	22299080.01	32545881.45
9	应收账款	32,545,881.45	692,059.00		其中：应收票据	0	0
10	预付款项	115,779,398.56	123,368,352.95		应收账款	22299080.01	32545881.45
11	应收利息				预付款项	44684650.88	115779398.6
12	应收股利	19,050,292.09	171,462,139.25		其他应收款	337424555.1	326875977.6
13	其他应收款	307,825,685.46	197,342,829.41		其中：应收利息	0	0
14	存货	725,225,481.23	694,139,718.97		应收股利	57347618.15	19050292.09
15	持有待售的资产				存货	788948970.2	725225481.2
16	一年内到期的非流动资产				持有待售资产		
17	其他流动资产	3,554,061.97	2,724,022.96		一年内到期的非流动资产		
18	流动资产合计	1,341,708,167.39	1,353,451,248.89		其他流动资产	4179404.71	3554061.97
19					流动资产合计	1347399577	1341708167
20	非流动资产：						
21	可供出售金融资产	20,000,000.00	20,000,000.00		非流动资产：		
22	持有至到期投资				可供出售金融资产	20000000	20000000
23	长期应收款				持有至到期投资		
24	长期股权投资	136,273,939.75	136,389,353.95		长期应收款		
25	投资性房地产	5,250,932.79	5,442,719.43		长期股权投资	135403415	136273939.8
26	固定资产	17,883,709.63	20,328,114.68		投资性房地产	5059146.15	5250932.79
27	在建工程	12,535,337.75			固定资产	20511958.07	17883709.63
28	工程物资				在建工程		12535337.75
29	固定资产清理				生产性生物资产	139597	138517
30	生产性生物资产	138,517.00	56,508.00		油气资产		
31	油气资产				无形资产	20485286.6	12673128.57
32	无形资产	12,673,128.57	11,922,320.98		开发支出		
33	开发支出				商誉		
34	商誉				长期待摊费用	1041314.25	1204169.37
35	长期待摊费用	1,204,169.37	238,932.20		递延所得税资产		
36	递延所得税资产				其他非流动资产	24785215.24	34547410.78
37	其他非流动资产	34,547,410.78	37,355,031.09		非流动资产合计	227425932.3	240507145.6
38	非流动资产合计	240,507,145.64	231,732,980.33		资产总计	1574825509	1582215313
39	资产总计	1,582,215,313.03	1,585,184,229.22				
40					流动负债：		
41	流动负债：				短期借款	260000000	199000000
42	短期借款	199,000,000.00	180,000,000.00		以公允价值计量且其变动计入当期损益的金融负债		
43	以公允价值计量且其变动计入当期损益的金融负债				衍生金融负债		
44	衍生金融负债				应付票据及应付账款	21802061.27	19955222.94
45	应付票据				预收款项	137401.65	123411.65
46	应付账款	19,955,222.94	13,561,586.09		应付职工薪酬	4160507.27	2668169.69
47	预收款项	123,411.65	123,411.65		应交税费	4509467.49	3889284.06

资产负债表　利润表　现金流量表　财务指标　盈利能力分析　偿债能力分析　+

图 4-98　执行结果

三、盈利能力分析的 RPA 实现

盈利能力分析指标的各项计算公式如下(以图 4-4 所示的利润表为例)。

1. 营业利润率

2018 年：利润表!B16/利润表!B4
2019 年：利润表!F19/利润表!F4

2. 成本费用利润率

2018 年：利润表!B19/SUM(利润表!B5：B9)
2019 年：利润表!F22/SUM(利润表!F5：F10)

3. 净资产收益率：

2018 年：利润表!B21/((资产负债表!B84+资产负债表!C84)/2)
2019 年：利润表!F24/((资产负债表!F80+资产负债表!G80)/2)

4. 销售利润率

2018 年：利润表!B19/利润表!B4
2019 年：利润表!F22/利润表!B4

【RPA 实现】

RPA 实现如图 4-99 所示。

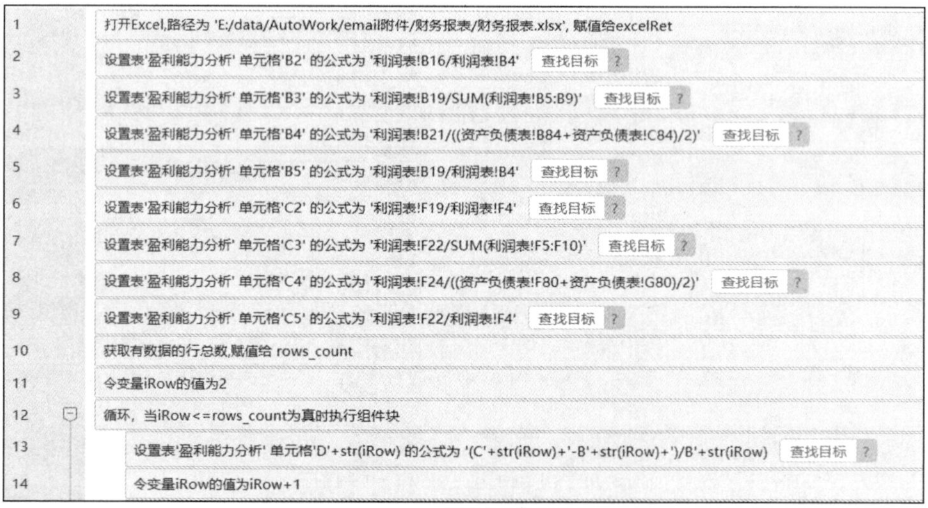
1 打开Excel,路径为 'E:/data/AutoWork/email附件/财务报表/财务报表.xlsx', 赋值给excelRet
2 设置表'盈利能力分析' 单元格'B2' 的公式为 '利润表!B16/利润表!B4' 查找目标 ?
3 设置表'盈利能力分析' 单元格'B3' 的公式为 '利润表!B19/SUM(利润表!B5:B9)' 查找目标 ?
4 设置表'盈利能力分析' 单元格'B4' 的公式为 '利润表!B21/((资产负债表!B84+资产负债表!C84)/2)' 查找目标 ?
5 设置表'盈利能力分析' 单元格'B5' 的公式为 '利润表!B19/利润表!B4' 查找目标 ?
6 设置表'盈利能力分析' 单元格'C2' 的公式为 '利润表!F19/利润表!F4' 查找目标 ?
7 设置表'盈利能力分析' 单元格'C3' 的公式为 '利润表!F22/SUM(利润表!F5:F10)' 查找目标 ?
8 设置表'盈利能力分析' 单元格'C4' 的公式为 '利润表!F24/((资产负债表!F80+资产负债表!G80)/2)' 查找目标 ?
9 设置表'盈利能力分析' 单元格'C5' 的公式为 '利润表!F22/利润表!F4' 查找目标 ?
10 获取有数据的行总数,赋值给 rows_count
11 令变量iRow的值为2
12 循环，当iRow<=rows_count为真时执行组件块
13 设置表'盈利能力分析' 单元格'D'+str(iRow) 的公式为 '(C'+str(iRow)+'-B'+str(iRow)+')/B'+str(iRow) 查找目标 ?
14 令变量iRow的值为iRow+1

图 4-99 盈利能力分析的 RPA 实现

四、偿债能力分析的 RPA 实现

偿债能力分析指标的各项计算公式如下(以图 4-6 所示的资产负债表为例)。

1. 流动比率

2018 年：资产负债表!B18/资产负债表!B56

2019 年：资产负债表!F19/资产负债表!F54

2．速动比率

2018 年：(资产负债表!B18-资产负债表!B14-资产负债表!B10-资产负债表!B16-资产负债表!B17)/资产负债表!B56

2019 年：(资产负债表!F19-资产负债表!F17-资产负债表!F18-资产负债表!F15-资产负债表!F11)/资产负债表!F54

3．产权比率

2018 年：资产负债表!B71/资产负债表!B84

2019 年：资产负债表!F67/资产负债表!F80

【RPA 实现】

RPA 实现如图 4-100 所示。

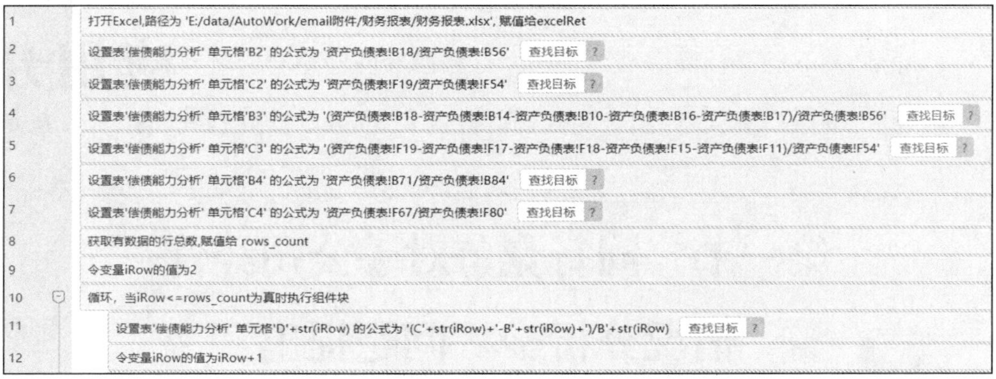
1 打开Excel,路径为 'E:/data/AutoWork/email附件/财务报表/财务报表.xlsx', 赋值给excelRet
2 设置表'偿债能力分析' 单元格'B2' 的公式为 '资产负债表!B18/资产负债表!B56' 查找目标
3 设置表'偿债能力分析' 单元格'C2' 的公式为 '资产负债表!F19/资产负债表!F54' 查找目标
4 设置表'偿债能力分析' 单元格'B3' 的公式为 '(资产负债表!B18-资产负债表!B14-资产负债表!B10-资产负债表!B16-资产负债表!B17)/资产负债表!B56' 查找目标
5 设置表'偿债能力分析' 单元格'C3' 的公式为 '(资产负债表!F19-资产负债表!F17-资产负债表!F18-资产负债表!F15-资产负债表!F11)/资产负债表!F54' 查找目标
6 设置表'偿债能力分析' 单元格'B4' 的公式为 '资产负债表!B71/资产负债表!B84' 查找目标
7 设置表'偿债能力分析' 单元格'C4' 的公式为 '资产负债表!F67/资产负债表!F80' 查找目标
8 获取有数据的行总数,赋值给 rows_count
9 令变量iRow的值为2
10 循环，当iRow<=rows_count为真时执行组件块
11 设置表'偿债能力分析' 单元格'D'+str(iRow) 的公式为 '(C'+str(iRow)+'-B'+str(iRow)+')/B'+str(iRow) 查找目标
12 令变量iRow的值为iRow+1

图 4-100　偿债能力分析的 RPA 实现

五、发送邮件的 RPA 实现

使用 AutoWork 中的【发送邮件】组件，完成将财务报表与财务分析表发送给财务总监的自动化流程，发送邮件的 RPA 实现如图 4-101 所示。

财务指标分析机器人
发送邮件
财务指标分析机器人 / 发送邮件
可视化
元素
窗口
区域
1 发送邮件，并将发送结果赋值给bRet
双击或拖拽左侧命令插入代码
请输入搜索内容
属性
必填
SMTP服务器 'smtp.qq.com'
邮箱账号
登录密码
收信邮箱
邮件标题 '财务报表'
邮件正文 'hi，康总，附件是整理后的财务报表，
邮件附件 'E:/data/AutoWor
服务器端口 25
SSL加密 否
输出到 bRet

图 4-101　发送邮件的 RPA 实现

第五章

同行竞争对手公司经营情况分析机器人应用开发

第一节　同行竞争对手公司经营情况分析——问题提出

同行竞争对手公司经营情况分析场景如图 5-1 所示。

图 5-1　同行竞争对手经营分析场景

小胡：终于把分析报告做完了，喝杯咖啡休息休息。

康总：小胡，有个紧急任务交给你。你从公司专门用于收集同行竞争对手公司财报信息的邮箱去下载A公司2018年第三季度财务报告，将我们公司(B公司)与A公司的经营情况做一个比较分析。重点分析两个公司的盈利能力。另外，今天下午4点公司将召开经营分析工作会议，开会之前，将同行经营分析报告发送到市场部总监、产品部总监和我的邮箱。会议上你来汇报一下比较分析的情况。

小胡：好的总监，我马上开工。哎，这么多的活儿……

小李：小胡，12点了，一起去吃午饭吧。

小胡：本来我可以早早去吃饭的，但是康总给我安排了一个急活儿。虽然看起来是个很简单的工作，但是因为A公司的财报文件是doc格式，将Word文件里的数据直接转到Excel文件中，只能反复地复制、粘贴数据，实在是太耗时耗力了！数据从Word文件搬到Excel文件中后，计算指标也是个体力活儿。就拿我刚刚计算的毛利率、营业利润率、销售利润率、销售净利润率等几个财务指标来说，虽然计算方法很简单，消耗的脑细胞不多，但用掉的都是宝贵时间啊！真希望有个大神降临来解救解救我。

小李：大神会有的，还是先吃饭吧。吃完饭，我让RPA机器人帮你。

第二节 同行竞争对手公司经营情况分析——业务场景分析

同行竞争对手公司经营情况分析工作流程如图5-2所示。

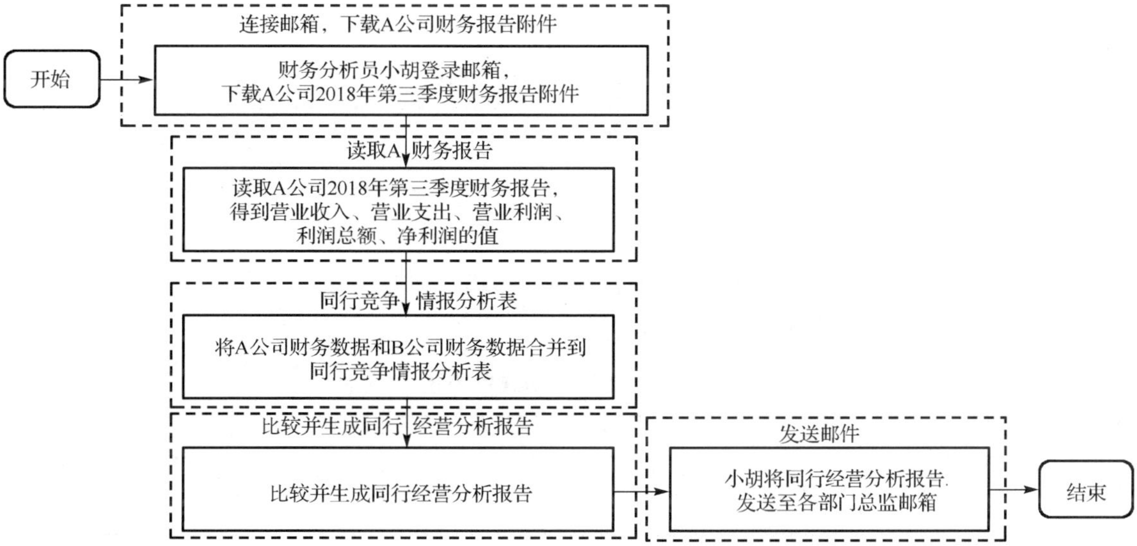
开始
连接邮箱，下载A公司财务报告附件
财务分析员小胡登录邮箱，
下载A公司2018年第三季度财务报告附件
读取A公司财务报告
读取A公司2018年第三季度财务报告，
得到营业收入、营业支出、营业利润、
利润总额、净利润的值
同行竞争情报分析表
将A公司财务数据和B公司财务数据合并到
同行竞争情报分析表
比较并生成同行经营分析报告
比较并生成同行经营分析报告
发送邮件
小胡将同行经营分析报告
发送至各部门总监邮箱
结束

图5-2 同行竞争对手公司经营情况分析工作流程

第三节　AutoWork 实现 Word 版财务报告的编制

一、AutoWork 中的【Word】组件

AutoWork 中的【Word】组件包含【打开文档】【读取文档】【重写文档】【设置光标位置】【移动光标位置】【选择行】【全选内容】【剪切】【复制】【粘贴】【退格键删除】【插入回车】【插入新页面】【插入图片】【读取选中文字】【写入文字】【文字批量替换】【设置字体】【设置字体大小】【设置字体颜色】【设置字体样式】【设置对齐方式】【保存文档】【文档另存为】【关闭文档】【获取文档路径】【获取表格】【获取段落】等子组件。

1. 打开文档

功能描述：打开 Word 文档。

属性描述：如表 5-1 所示。

表 5-1　打开文档属性描述

名　称	默 认 值	描　述
文件路径	‘’	Word 文档文件路径
访问密码	‘’	访问密码
修改密码	‘’	修改密码

2. 读取文档

功能描述：读取 Word 文档内容。

属性描述：如表 5-2 所示。

表 5-2　读取文档属性描述

名　称	默 认 值	描　述
文档对象	wordObj	Word 文档对象

3. 重写文档

功能描述：将内容写入到 Word 文档，会覆盖原有的内容。

属性描述：如表 5-3 所示。

表 5-3　重写文档属性描述

名　称	默 认 值	描　述
文档对象	wordObj	Word 文档对象
写入内容	‘’	写入内容

4. 设置光标位置

功能描述：设置 Word 文档光标所在位置。

属性描述：如表 5-4 所示。

表 5-4　设置光标位置属性描述

名　称	默 认 值	描　述
文档对象	wordObj	Word 文档对象
移动位置		光标移动到的位置
移动方式	0	操作的对象类型，选项“字”“行”或者“段落”，默认为“字”

5. 移动光标位置

功能描述：移动 Word 文档光标所在位置。
属性描述：如表 5-5 所示。

表 5-5　移动光标位置属性描述

名　称	默 认 值	描　述
文档对象	wordObj	Word 文档对象
移动位置		光标移动到的位置
移动方式	0	操作的对象类型，选项“字”“行”或者“段落”，默认为“字”
移动方向	1	光标移动方向，选项“右”或者“左”，默认为“右”
按住 Shift	False	光标移动时是否按住【Shift】键，选项“是”或者“否”，默认为“否”

6. 选择行

功能描述：选择 Word 文档中的指定行范围。
属性描述：如表 5-6 所示。

表 5-6　选择行属性描述

名　称	默 认 值	描　述
文档对象	wordObj	Word 文档对象
起始行		选择文档范围的起始行
结束行		选择文档范围的结束行

7. 全选内容

功能描述：选中 Word 文档中的所有内容。
属性描述：如表 5-7 所示。

表 5-7　全选内容属性描述

名　称	默 认 值	描　述
文档内容	wordObj	Word 文档对象

8. 剪切

功能描述：对 Word 文档当前选中的内容执行剪切操作。
属性描述：如表 5-8 所示。

表 5-8　剪切属性描述

名　称	默 认 值	描　述
文档内容	wordObj	Word 文档对象

9. 复制

功能描述：对 Word 文档当前选中的内容执行复制操作。

属性描述：如表 5-9 所示。

表 5-9　复制属性描述

名　称	默 认 值	描　述
文档内容	wordObj	Word 文档对象

10. 粘贴

功能描述：对 Word 文档当前选中的内容执行粘贴操作。

属性描述：如表 5-10 所示。

表 5-10　粘贴属性描述

名　称	默 认 值	描　述
文档内容	wordObj	Word 文档对象

11. 退格键删除

功能描述：对 Word 文档当前选中的内容执行退格键删除操作。

属性描述：如表 5-11 所示。

表 5-11　退格键删除属性描述

名　称	默 认 值	描　述
文档内容	wordObj	Word 文档对象

12. 插入回车

功能描述：对 Word 文档当前光标所在位置插入一个回车。

属性描述：如表 5-12 所示。

表 5-12　插入回车属性描述

名　称	默 认 值	描　述
文档内容	wordObj	Word 文档对象

13. 插入新页面

功能描述：对 Word 文档当前光标所在位置插入一个分页符。

属性描述：如表 5-13 所示。

表 5-13　插入新页面属性描述

名　称	默 认 值	描　述
文档内容	wordObj	Word 文档对象

14．插入图片

功能描述：向 Word 文档当前光标所在位置插入一张图片。
属性描述：如表 5-14 所示。

表 5-14 插入图片属性描述

名　称	默 认 值	描　述
文档内容	wordObj	Word 文档对象
图片路径	''	图片文件路径

15．读取选中文字

功能描述：读取 Word 文档当前选中部分的文字。
属性描述：如表 5-15 所示。

表 5-15 读取选中文字属性描述

名　称	默 认 值	描　述
文档内容	wordObj	Word 文档对象

16．写入文字

功能描述：向 Word 文档当前光标所在的位置写入文字。
属性描述：如表 5-16 所示。

表 5-16 写入文字属性描述

名　称	默 认 值	描　述
文档内容	wordObj	Word 文档对象
写入内容	''	写入文字内容

17．文字批量替换

功能描述：对 Word 文档中的特定字符串进行替换。
属性描述：如表 5-17 所示。

表 5-17 文字批量替换属性描述

名　称	默 认 值	描　述
文档内容	wordObj	Word 文档对象
查找字符串	''	要查找的字符串
替换字符串	''	要替换的字符串

18．设置字体

功能描述：设置 Word 文档当前选中文字的字体。
属性描述：如表 5-18 所示。

表 5-18　设置字体属性描述

名　　称	默　认　值	描　　述
文档内容	wordObj	Word 文档对象
字体名	‘’	字体名

19．设置字号大小

功能描述：设置 Word 文档当前选中文字的字号大小。

属性描述：如表 5-19 所示。

表 5-19　设置字体大小属性描述

名　　称	默　认　值	描　　述
文档内容	wordObj	Word 文档对象
字号大小		文字字号大小，只能输入数字

20．设置字体颜色

功能描述：设置 Word 文档当前选中文字的颜色。

属性描述：如表 5-20 所示。

表 5-20　设置字体颜色属性描述

名　　称	默　认　值	描　　述
文档内容	wordObj	Word 文档对象
文字颜色	1	文字颜色，可填入十六进制颜色色值

21．设置字体样式

功能描述：设置 Word 文档当前选中文字的样式。

属性描述：如表 5-21 所示。

表 5-21　设置字体样式属性描述

名　　称	默　认　值	描　　述
文档内容	wordObj	Word 文档对象
是否粗体	False	文字是否为粗体，默认为否
是否斜体	False	文字是否为斜体，默认为否
是否下划线	False	文字是否有下划线，默认为否

22．设置对齐方式

功能描述：设置 Word 文档当前选中文字的对齐方式。

属性描述：如表 5-22 所示。

表 5-22　设置对齐方式属性描述

名　　称	默　认　值	描　　述
文档内容	wordObj	Word 文档对象
对齐方式	‘左对齐’	所选内容的对齐方式，选项“左对齐”“右对齐”和“居中对齐”，默认为“左对齐”

23. 保存文档

功能描述：保存 Word 文档。

属性描述：如表 5-23 所示。

表 5-23 保存文档属性描述

名称	默认值	描述
文档内容	wordObj	Word 文档对象

24. 文档另存为

功能描述：保存 Word 文档到指定位置。

属性描述：如表 5-24 所示。

表 5-24 文档另存为属性描述

名称	默认值	描述
文档内容	wordObj	Word 文档对象
文件路径	''	另存为的文件路径，文件后缀名可为.doc、.docx、.txt 等

25. 关闭文档

功能描述：关闭已打开的 Word 文档。

属性描述：如表 5-25 所示。

表 5-25 关闭文档属性描述

名称	默认值	描述
文档内容	wordObj	Word 文档对象
关闭进程	True	是否关闭文档，默认关闭

26. 获取文档路径

功能描述：获取已打开的 Word 文档文件路径。

属性描述：如表 5-26 所示。

表 5-26 获取文档路径属性描述

名称	默认值	描述
文档内容	wordObj	Word 文档对象

27. 获取表格

功能描述：获取 Word 中第 n 个表格，返回行列所组成的二维列表。

属性描述：如表 5-27 所示。

表 5-27 获取表格属性描述

名称	默认值	描述
Word 路径	''	Word 文档路径
表格索引	0	第 n 个表格，从 0 开始

28. 获取段落

功能描述：获取 Word 中第 n 个段落或所有段落。

属性描述：如表 5-28 所示。

表 5-28　获取段落属性描述

名　称	默 认 值	描　述
Word 路径	‘’	Word 文档路径
段落索引	-1	第 n 个段落，n 从 0 开始，如果为–1，则表示所有段落

二、AutoWork 操作 Word 文档

【案例】

根据 2019 年度财务报表中的“现金流量表”的数据，计算出所需要的数据，并将数据对应填入 Word 文档(见图 5-3)中。

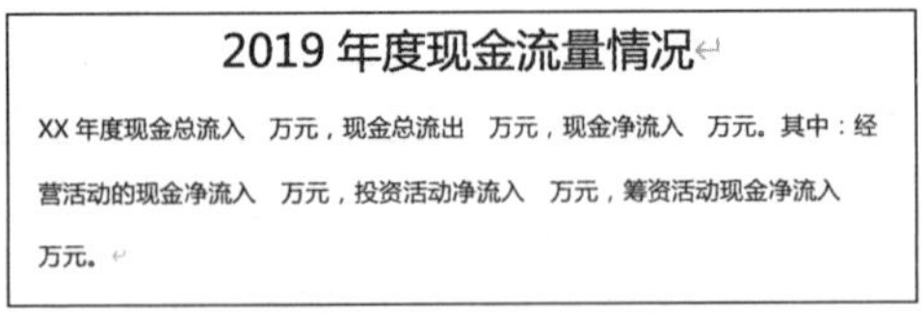

2019 年度现金流量情况

XX 年度现金总流入　万元，现金总流出　万元，现金净流入　万元。其中：经营活动的现金净流入　万元，投资活动净流入　万元，筹资活动现金净流入　万元。

图 5-3　Word 文档

【分析】

1. 手动方式

第一步，根据 2019 年度财务报表中“现金流量表”的数据，计算现金总流入、现金总流出、现金净流入、经营活动现金净流入、投资活动现金净流入、筹资活动现金净流入对应的值，如图 5-4 所示。

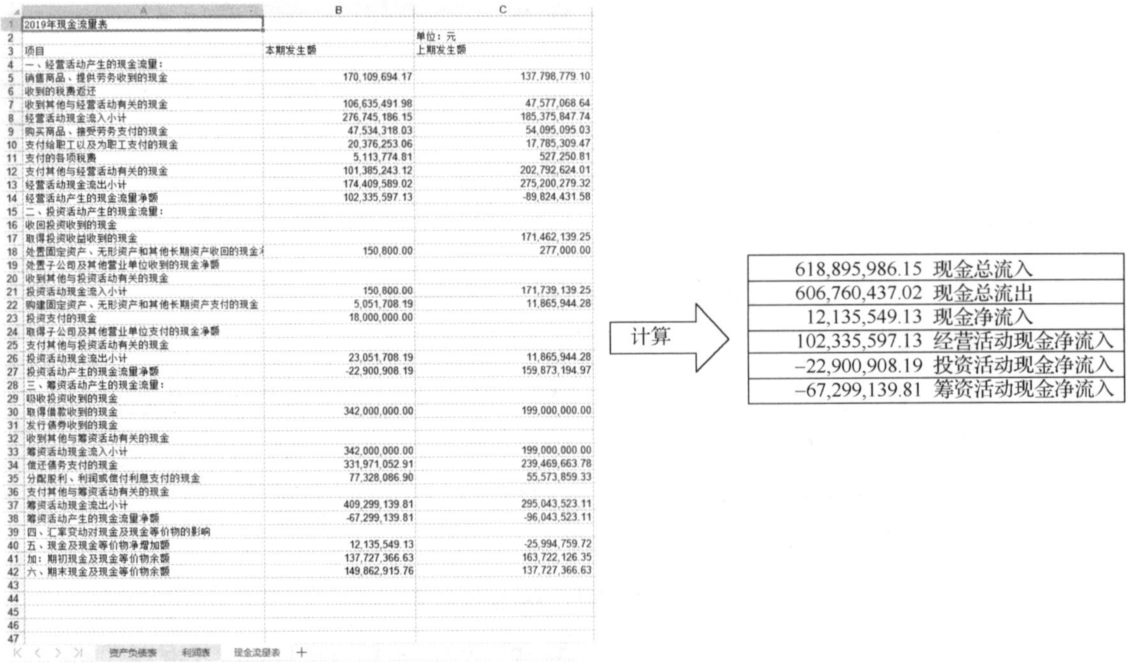

	A	B	C
1	2019年现金流量表		
2			单位：元
3	项目	本期发生额	上期发生额
4	一、经营活动产生的现金流量：		
5	销售商品、提供劳务收到的现金	170,109,694.17	137,798,779.10
6	收到的税费返还		
7	收到其他与经营活动有关的现金	106,635,491.98	47,577,068.64
8	经营活动现金流入小计	276,745,186.15	185,375,847.74
9	购买商品、接受劳务支付的现金	47,534,318.03	54,095,095.03
10	支付给职工以及为职工支付的现金	20,376,253.06	17,785,309.47
11	支付的各项税费	5,113,774.81	527,250.81
12	支付其他与经营活动有关的现金	101,385,243.12	202,792,624.01
13	经营活动现金流出小计	174,409,589.02	275,200,279.32
14	经营活动产生的现金流量净额	102,335,597.13	-89,824,431.58
15	二、投资活动产生的现金流量：		
16	收回投资收到的现金		
17	取得投资收益收到的现金		171,462,139.25
18	处置固定资产、无形资产和其他长期资产收回的现金	150,800.00	277,000.00
19	处置子公司及其他营业单位收到的现金净额		
20	收到其他与投资活动有关的现金		
21	投资活动现金流入小计	150,800.00	171,739,139.25
22	购建固定资产、无形资产和其他长期资产支付的现金	5,051,708.19	11,865,944.28
23	投资支付的现金	18,000,000.00	
24	取得子公司及其他营业单位支付的现金净额		
25	支付其他与投资活动有关的现金		
26	投资活动现金流出小计	23,051,708.19	11,865,944.28
27	投资活动产生的现金流量净额	-22,900,908.19	159,873,194.97
28	三、筹资活动产生的现金流量：		
29	吸收投资收到的现金		
30	取得借款收到的现金	342,000,000.00	199,000,000.00
31	发行债券收到的现金		
32	收到其他与筹资活动有关的现金		
33	筹资活动现金流入小计	342,000,000.00	199,000,000.00
34	偿还债务支付的现金	331,971,052.91	239,469,663.78
35	分配股利、利润或偿付利息支付的现金	77,328,086.90	55,573,859.33
36	支付其他与筹资活动有关的现金		
37	筹资活动现金流出小计	409,299,139.81	295,043,523.11
38	筹资活动产生的现金流量净额	-67,299,139.81	-96,043,523.11
39	四、汇率变动对现金及现金等价物的影响		
40	五、现金及现金等价物净增加额	12,135,549.13	-25,994,759.72
41	加：期初现金及现金等价物余额	137,727,366.63	163,722,126.35
42	六、期末现金及现金等价物余额	149,862,915.76	137,727,366.63
43			
44			
45			
46			
47			

618,895,986.15	现金总流入
606,760,437.02	现金总流出
12,135,549.13	现金净流入
102,335,597.13	经营活动现金净流入
–22,900,908.19	投资活动现金净流入
–67,299,139.81	筹资活动现金净流入

图 5-4　财务报表计算

第二步，将数据对应填入 Word 文档中，如图 5-5 所示。

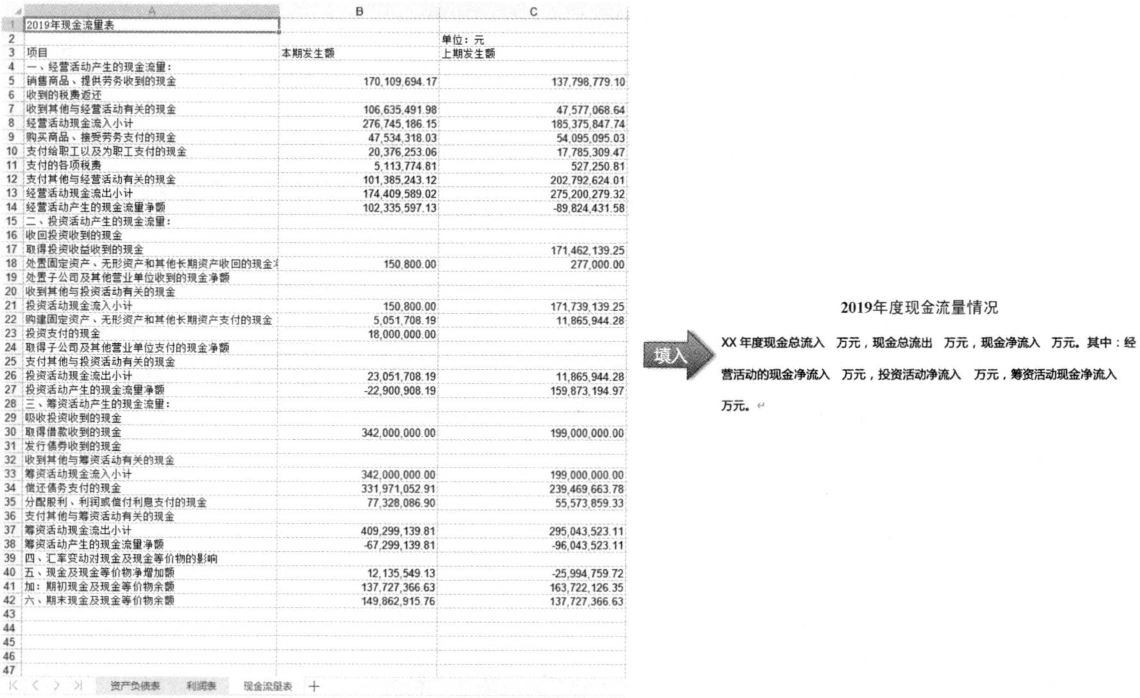

	A	B	C
1	2019年现金流量表		
2			单位：元
3	项目	本期发生额	上期发生额
4	一、经营活动产生的现金流量：		
5	销售商品、提供劳务收到的现金	170,109,694.17	137,798,779.10
6	收到的税费返还		
7	收到其他与经营活动有关的现金	106,635,491.98	47,577,068.64
8	经营活动现金流入小计	276,745,186.15	185,375,847.74
9	购买商品、接受劳务支付的现金	47,534,318.03	54,095,095.03
10	支付给职工以及为职工支付的现金	20,376,253.06	17,785,309.47
11	支付的各项税费	5,113,774.81	527,250.81
12	支付其他与经营活动有关的现金	101,385,243.12	202,792,624.01
13	经营活动现金流出小计	174,409,589.02	275,200,279.32
14	经营活动产生的现金流量净额	102,335,597.13	-89,824,431.58
15	二、投资活动产生的现金流量：		
16	收回投资收到的现金		
17	取得投资收益收到的现金		171,462,139.25
18	处置固定资产、无形资产和其他长期资产收回的现金	150,800.00	277,000.00
19	处置子公司及其他营业单位收到的现金净额		
20	收到其他与投资活动有关的现金		
21	投资活动现金流入小计	150,800.00	171,739,139.25
22	购建固定资产、无形资产和其他长期资产支付的现金	5,051,708.19	11,865,944.28
23	投资支付的现金	18,000,000.00	
24	取得子公司及其他营业单位支付的现金净额		
25	支付其他与投资活动有关的现金		
26	投资活动现金流出小计	23,051,708.19	11,865,944.28
27	投资活动产生的现金流量净额	-22,900,908.19	159,873,194.97
28	三、筹资活动产生的现金流量：		
29	吸收投资收到的现金		
30	取得借款收到的现金	342,000,000.00	199,000,000.00
31	发行债券收到的现金		
32	收到其他与筹资活动有关的现金		
33	筹资活动现金流入小计	342,000,000.00	199,000,000.00
34	偿还债务支付的现金	331,971,052.91	239,469,663.78
35	分配股利、利润或偿付利息支付的现金	77,328,086.90	55,573,859.33
36	支付其他与筹资活动有关的现金		
37	筹资活动现金流出小计	409,299,139.81	295,043,523.11
38	筹资活动产生的现金流量净额	-67,299,139.81	-96,043,523.11
39	四、汇率变动对现金及现金等价物的影响		
40	五、现金及现金等价物净增加额	12,135,549.13	-25,994,759.72
41	加：期初现金及现金等价物余额	137,727,366.63	163,722,126.35
42	六、期末现金及现金等价物余额	149,862,915.76	137,727,366.63

图 5-5　数据对应填入 Word 文档

2. 自动方式

RPA 数据写入流程与【Excel】组件如图 5-6 所示。

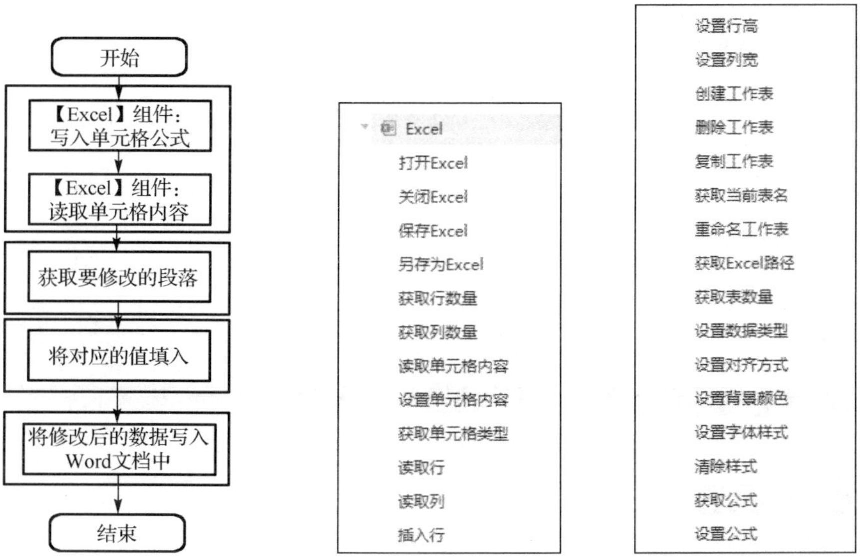

图 5-6　RPA 数据写入流程与【Excel】组件

【RPA 实现】

第一步，打开 Word 文档(2019 年度财务报表中的“现金流量表”)并赋值给 wrodObj；

第二步，获取 Word 文档的第一个段落，赋值给变量 sRet；

第三步，用分隔符“万元”切分，赋值给变量 arrRet；

第四步到第五步，创建列表变量 IRet，并赋值[618895986.2， 606760437，12135549.13，102335597.1，–22900908.19，–67299139.81]，这些值分别对应现金总流入、现金总流出、现金净流入、经营活动现金净流入、投资活动现金净流入、筹资活动现金净流入；

第六步，获取变量 IRet 列表的长度；

第七步到第八步，设置变量 i=0、result=' '；

第九步，使用条件循环；

第十步，将目标字符串 arrRet[i]中的' '，替换为 str(lRet[i])，并赋值给变量 sRet；

第十一步，设置 result 的值为“result+sRet+'万元'”；

第十二步，设置变量 i=i+1；

第十三步，向调试窗口输出变量 result；

第十四步，使用【选择行】组件，选择 Word 文档中第 2 行到第 5 行；

第十五步，使用【退格键删除】组件，删除 Word 文档中选中的行；

第十六步，使用【写入文字】组件，向 Word 文档中写入“result+'。'”；

第十七步，使用【文字批量替换】组件，将 Word 中的“'XX'”替换成“'2019'”，赋值给变量 wordObj；

第十八步，使用【文档另存为】组件，保存文件为新的 Word 文档。

具体 RPA 实现图 5-7 所示。

1 打开word文档, 赋值给wordObj
2 获取'//vmware-host/Shared Folders/文稿/云账房/基于RPA的财务机器人实务/五星教学设计法/05_管理会计类报告RPA设计/3.论证新知：Word版财务报告的编制/03_课堂案例/2019年度财务分析报告_简版.docx'中的段落，赋值给sRet
3 将sRet用分隔符'万元'切分，赋值给arrRet
4 创建新列表，赋值给lRet
5 令变量lRet的值为[618895986.2, 606760437, 12135549.13, 102335597.1, -22900908.19, -67299139.81]
6 获取列表lRet的长度，赋值给iRet
7 令变量i的值为0
8 令变量result的值为''
9 循环，当i<iRet为真时执行组件块
10 将arrRet[i]中的''替换为str(lRet[i]),赋值给sRet
11 令变量result的值为result+sRet+'万元'
12 令变量i的值为i+1
此处可插入执行命令
13 向调试窗口输出result
14 选择word文件中的第2行到第5行
15 删除word文档的选区内容
16 在当前word文档选区写入一些文字内容result
17 将word文档中的'XX'替换为'2019'，赋值给wordObj
18 将word文档另存为到'//vmware-host/Shared Folders/文稿/云账房/基于RPA的财务机器人实务/五星教学设计法/05_管理会计类报告RPA设计/3.论证新知：Word版财务报告的编制/03_课堂案例/2019年度财务分析报告_副本.docx'
停用

图 5-7　AutoWork 操作 Word 文档的 RPA 实现

【RPA 执行结果】

RPA 执行结果如图 5-8 所示。

2019年度现金流量情况

2019 年度现金总流入 618 895 986.2 万元，现金总流出 606 760 437 万元，现金净流入 12 135 549.13 万元。其中经营活动现金净流入 102 335 597.1 万元，投资活动净流入–22 900 908.19 万元 筹资活动现金净流入–67 299 139.81 万元。

图 5-8　AutoWork 操作 Word 文档的 RPA 执行结果

第四节　同行竞争对手公司经营情况分析——原型设计

一、读取财务报告的原型设计

A 公司 2018 年第三季度财务报告（见图 5-9）中标注了营业收入、营业支出、营业利润、利润总额、净利润对应数据的位置。

【任务要求】

使用【Word】组件的【获取表格】子组件、【列表】组件中的【二维表格转成字典列表】子组件，完成读取财务报告的原型设计，获取财务报告中的财务数据。

单位：元

项目	本期发生额	上期发生额
一、营业总收入	251,673,030.88	174,089,981.37
其中：营业收入	251,673,030.88	174,089,981.37
利息收入		
已赚保费		
手续费及佣金收入		
二、营业总成本	205,882,924.67	145,973,008.24
其中：营业成本	163,491,072.48	114,933,482.39
利息支出		
手续费及佣金支出		
退保金		
赔付支出净额		
提取保险合同准备金净额		
保单红利支出		
分保费用		
税金及附加	990,382.16	915,790.58
销售费用	9,202,657.48	6,691,801.49
管理费用	19,504,123.75	10,383,321.83

17

图 5-9　A 公司 2018 年第三季度财务报告

三、营业利润（亏损以"－"号填列）	47,935,035.54	29,010,017.73
加：营业外收入	3,578,964.73	578,516.94
减：营业外支出	89,595.79	17.08
四、利润总额（亏损总额以"－"号填列）	51,424,404.48	29,588,517.59
减：所得税费用	5,386,960.80	906,154.24
五、净利润（净亏损以"－"号填列）	46,037,443.68	28,682,363.35
（一）持续经营净利润（净亏损以"－"号填列）	46,037,443.68	28,682,363.35
（二）终止经营净利润（净亏损以"－"号填列）		
归属于母公司所有者的净利润	43,089,337.96	28,682,363.35
少数股东损益	2,948,105.72	
六、其他综合收益的税后净额		
归属母公司所有者的其他综合收益的税后净额		
（一）不能重分类进损益的其他综合收益		
1.重新计量设定受益计划变动额		

18

图 5-9　A 公司 2018 年第三季度财务报告（续）

【解答】

读取财务报告的原型设计如图 5-10 所示。

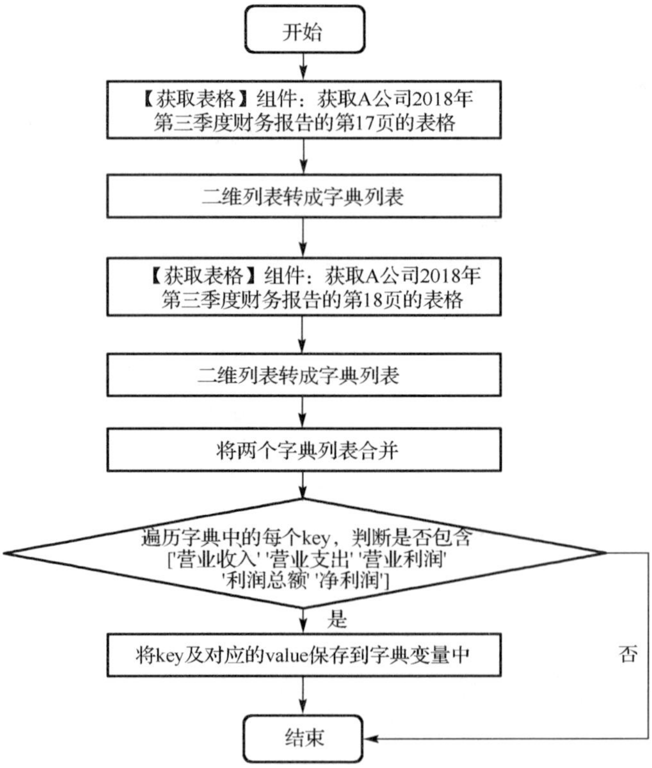
开始
【获取表格】组件：获取A公司2018年第三季度财务报告的第17页的表格
二维列表转成字典列表
【获取表格】组件：获取A公司2018年第三季度财务报告的第18页的表格
二维列表转成字典列表
将两个字典列表合并
遍历字典中的每个key，判断是否包含['营业收入' '营业支出' '营业利润' '利润总额' '净利润']
是
否
将key及对应的value保存到字典变量中
结束

图 5-10　读取财务报告的原型设计

二、生成同行经营分析报告的原型设计

同行经营分析报告的模板如图 5-11 所示。

> **从利润表财务比率分析看公司经营发展**
>
> 一个企业要想发展得好，首先要关注其经营情况，盈利能力是与企业相关的各方关注的焦点，同时也是企业成败的关键，只有保持企业的长期盈利性，才能真正做到持续稳定经营。反映企业盈利能力的比率有很多，我们选取常用且具有代表性的来分析：
>
> ①毛利率=（营业收入–成本）÷营业收入×100%
>
> ②营业利润率=营业利润÷营业收入×100%
>
> ③销售利润率=利润总额÷营业收入×100%
>
> ④净利润率=净利润÷营业收入×100%
>
> 上述比率中，毛利率、营业利润率、净利润率分别说明企业生产（或销售）情况、经营情况和整体的盈利能力，越高说明企业获利能力越强。
>
> 上述各个比率反映的都是企业当期的盈利能力状况，对于经营者而言，可以充分体现其工作业绩，因而备受关注；而对于投资者而言，可能更为关注的是企业未来的盈利能力，也就是企业的成长性，成长性好的企业具有更广阔的发展前景。因此，对企业未来盈利能力的分析也很有必要。
>
> 一般说来，可以通过企业过去几期的销售收入、营业利润、净利润等指标的增减变化情况来预测企业未来的发展前景。

图 5-11　同行经营分析报告模板

另外还需要在同行经营分析报告模块的末尾追加如下内容：

“此处我们重点比较 A 公司与 B 公司的毛利率和净利润率。从表格中的数据可以发现”+no_1+“公司比”+no_2+“公司的净利润率更高，所以”+no_1+“公司的经营情况更好、盈利能力更强，具有较好的发展前景”。

上述文字中，“no_1”和“no_2”的值需要比较 A 公司以及 B 公司的净利润率后才能确定。

A 公司利润表数据和 B 公司利润表数据已经写入到同行竞争情报分析表（见图 5-12）中。可读取相关单元格的值来判断净利润率的大小。

	A公司利润表数据	B公司利润表数据
营业收入	251,673,030.88	797,011,148.35
营业成本	163,491,072.48	539,383,231.97
营业利润	47,935,035.54	94,261,165.82
利润总额	51,424,404.48	106,222,823.12
净利润	46,037,443.68	93,469,876.78
毛利率	0.350383027	0.323242551
营业利润率	0.190465523	0.118268315
销售利润率	0.204330215	0.133276458
净利润率	0.182925614	0.117275495

图 5-12　同行竞争情报分析表截图

【任务要求】

根据图 5-2 所示的流程图，完成生成同行经营分析报告的原型设计。

【解答】

生成同行经营分析报告的原型设计如图 5-13 所示。

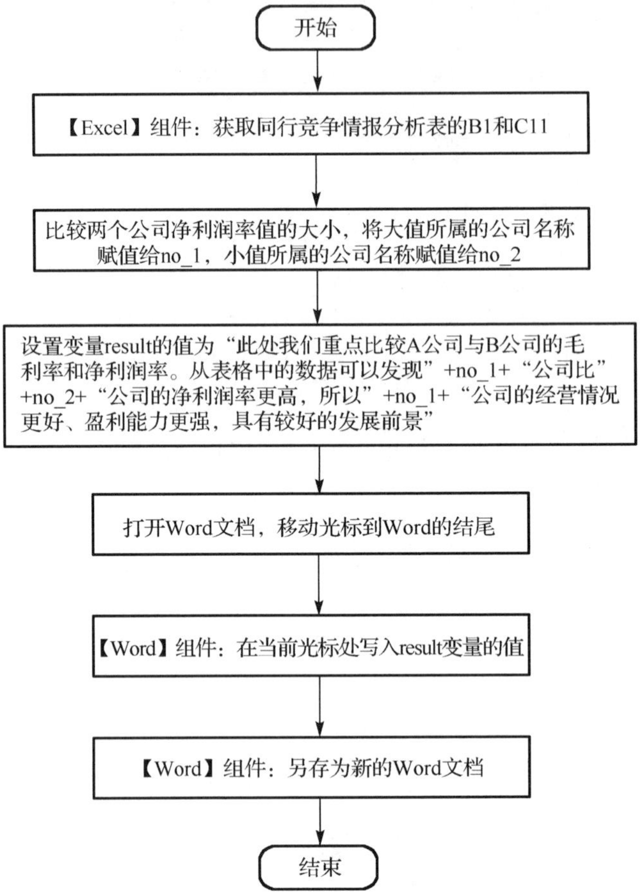
开始
【Excel】组件：获取同行竞争情报分析表的B1和C11
比较两个公司净利润率值的大小，将大值所属的公司名称赋值给no_1，小值所属的公司名称赋值给no_2
设置变量result的值为“此处我们重点比较A公司与B公司的毛利率和净利润率。从表格中的数据可以发现”+no_1+“公司比”+no_2+“公司的净利润率更高，所以”+no_1+“公司的经营情况更好、盈利能力更强，具有较好的发展前景”
打开Word文档，移动光标到Word的结尾
【Word】组件：在当前光标处写入result变量的值
【Word】组件：另存为新的Word文档
结束

图 5-13　生成同行经营分析报告的原型设计

第五节　同行竞争对手公司经营情况分析——RPA 实现

同行竞争对手公司运营情况分析的 RPA 实现流程如图 5-14 所示。

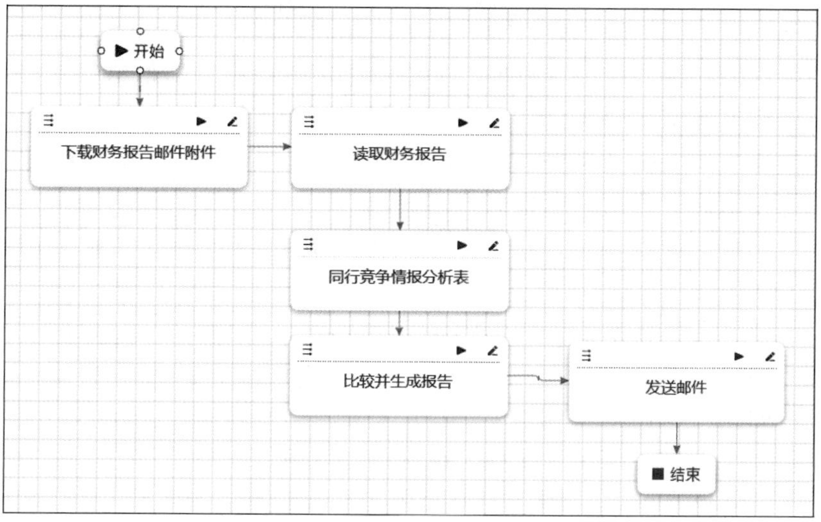
开始
下载财务报告邮件附件
读取财务报告
同行竞争情报分析表
比较并生成报告
发送邮件
结束

图 5-14 同行竞争对手公司运营情况分析的 RPA 实现流程

一、下载财务报告邮件中附件的 RPA 实现

【RPA 实现】

下载财务报告邮件中附件的 RPA 实现如图 5-15 所示。

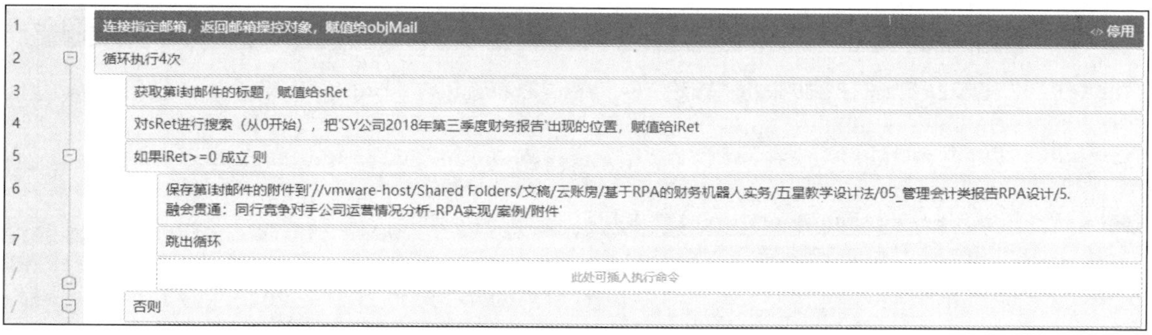
1 连接指定邮箱，返回邮箱操控对象，赋值给objMail
停用
2 循环执行4次
3 获取第i封邮件的标题，赋值给sRet
4 对sRet进行搜索（从0开始），把'SY公司2018年第三季度财务报告'出现的位置，赋值给iRet
5 如果iRet>=0 成立 则
6 保存第i封邮件的附件到'//vmware-host/Shared Folders/文稿/云账房/基于RPA的财务机器人实务/五星教学设计法/05_管理会计类报告RPA设计/5.融会贯通：同行竞争对手公司运营情况分析-RPA实现/案例/附件'
7 跳出循环
此处可插入执行命令
否则

图 5-15 下载财务报告邮件中附件的 RPA 实现

【RPA 执行结果】

RPA 执行结果如图 5-16 所示。

附件
公司2018年第三季度财务报告.docx

图 5-16 RPA 执行结果

二、读取财务报告的 RPA 实现

第一步到第二步，获取 A 公司 2018 年第三季度财务报告中第 17 页的表格中的内容，使用【列表】组件中的【二维列表转成字典】子组件将二维列表转换成字典；

第三步到第四步，获取 A 公司 2018 年第三季度财务报告中第 18 页的表格中的内容，使用【列表】组件中的【二维列表转成字典】子组件将二维列表转换成字典；

第五步到第六步，将两个字典数据合并成一个字典数据并赋值给变量 IRet；

第七步，创建字典变量 dictRet，用于存储数据；

第八步，创建变量 resultList 并赋值['营业收入'，'营业成本'，'营业利润'，'利润总额'，'净利润']，用于从 IRet 中搜索对应数据；

第九步到第十步，遍历 IRet 中的每一项，并赋值给 value，同时遍历 resultList 中每一项，并赋值给 result；

第十一步，使用【字符串】组件中的【查找字符串】子组件对 value['项目']进行搜索，判断是否存在 result；

第十二步，如果存在，则执行第十三步，否则继续循环；

第十三步到第十七步，使用【字典】组件中的【判断键是否存在】子组件判断 dictRet 中是否存在值为 result 的 key，如果不存在，则将 value['本期发生额']中的'\n'替换成''，并转换成浮点型，赋值给变量 bRet，使用【字典】组件中的【添加字典值】子组件向 dictRet 添加字典的 key 为 result，value 为 bRet；

第十八步，向调试窗口输出 dictRet；

第十九步，使用【流程控制】组件中的【跳出返回】子组件，返回 dictRet 给上级流程使用。

RPA 实现如图 5-17 所示。

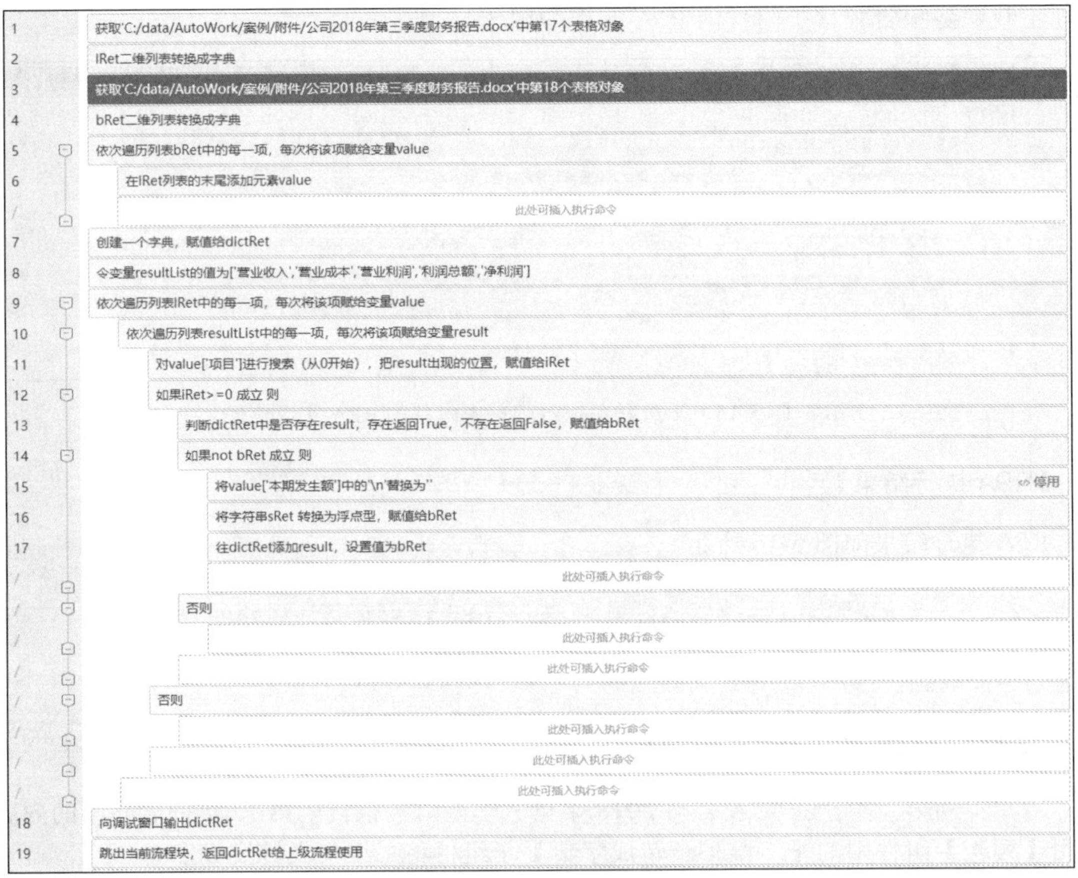
1 获取'C:/data/AutoWork/案例/附件/公司2018年第三季度财务报告.docx'中第17个表格对象
2 IRet二维列表转换成字典
3 获取'C:/data/AutoWork/案例/附件/公司2018年第三季度财务报告.docx'中第18个表格对象
4 bRet二维列表转换成字典
5 依次遍历列表bRet中的每一项，每次将该项赋给变量value
6 在IRet列表的末尾添加元素value
此处可插入执行命令
7 创建一个字典，赋值给dictRet
8 令变量resultList的值为['营业收入','营业成本','营业利润','利润总额','净利润']
9 依次遍历列表IRet中的每一项，每次将该项赋给变量value
10 依次遍历列表resultList中的每一项，每次将该项赋给变量result
11 对value['项目']进行搜索（从0开始），把result出现的位置，赋值给iRet
12 如果iRet>=0 成立 则
13 判断dictRet中是否存在result，存在返回True，不存在返回False，赋值给bRet
14 如果not bRet 成立 则
15 将value['本期发生额']中的'\n'替换为''
停用
16 将字符串sRet 转换为浮点型，赋值给bRet
17 往dictRet添加result，设置值为bRet
此处可插入执行命令
否则
此处可插入执行命令
此处可插入执行命令
否则
此处可插入执行命令
此处可插入执行命令
此处可插入执行命令
18 向调试窗口输出dictRet
19 跳出当前流程块，返回dictRet给上级流程使用

图 5-17　RPA 实现

【RPA 执行结果】

RPA 执行结果如图 5-18 所示。

参数: 目标列表([{'项目': '一、营业总收入', '本期发生额': '251,673,030.88', '上期发生额': '174,089,981.37'}, {'项目': ' 其中：营业收入', '本期发生额': '251,673,030.88', '上期发生额': '174,089,981.37'}, {'项目': ' 利息收入', '本期发生额': '', '上期发生额': ''}, {'项目': ' 已赚保费', '本期发生额': '', '上期发生额': ''}, {'项目': ' 手续费及佣金收入', '本期发生额': '', '上期发生额': ''}, {'项目': '二、营业总成本', '本期发生额': '205,882,924.67', '上期发生额': '145,973,008.24'}, {'项目': ' 其中：营业成本', '本期发生额': '163,491,072.48', '上期发生额': '114,933,482.39'}, {'项目': ' 利息支出', '本期发生额': '', '上期发生额': ''}, {'项目': ' 手续费及佣金支出', '本期发生额': '', '上期发生额': ''}, {'项目': ' 退保金', '本期发生额': '', '上期发生额': ''}, {'项目': ' 赔付支出净额', '本期发生额': '', '上期发生额': ''}, {'项目': ' 提取保险合同准备金净额', '本期发生额': '', '上期发生额': ''}, {'项目': ' 保单红利支出', '本期发生额': '', '上期发生额': ''}, {'项目': ' 分保费用', '本期发生额': '', '上期发生额': ''}, {'项目': ' 税金及附加', '本期发生额': '990,382.16', '上期发生额': '915,790.58'}, {'项目': ' 销售费用', '本期发生额': '9,202,657.48', '上期发生额': '6,691,801.49'}, {'项目': ' 管理费用', '本期发生额': '19,504,123.75', '上期发生额': '10,383,321.83'}, {'项目': ' 研发费用', '本期发生额': '13,794,102.93', '上期发生额': '12,281,915.37'}, {'项目': ' 财务费用', '本期发生额': '-2,704,800.65', '上期发生额': '-195,210.10'}, {'项目': ' 其中：利息费用', '本期发生额': '', '上期发生额': '57,395.50'}, {'项目': ' 利息收入', '本期发生额': '-2,797,018.24', '上期发生额': '-280,472.00'}, {'项目': ' 资产减值损失', '本期发生额': '1,605,386.52', '上期发生额': '961,906.68'}, {'项目': ' 加：其他收益', '本期发生额': '836,552.99', '上期发生额': '105,959.61'}, {'项目': ' 投资收益（损失以"-"号填列）', '本期发生额': '\n1,308,376.34', '上期发生额': '\n787,084.99'}, {'项目': ' 其中：对联营企业和合营企业的投资收益', '本期发生额': '', '上期发生额': ''}, {'项目': ' 公允价值变动收益（损失以\n"-"号填列）', '本期发生额': '', '上期发生额': ''}, {'项目': ' 汇兑收益（损失以"-"号填列）', '本期发生额': '', '上期发生额': ''}, {'项目': ' 资产处置收益（损失以"-"号填列）', '本期发生额': '', '上期发生额': ''}, {'项目': '三、营业利润（亏损以"-"号填列）', '本期发生额': '47,935,035.54', '上期发生额': '29,010,017.73'}, {'项目': ' 加：营业外收入', '本期发生额': '3,578,964.73', '上期发生额': '578,516.94'}, {'项目': ' 减：营业外支出', '本期发生额': '89,595.79', '上期发生额': '17.08'}, {'项目': '四、利润总额（亏损总额以"-"号填列）', '本期发生额': '\n51,424,404.48', '上期发生额': '\n29,588,517.59'}, {'项目': ' 减：所得税费用', '本期发生额': '5,386,960.80', '上期发生额': '906,154.24'}, {'项目': '五、净利润（净亏损以"-"号填列）', '本期发生额': '46,037,443.68', '上期发生额': '28,682,363.35'}, {'项目': ' （一）持续经营净利润（净亏损以"-"号填列）', '本期发生额': '\n46,037,443.68', '上期发生额': '\n28,682,363.35'}, {'项目': ' （二）终止经营净利润（净亏损以"-"号填列）', '本期发生额': '', '上期发生额': ''}, {'项目': ' 归属于母公司所有者的净利润', '本期发生额': '43,089,337.96', '上期发生额': '28,682,363.35'}, {'项目': ' 少数股东损益', '本期发生额': '2,948,105.72', '上期发生额': ''}, {'项目': '六、其他综合收益的税后净额', '本期发生额': '', '上期发生额': ''}, {'项目': ' 归属母公司所有者的其他综合收益的税后净额', '本期发生额': '', '上期发生额': ''}, {'项目': ' （一）不能重分类进损益的其他综合收益', '本期发生额': '', '上期发生额': ''}])

图 5-18 RPA 执行结果

三、同行竞争情报分析表的 RPA 实现

第一步，使用【流程控制】组件中的【获取输入参数】子组件读取财务报告流程中返回的变量 dictRet；

第二步到第三步，打开 Excel 文件，将 B 公司利润表数据赋值给 excelRet，将数据表模版赋值给 resultExcel；

第四步，计次循环，执行 5 次；

第五步，读取 excelRet 中"Sheet1"工作表中"'B'+str(i)"单元格的值，输出到 cell_value；

第六步，向调试窗口输出 cell_value；

第七步，向 resultExcel 中"同行竞争情报分析表"中"'C'+str(i)"单元格写入 cell_value；

第八步，变量 i 赋值为"2"；

第九步，使用【流程控制】组件中的【遍历字典】子组件遍历字典变量 dictRet，键变量为 key，值变量为 value；

第十步到第十一步，向 resultExcel 中"同行竞争情报分析表"的"'B'+str(i)"单元格写入 value，令变量 i 的值为 i+1；

第十二步，计次循环 2 次；

第十三步，使用【字符串】组件中的【取 ASCII 字符】子组件将 65+i 转换为所表示的字符，赋值给 sRet；

第十四步，向 resultExcel 中"同行竞争情报分析表"的"sRet+'8'"单元格写入公式"('+sRet+'2-'+sRet+'3)/'+sRet+'2'"；

第十五步，向 resultExcel 中"行竞争情报分析表"的"sRet+'9'"单元格写入公式"sRet+'4/'+sRet+'2'"；

第十六步，向 resultExcel 中"同行竞争情报分析表"的"sRet+'10'"单元格写入公式"sRet+'5/'+sRet+'2'"；

第十七步，向 resultExcel 中"同行竞争情报分析表"的"sRet+'11'"单元格写入公式"sRet+'6/'+sRet+'2'"。

RPA 实现如图 5-19 所示。

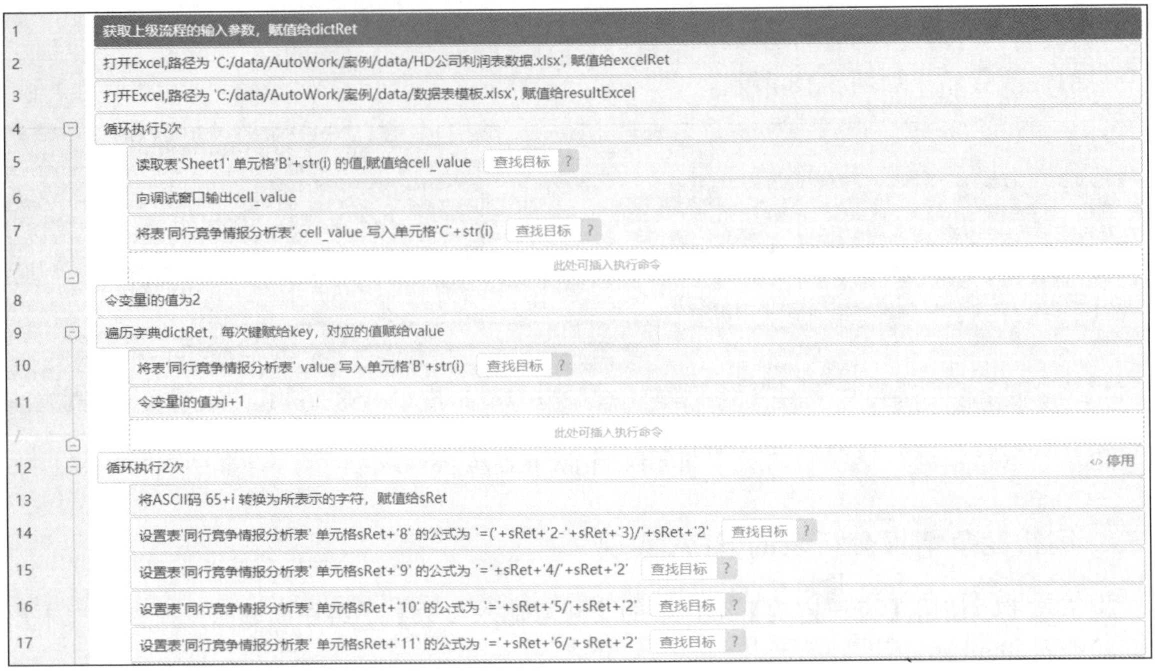
获取上级流程的输入参数，赋值给dictRet
打开Excel,路径为 'C:/data/AutoWork/案例/data/HD公司利润表数据.xlsx', 赋值给excelRet
打开Excel,路径为 'C:/data/AutoWork/案例/data/数据表模板.xlsx', 赋值给resultExcel
循环执行5次
读取表'Sheet1' 单元格'B'+str(i) 的值,赋值给cell_value
查找目标
向调试窗口输出cell_value
将表'同行竞争情报分析表' cell_value 写入单元格'C'+str(i)
此处可插入执行命令
令变量i的值为2
遍历字典dictRet，每次键赋给key，对应的值赋给value
将表'同行竞争情报分析表' value 写入单元格'B'+str(i)
令变量i的值为i+1
循环执行2次
停用
将ASCII码 65+i 转换为所表示的字符，赋值给sRet
设置表'同行竞争情报分析表' 单元格sRet+'8' 的公式为 '=('+sRet+'2-'+sRet+'3)/'+sRet+'2'
设置表'同行竞争情报分析表' 单元格sRet+'9' 的公式为 '='+sRet+'4/'+sRet+'2'
设置表'同行竞争情报分析表' 单元格sRet+'10' 的公式为 '='+sRet+'5/'+sRet+'2'
设置表'同行竞争情报分析表' 单元格sRet+'11' 的公式为 '='+sRet+'6/'+sRet+'2'

图 5-19　同行竞争情报分析表的 RPA 实现

【RPA 执行结果】

RPA 执行结果如图 5-20 所示。

	A	B	C
1	A公司利润表数据		B公司利润表数据
2	营业收入	251,673,030.88	797,011,148.35
3	营业成本	163,491,072.48	539,383,231.97
4	营业利润	47,935,035.54	94,261,165.82
5	利润总额	51,424,404.48	106,222,823.12
6	净利润	46,037,443.68	93,469,876.78
7			
8	毛利率	0.350383027	0.323242551
9	营业利润率	0.190465523	0.118268315
10	销售利润率	0.204330215	0.133276458
11	净利润率	0.182925614	0.117275495

图 5-20　同行竞争情报分析表的 RPA 执行结果

四、比较并生成同行经营分析报告的 RPA 实现

第一步，打开同行竞争情报分析表，赋值给变量 excelRet。

第二步，读取 excelRet 中“同行竞争情报分析表”的“B11”单元格的值并赋值给 sy_value。

第三步，读取 excelRet 中“同行竞争情报分析表”的“C11”单元格的值并赋值给 hd_value。

第四步到第五步，设置变量 no_1 的值为“A”，no_2 的值为“B”。

第六步到第八步，判断 hd_value 与 sy_value 的大小，如果 hd_value>=sy_value 成立，则设置 no_1 的值为“B”，no_2 的值为“A”。

第九步，设置变量 result 的值为“此处我们重点比较 A 公司与 B 公司的毛利率和净利润率，从表格中的数据可以发现”+no_1+“公司比”+no_2+“公司的净利润率更高，所以”+no_1+“公司的经营情况更好、盈利能力更强，具有较好的发展前景”。

第十步，打开同行经营分析报告。

第十一步，使用【Word】组件中的【移动光标位置】子组件，设置文档对象为“wordObj”，移动位置为“19”，移动方式为“段落”，移动方向为“下”，按住 Shift 为“否”。

第十二步，使用【Word】组件中的【写入文字】子组件，在当前 Word 文档选区内写入文字内容 result。

第十三步到第十四步，将 Word 文档另存为同行经营分析报告，关闭 Word 文档。

RPA 实现如图 5-21 所示。

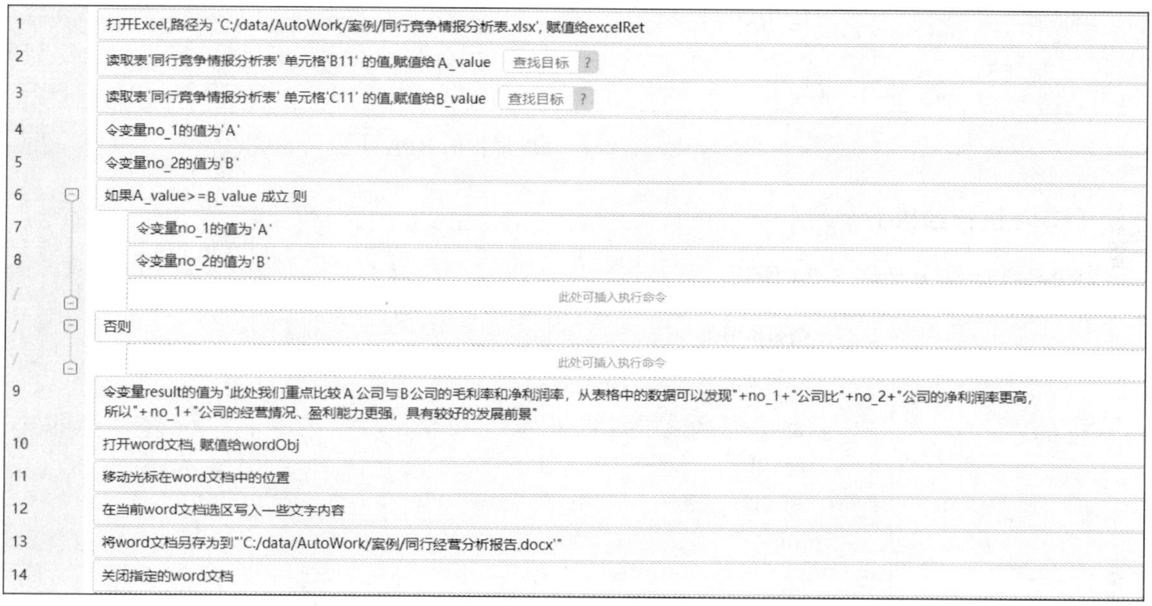
1 打开Excel,路径为 'C:/data/AutoWork/案例/同行竞争情报分析表.xlsx', 赋值给excelRet
2 读取表'同行竞争情报分析表' 单元格'B11' 的值,赋值给A_value 查找目标 ?
3 读取表'同行竞争情报分析表' 单元格'C11' 的值,赋值给B_value 查找目标 ?
4 令变量no_1的值为'A'
5 令变量no_2的值为'B'
6 如果A_value>=B_value 成立 则
7 令变量no_1的值为'A'
8 令变量no_2的值为'B'
此处可插入执行命令
否则
此处可插入执行命令
9 令变量result的值为"此处我们重点比较A公司与B公司的毛利率和净利润率，从表格中的数据可以发现"+no_1+"公司比"+no_2+"公司的净利润率更高，所以"+no_1+"公司的经营情况、盈利能力更强，具有较好的发展前景"
10 打开word文档, 赋值给wordObj
11 移动光标在word文档中的位置
12 在当前word文档选区写入一些文字内容
13 将word文档另存为到"'C:/data/AutoWork/案例/同行经营分析报告.docx'"
14 关闭指定的word文档

图 5-21　生成同行经营分析报告的 RPA 实现

【RPA 执行结果】

RPA 执行结果如图 5-22 所示。

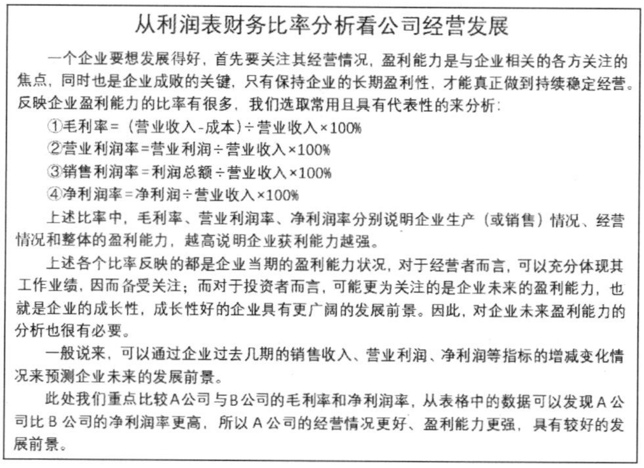

从利润表财务比率分析看公司经营发展

一个企业要想发展得好，首先要关注其经营情况，盈利能力是与企业相关的各方关注的焦点，同时也是企业成败的关键，只有保持企业的长期盈利性，才能真正做到持续稳定经营。反映企业盈利能力的比率有很多，我们选取常用且具有代表性的来分析：

①毛利率=（营业收入-成本）÷营业收入×100%

②营业利润率=营业利润÷营业收入×100%

③销售利润率=利润总额÷营业收入×100%

④净利润率=净利润÷营业收入×100%

上述比率中，毛利率、营业利润率、净利润率分别说明企业生产（或销售）情况、经营情况和整体的盈利能力，越高说明企业获利能力越强。

上述各个比率反映的都是企业当期的盈利能力状况，对于经营者而言，可以充分体现其工作业绩，因而备受关注；而对于投资者而言，可能更为关注的是企业未来的盈利能力，也就是企业的成长性，成长性好的企业具有更广阔的发展前景。因此，对企业未来盈利能力的分析也很有必要。

一般说来，可以通过企业过去几期的销售收入、营业利润、净利润等指标的增减变化情况来预测企业未来的发展前景。

此处我们重点比较A公司与B公司的毛利率和净利润率，从表格中的数据可以发现A公司比B公司的净利润率更高，所以A公司的经营情况更好、盈利能力更强，具有较好的发展前景。

图 5-22　生成同行经营分析报告的 RPA 执行结果

五、发送同行经营分析报告邮件的 RPA 实现

邮件正文：hi，康总！附件是 A 公司和 B 公司的同行经营分析报告，请查收。
邮件附件：同行经营分析报告。
RPA 实现如图 5-23 所示。

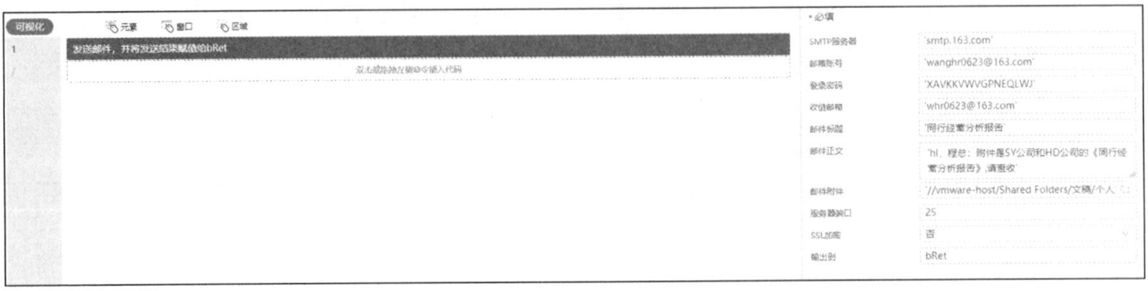

图 5-23　发送同行经营分析报告的 RPA 实现

【RPA 执行结果】

RPA 执行结果如图 5-24 所示。

图 5-24　发送同行经营分析报告的 RPA 执行结果

第六章
预算管理机器人应用开发

第一节　采购预算审核——问题提出

采购预算申请场景如图 6-1 所示。

图 6-1　采购预算申请场景

小袁：康总好！

康总：小袁，公司新职员马上要上岗了，要尽快采购他们工作用的电脑。你抓紧时间，审核一下采购预算申请，最好明天早上把符合预算要求的商品采购明细表发到我邮箱。

小袁：好的康总，那我一会儿加个班，今晚就把商品采购明细表做出来，发到您的邮箱里。

康总：好的，那就辛苦你了。

小袁：看来今天又要熬一个通宵了……

不知不觉又熬了一个晚上，终于把商品采购明细表做完了，赶紧发给康总。这次的活儿是做完了，但是类似的重复性工作总是源源不断，不知道何时才能摆脱通宵加班的日子？要是有人能帮帮我就好了。

第二节　采购预算审核——业务场景分析

一、采购预算流程图和业务流程控制表

1. 采购预算流程图

采购预算流程图如图 6-2 所示。

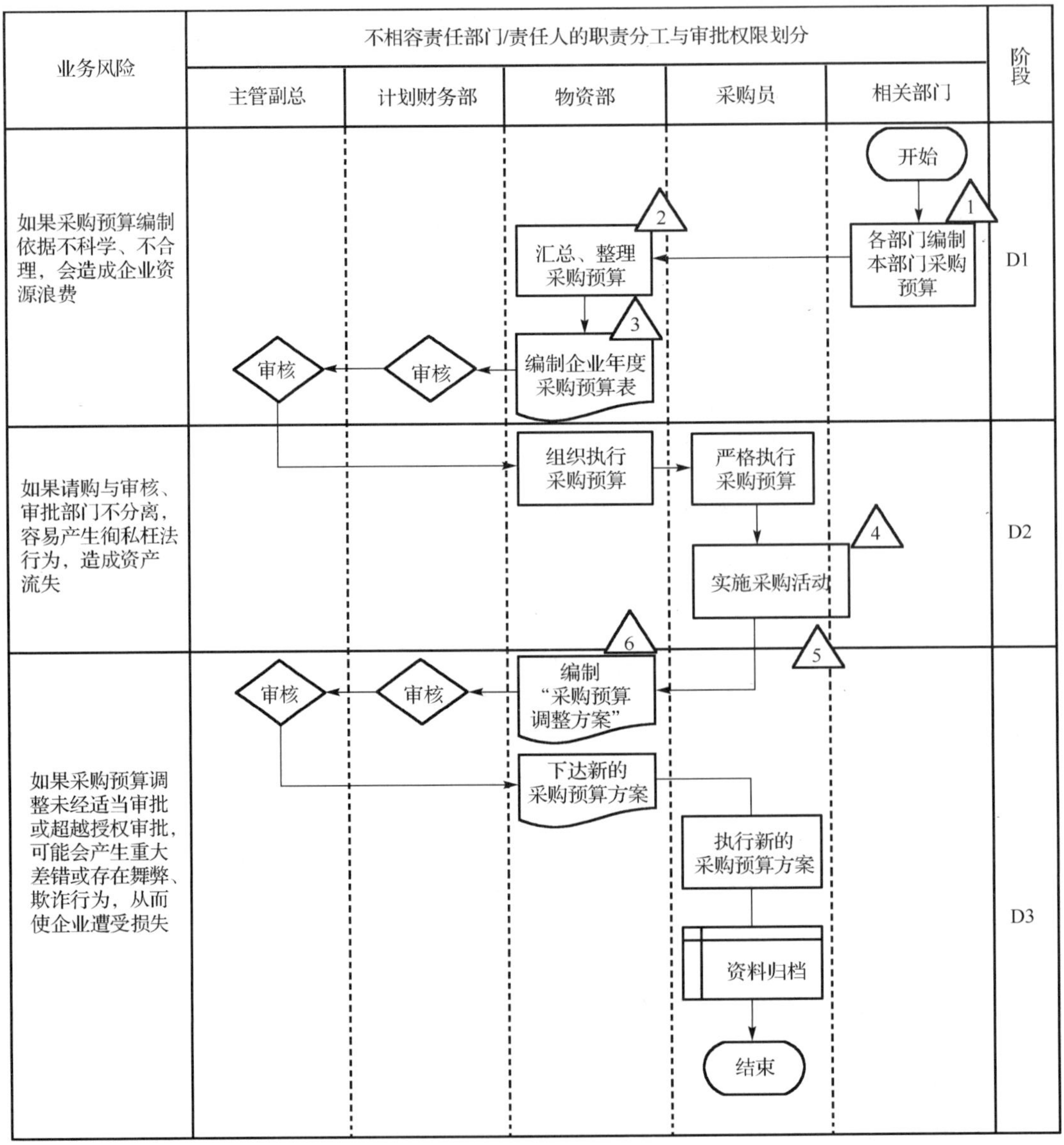

图 6-2　采购预算流程图

2. 采购预算业务流程控制表

采购预算业务流程控制表如表 6-1 所示。

表 6-1 采购预算业务流程控制表

控制事项		详细描述及说明
阶段控制	D1	(1)各生产单位根据年度营业目标预测生产计划，据此编制年度物资需求计划，并编制采购预算；仓储部根据企业相关规定和生产用料计划编制采购预算；研发部、行政部根据实际需求编制采购预算 (2)财务部预算专员负责汇总、整理各部门提交的采购预算 (3)财务部预算专员根据上一年度材料单价、次年度汇率、利率等各项预算基准编制企业年度采购预算表，财务部经理签字确认，财务总监审核、总经理审批后严格执行
	D2	(4)请购部门根据实际需求提出采购申请，采购部采购专员应根据市场价格填写采购金额，依据企业相关规定以及生产需求情况，判断采购申请是否合理。如果采购申请合理，提交至相关领导审批；不合理的采购申请，则退回请购部门
	D3	(5)调整采购预算的原因包括超范围采购或超预算采购两种。由于市场环境变化，如采购物资的价格上涨导致实际采购金额超出采购预算，或者生产突发事件导致出现采购预算外的支出等。此时，采购部必须提出采购预算调整申请，即追加采购预算 (6)财务部接到采购部的采购预算调整申请后，根据实际情况，参照企业的相关规定进行核对，并编制采购预算调整方案，提交至财务总监审核、总经理审批
相关规范	应建规范	(1)采购申请制度 (2)请购审批制度 (3)预算管理制度
	参照规范	《企业内部控制应用指引》
文件资料		(1)销售计划 (2)生产计划 (3)年度采购预算表 (4)采购预算调整方案
责任部门及责任人		(1)采购部、财务部 (2)总经理、财务总监、采购部经理、财务部经理、采购专员、预算专员

二、采购预算审核工作流程

采购预算审核工作流程如图 6-3 所示。

【问题】

如何使用 AutoWork 获取网页信息？在下一节中我们将进行详细讲解。

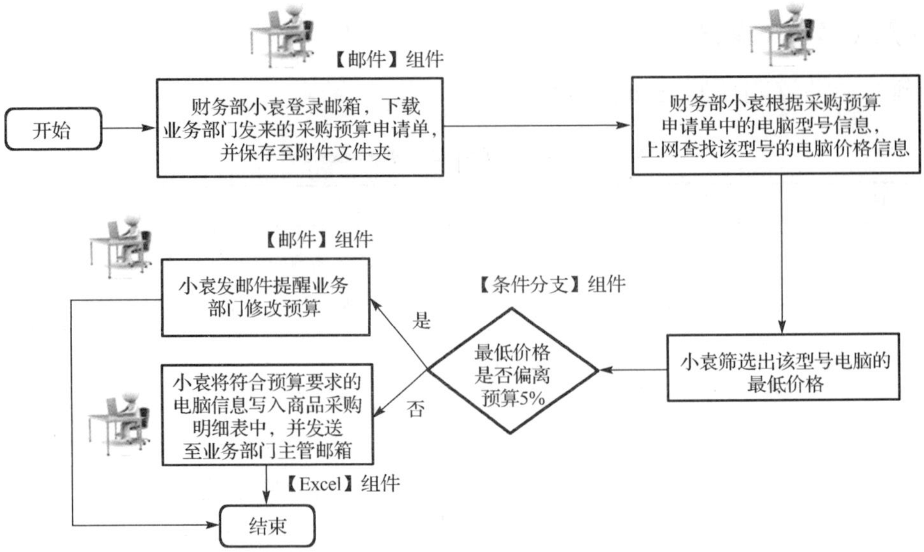
【邮件】组件
开始
财务部小袁登录邮箱，下载业务部门发来的采购预算申请单，并保存至附件文件夹
财务部小袁根据采购预算申请单中的电脑型号信息，上网查找该型号的电脑价格信息
【邮件】组件
小袁发邮件提醒业务部门修改预算
【条件分支】组件
是
最低价格是否偏离预算5%
小袁筛选出该型号电脑的最低价格
小袁将符合预算要求的电脑信息写入商品采购明细表中，并发送至业务部门主管邮箱
否
【Excel】组件
结束

图 6-3 采购预算审核工作流程

第三节 AutoWork 的数据抓取操作

一、网页数据抓取

1. 爬虫的概念

爬虫是通过一定的规则来获取并保存网页信息的自动化程序。从网页上抓取数据的流程如图 6-4 所示。

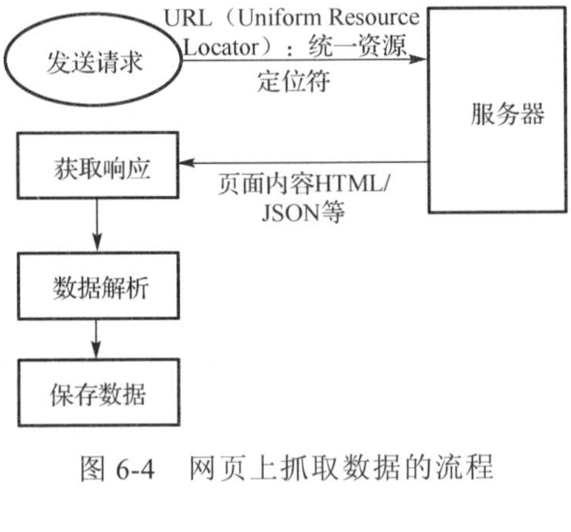
URL（Uniform Resource Locator）：统一资源定位符
发送请求
服务器
获取响应
页面内容HTML/JSON等
数据解析
保存数据

图 6-4 网页上抓取数据的流程

具体介绍如下：

第一步，通过 URL 向服务器发送请求；

第二步，获取服务器返回的数据；

第三步，对获取的数据进行解析，通过鼠标抓取网页的界面元素，获取对应的数据；

第四步，将获取到的数据保存到文件中。

2. 界面元素概述

界面元素(Interface Element)是指可满足交互需求的软件或系统的界面所包含的满足用户交互要求的一系列元素，如图 6-5 所示。

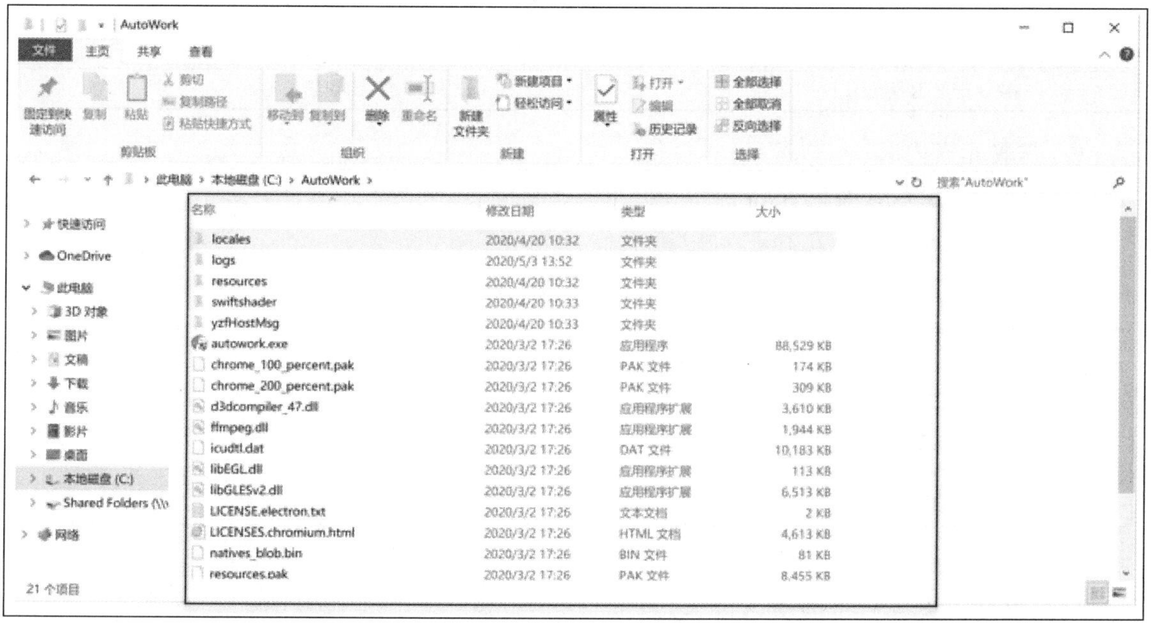

图 6-5 界面元素

(1)菜单栏里面的各个选项，如【文件】【主页】【共享】【查看】都是独立的界面元素。

(2)菜单栏里面的图标和下面的文字，如【复制】【粘贴】等都是独立的界面元素。

(3)左边导航栏里面的【快速访问】【桌面】【下载】等都是独立的界面元素。

(4)窗口主要区域里面显示的每个文件也都是独立的界面元素。

二、AutoWork 中的数据抓取组件

AutoWork 中的数据抓取组件分为两种：界面元素类组件和【批量抓取】组件。界面元素类组件包括【界面元素】组件、【鼠标】组件和【键盘】组件；【批量抓取】组件可以实现带分页的多页数据的抓取。下面详细介绍【界面元素】组件、【鼠标】组件和【键盘】组件。

1.【界面元素】组件

【界面元素】组件包含【判断元素是否存在】【获取元素内容】【设置元素内容】【获取元素属性】【设置元素属性】【获取元素选择】【设置元素选择】【获取元素勾选】【设置元素勾选】【元素截图】【获取元素区域】【获取元素文本列表】等子组件。

(1)判断元素是否存在

功能描述：判断元素是否存在，如果存在则返回 True，如果不存在则返回 False。

属性描述：如表 6-2 所示。

表 6-2　判断元素是否存在属性描述

名　称	默 认 值	描　述
目标	{}	目标字典
执行前延时	0.2	执行前延时秒数
执行后延时	0.3	执行后延时秒数
错误继续运行	False	错误继续运行

(2) 获取元素内容

功能描述：获取元素的文本内容。

属性描述：如表 6-3 所示。

表 6-3　获取元素内容属性描述

名　称	默 认 值	描　述
目标	{}	目标字典
执行前延时	0.2	执行前延时秒数
执行后延时	0.3	执行后延时秒数
错误继续运行	False	错误继续运行

(3) 设置元素内容

功能描述：设置元素的文本内容。

属性描述：如表 6-4 所示。

表 6-4　设置元素内容属性描述

名　称	默 认 值	描　述
目标	{}	目标字典
输入的文本	‘’	元素要设置的内容
执行前延时	0.2	执行前延时秒数
执行后延时	0.3	执行后延时秒数
错误继续运行	False	错误继续运行

(4) 获取元素属性

功能描述：获取元素的属性。

属性描述：如表 6-5 所示。

表 6-5　获取元素属性描述

名　称	默 认 值	描　述
目标	{}	目标字典
属性名	‘’	元素属性名称
执行前延时	0.2	执行前延时秒数
执行后延时	0.3	执行后延时秒数
错误继续运行	False	错误继续运行

(5) 设置元素属性

功能描述：设置元素属性。

属性描述：如表 6-6 所示。

表 6-6　设置元素属性描述

名　　称	默　认　值	描　　述
目标	{}	目标字典
属性名	''	元素属性名称
属性值	''	元素属性值
执行前延时	0.2	执行前延时秒数
执行后延时	0.3	执行后延时秒数
错误继续运行	False	错误继续运行

(6) 获取元素选择

功能描述：获取元素选择(可以操作列表框、下拉列表框等类型的元素)。

属性描述：如表 6-7 所示。

表 6-7　获取元素选择属性描述

名　　称	默　认　值	描　　述
目标	{}	目标字典
选择方式	0	选择方式
执行前延时	0.2	执行前延时秒数
执行后延时	0.3	执行后延时秒数
错误继续运行	False	错误继续运行

(7) 设置元素选择

功能描述：设置元素选择(可以操作列表框、下拉列表框等类型的元素)。

属性描述：如表 6-8 所示。

表 6-8　设置元素选择属性描述

名　　称	默　认　值	描　　述
目标	{}	目标字典
目标文本	[]	目标文本列表
执行前延时	0.2	执行前延时秒数
执行后延时	0.3	执行后延时秒数
错误继续运行	False	错误继续运行

(8) 获取元素勾选

功能描述：获取元素勾选(可以操作单选框、复选框等类型的元素)。

属性描述：如表 6-9 所示。

(9) 设置元素勾选

功能描述：设置元素勾选(可以操作单选框、复选框等类型的元素)。

属性描述：如表 6-10 所示。

表 6-9 获取元素勾选属性描述

名　称	默 认 值	描　述
目标	{}	目标字典
执行前延时	0.2	执行前延时秒数
执行后延时	0.3	执行后延时秒数
错误继续运行	False	错误继续运行

表 6-10 设置元素勾选属性描述

名　称	默 认 值	描　述
目标	{}	目标字典
是否勾选	True	是否勾选
执行前延时	0.2	执行前延时秒数
执行后延时	0.3	执行后延时秒数
错误继续运行	False	错误继续运行
鼠标跟随移动	True	鼠标自动移动到对应元素中心位置

(10)元素截图

功能描述：截取指定元素的图像，保存到文件系统，如果截图成功返回 True，否则返回 False。

属性描述：如表 6-11 所示。

表 6-11 元素截图属性描述

名　称	默 认 值	描　述
目标	{}	目标字典
保存路径	‘’	截图保存的路径，要带上图片名称和后缀，如 c：/a.png
执行前延时	0.2	执行前延时秒数
执行后延时	0.3	执行后延时秒数
错误继续运行	False	错误继续运行

(11)获取元素区域

功能描述：获取元素区域，返回包含元素位置的矩形对象：[屏幕 x，屏幕 y，元素宽，元素高] 单位像素。

属性描述：如表 6-12 所示。

表 6-12 获取元素区域属性描述

名　称	默 认 值	描　述
目标	{}	目标字典
执行前延时	0.2	执行前延时秒数
执行后延时	0.3	执行后延时秒数
错误继续运行	False	错误继续运行

(12)获取元素文本列表

功能描述：获取元素所在窗口，获取该窗口下的所有元素文本列表(目前只适用于钉钉审批详情页)。

属性描述：如表 6-13 所示。

表 6-13 获取元素文本列表属性描述

名　称	默认值	描　述
目标	{}	目标字典
正则表达式	‘.: .‘	若为空则忽略正则表达式，否则只过滤出符合条件的文本
执行前延时	0.2	执行前延时秒数
执行后延时	0.3	执行后延时秒数
错误继续运行	False	错误继续运行

2.【鼠标】组件

【鼠标】组件包含【单击目标】【移动到目标上】【模拟单击】【模拟移动】【模拟拖动】【模拟滚轮】【获取鼠标位置】等子组件。

(1)单击目标

功能描述：单击指定的窗口元素。

属性描述：如表 6-14 所示。

表 6-14 单击目标属性描述

名　称	默认值	描　述
目标	{}	目标字典
按键类型	0	按键类型
单击类型	0	单击类型
超时时间(秒)	30	超时时间(秒)
执行前延时	0.2	执行前延时秒数
执行后延时	0.3	执行后延时秒数
错误继续运行	False	错误继续运行
是否激活窗口	True	激活窗口
鼠标跟随移动	True	鼠标自动移动到对应元素中心位置

(2)移动到目标上

功能描述：鼠标移动到指定的界面元素上。

属性描述：如表 6-15 所示。

表 6-15 移动到目标上属性描述

名　称	默认值	描　述
目标	{}	目标字典
超时时间(秒)	30	超时时间(秒)
执行前延时	0.2	执行前延时秒数
执行后延时	0.3	执行后延时秒数

续表

名　称	默认值	描　述
错误继续运行	False	错误继续运行
是否激活窗口	True	激活窗口
鼠标位置	0	鼠标移动位置
横坐标偏移	0	相对于目标位置，横坐标偏移，负数向左偏移，正数向右偏移（单位：像素）
纵坐标偏移	0	相对于目标位置，纵坐标偏移，负数向上偏移，正数向下偏移（单位：像素）

(3) 模拟单击

功能描述：模拟鼠标的单击动作。

属性描述：如表 6-16 所示。

表 6-16　模拟单击属性描述

名　称	默认值	描　述
按钮类型	0	按钮类型
单击类型	0	单击类型
辅助按键	[]	辅助按键

(4) 模拟移动

功能描述：鼠标移动到指定坐标位置。

属性描述：如表 6-17 所示。

表 6-17　模拟移动属性描述

名　称	默认值	描　述
横坐标	0	移动后的横坐标（单位：像素）
纵坐标	0	移动后的纵坐标（单位：像素）
相对移动	False	是否相对当前位置移动

(5) 模拟拖动

功能描述：将鼠标从某一位置拖动到另一位置。

属性描述：如表 6-18 所示。

表 6-18　模拟拖动属性描述

名　称	默认值	描　述
起始横坐标	0	起始横坐标（单位：像素）
起始纵坐标	0	起始纵坐标（单位：像素）
结束横坐标	0	结束横坐标（单位：像素）
结束纵坐标	0	结束纵坐标（单位：像素）
按钮类型	0	鼠标按钮类型
持续时间	0	持续时间
移动方式	0	移动方式
辅助按键	[]	辅助按键

(6) 模拟滚轮

功能描述：模拟鼠标的滚轮操作。

属性描述：如表 6-19 所示。

表 6-19 模拟滚轮属性描述

名　称	默 认 值	描　述
滚动次数		负整数为向下滚动，正整数为向上滚动
辅助按键	[]	辅助按键

(7) 获取鼠标位置

功能描述：获取鼠标指定的光标位置。

属性描述：无。

3.【键盘】组件

【键盘】组件包含【在目标中输入】【在目标中按键】【输入文本】【模拟按键】【输入账号】【输入密码】【键盘驱动输入】等子组件。

(1) 在目标中输入

功能描述：在指定的窗口元素中输入文本。

属性描述：如表 6-20 所示。

表 6-20 在目标中输入属性描述

名　称	默 认 值	描　述
目标	{}	目标字典
输入文本	‘’	要输入的文本字符串
清空原内容	True	清空目标中的文本
超时时间(秒)	10	如果在指定的时间内没有打开浏览器，则报错，停止运行程序
执行前延时	0.2	执行前延时秒数
执行后延时	0.3	执行后延时秒数
错误继续运行	False	错误继续运行
鼠标跟随移动	True	鼠标自动移动到对应元素中心位置

(2) 在目标中按键

功能描述：在指定的窗口元素中输入按键。

属性描述：如表 6-21 所示。

表 6-21 在目标中按键属性描述

名　称	默 认 值	描　述
目标	{}	目标字典
模拟按键	0	在目标中，模拟键盘输入按键，只能选一个
超时时间(秒)	10	如果在指定的时间内没有打开浏览器，则报错，停止运行程序
执行前延时	0.2	执行前延时秒数

续表

名　　称	默　认　值	描　　述
执行后延时	0.3	执行后延时秒数
错误继续运行	False	错误继续运行
辅助按键	[]	当输入文本时，需要按的辅助键

(3) 输入文本

功能描述：自由输入文本。

属性描述：如表 6-22 所示。

表 6-22　输入文本属性描述

名　　称	默　认　值	描　　述
输入内容	‘’	在当前具有输入焦点的控件中，输入文本字符串，如果没有焦点，则无法输入
清空原内容	True	清空原先文本内容

(4) 模拟按键

功能描述：模拟键盘按键。

属性描述：如表 6-23 所示。

表 6-23　模拟按键属性描述

名　　称	默　认　值	描　　述
模拟按键	0	模拟键盘输入按键，只能选一个
按键类型	0	按键类型
辅助按键	[]	辅助按键
鼠标跟随移动	True	鼠标自动移动到对应元素中心位置

(5) 输入账号

功能描述：在指定的窗口元素中输入账号。

属性描述：如表 6-24 所示。

表 6-24　输入账号属性描述

名　　称	默　认　值	描　　述
目标	{}	目标字典
选择账号		要选择的资产名称
超时时间(秒)	10	如果在指定的时间内没有找到元素，则报错，停止运行程序
执行前延时	0.2	执行前延时秒数
执行后延时	0.3	执行后延时秒数
错误继续运行	False	错误继续运行

(6) 输入密码

功能描述：在指定的窗口元素中输入密码。

属性描述：如表 6-25 所示。

表 6-25 输入密码属性描述

名　　称	默 认 值	描　　述
目标	{}	目标字典
选择密码		要选择的资产名称
超时时间(秒)	10	如果在指定的时间内没找到元素，则报错，停止运行程序
执行前延时	0.2	执行前延时秒数
执行后延时	0.3	执行后延时秒数
错误继续运行	False	错误继续运行

(7)键盘驱动输入

功能描述：模拟键盘输入，仅支持 PS/2(Personal System 2)接口的键盘，可在虚拟机和笔记本电脑上使用。

属性描述：如表 6-26 所示。

表 6-26 键盘驱动输入属性描述

名　　称	默 认 值	描　　述
模拟按键	‘’	可输入一个按键，如{ENTER}，或字符‘adsa’

三、使用 AutoWork 抓取百度企业信用数据

【案例】

根据企业名称查询企业的法人代表、注册资本、成立时间、地址、经营范围，并将查询结果写入到 Excel 文件中(见图 6-6)。

企业	法人代表	注册资本	成立时间	地址	经营范围
宁波寰宇通讯器材有限公司					
盐城发电设备有限公司					
宁波三生电子商务有限公司					
兆花家电维修服务公司					
宁津县宝力业健身器材厂					
陕西凯越环保科技有限公司					
北京环球博览国际广告有限公司					
廊坊福久环保科技有限公司					
石家庄森海商贸有限公司					
宏鑫家电维修服务公司					
深圳市荣亿达科技发展有限公司					
水冷轴承座-响水马丁传动件有限公司					
山东龙腾环保科技有限公司					
山东拓普农业工程技术有限公司					
宝泉集智汇					
惠人榨汁机售后维修服务中心					
售后服务					
佛山市筑捷建材有限公司					
华獭（长春）供暖设备制造有限公司					
江苏俏柏电气有限公司					
佛山市庚铁钢材贸易有限公司					
南京唯斯信息科技有限公司					
全国联保售后服务中心					
山东华辰塑业有限公司					
山东锦泰阳金属结构有限公司					
成都新麦烤箱股份有限公司					
石家庄福派塑料科技有限公司					
河南广宇网络科技有限公司					
山东聚源电力物资有限公司					
保定聚安人力资源有限公司					
缅甸欧亚国际					
北京中科嘉艺知识产权有限公司					
万享进贸通（上海）管理有限公司					
河北文瀚智考信息技术有限公司					
山西飞鲨展览有限公司					
台州市黄岩小霞模具有限公司业务部					
北京宇航恒基建筑装饰工程有限公司					
山东总创机械科技有限公司					
济宁旺达机械制造有限公司					
山东志远安全管理咨询有限公司长沙分公司					
山东永蓝环保设备工程有限公司					
上海三甄信息科技有限公司遵义分公司					
山东福瑞德国际会展集团有限公司					
马鞍山冰淇淋机设备有限公司					
枣庄中隧机械设备有限公司					
长春神州视界信息技术有限公司					
苏州艾丘电子有限公司					

图 6-6 Excel 文件

【手动实现】

手动实现的思路如图 6-7 所示。

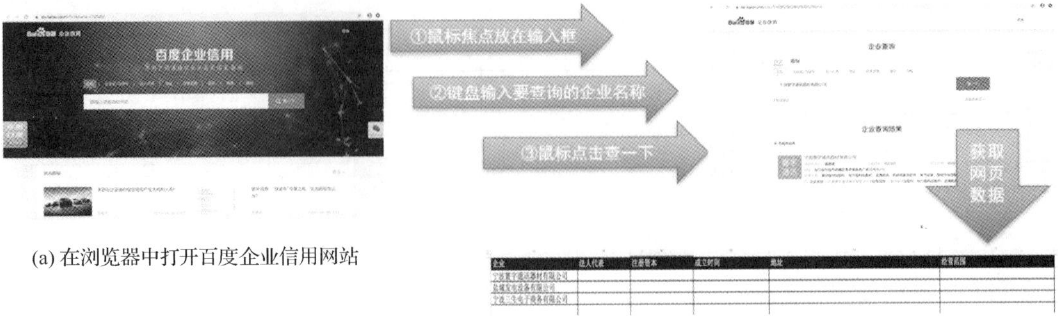
百度企业信用
①鼠标焦点放在输入框
②键盘输入要查询的企业名称
③鼠标点击查一下
获取网页数据
企业 法人代表 注册资本 成立时间 地址 经营范围

(a) 在浏览器中打开百度企业信用网站

(b) 写入Excel中

图 6-7　手动实现思路

第一步，从 Excel 文件中依次复制每个企业的名称；

第二步，打开百度企业信用网站，输入待查询的企业名称，单击【查一下】按钮，获取查询结果；

第三步，将查询结果中的法人代表、注册资本、成立时间、地址、经营范围对应的数据写到 Excel 文件中。

【RPA 实现】

RPA 实现思路如图 6-8 所示。

企业信用查询的 RPA 实现如图 6-9 所示。

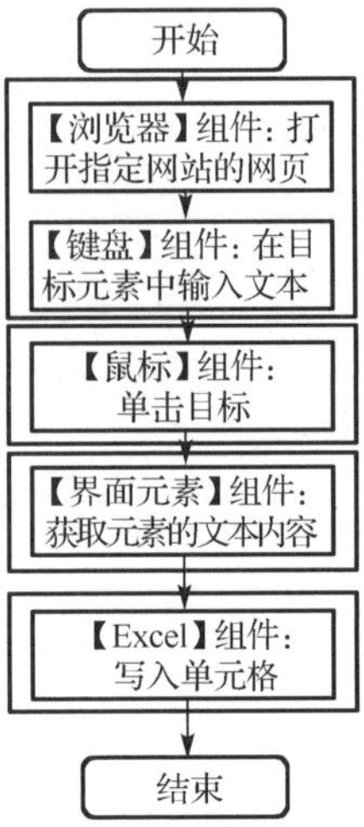
开始
【浏览器】组件：打开指定网站的网页
【键盘】组件：在目标元素中输入文本
【鼠标】组件：单击目标
【界面元素】组件：获取元素的文本内容
【Excel】组件：写入单元格
结束

图 6-8　RPA 实现思路

启动谷歌浏览器，并将此浏览器作为操控对象，赋值给hWeb
打开Excel,路径为 '//vmware-host/Shared Folders/文稿/云账房/基于RPA的财务机器人实务/五星教学设计法/06_业财一体化类RPA设计/3.论证新知：百度企业信用数据的抓取/04_课堂练习/要查询的企业_简版.xlsx'，赋值给excelRet
令变量i的值为2
循环执行3次
在目标浏览器hWeb中打开链接'https://xin.baidu.com'，并将此页面作为操控对象
将数字i转化为字符串，赋值给istr
读取表'Sheet1' 单元格'A'+istr 的值,赋值给name 查找目标
停用
在目标元素中输入文本name
鼠标点击目标
获取目标元素的文本内容，赋值给sRet
将表'Sheet1' sRet 写入单元格'B'+istr 查找目标
获取目标元素的文本内容，赋值给sRet
将表'Sheet1' sRet 写入单元格'C'+istr 查找目标
获取目标元素的文本内容，赋值给sRet
将表'Sheet1' sRet 写入单元格'D'+istr 查找目标
获取目标元素的文本内容，赋值给sRet
将表'Sheet1' sRet 写入单元格'E'+istr 查找目标
获取目标元素的文本内容，赋值给sRet
将表'Sheet1' sRet 写入单元格'F'+istr 查找目标
令变量i的值为i+1

图 6-9　企业信用查询 RPA 实现

四、使用 AutoWork 批量抓取天猫网站数据

【案例】

使用 Autowork 中的组件设计流程，完成批量抓取天猫网站上指定电脑型号的价格信息。

【手动实现】

批量抓取天猫网站数据的手动操作，实现步骤如下。

第一步，打开浏览器，在网址栏输入天猫网站的网址，打开天猫网站(见图 6-10)；

第二步，在搜索框内，输入“联想 Thinkpad”，然后单击【搜索】按钮；

第三步，将第一页中每个界面元素的价格、型号复制出来，然后单击【第二页】按钮，继续复制价格、型号，直到所有页中的信息全部复制完成。

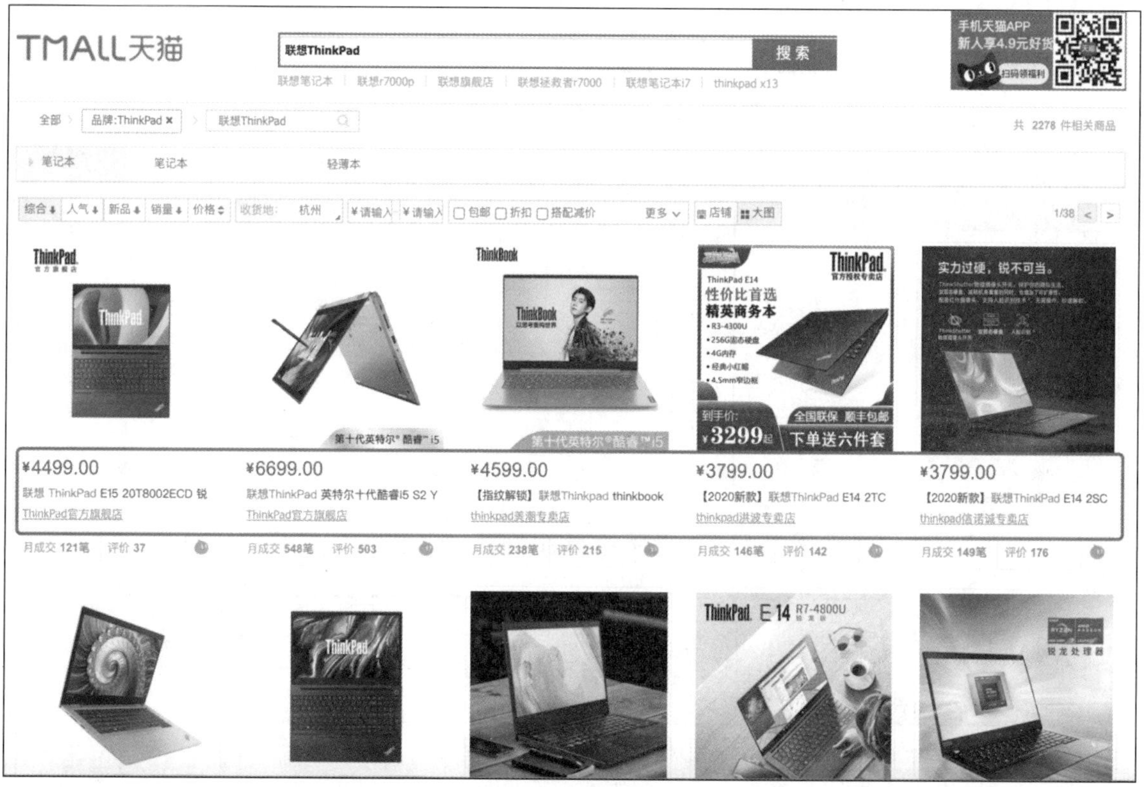

图 6-10 天猫网站

【RPA 实现】

第一步，使用 AutoWork 中的【浏览器】组件打开天猫网站，如图 6-11 所示；

第二步，使用 AutoWork 中的【键盘鼠标】组件(见图 6-12)，在搜索框内输入“联想 Thinkpad”，然后单击【搜索】按钮(见图 6-13)；

第三步，使用 AutoWork 中的【批量抓取】组件(见图 6-14)可获取带分页的多页数据，【批量抓取】组件功能描述如图 6-15 所示；

图 6-11　使用【浏览器】组件打开天猫网站

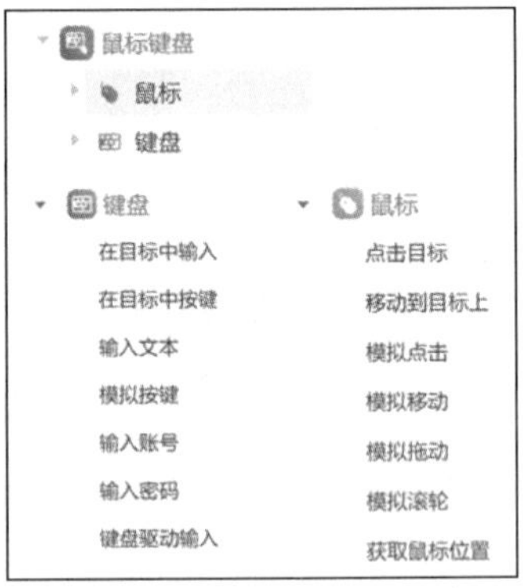

图 6-12　AutoWork 中的【鼠标键盘】组件

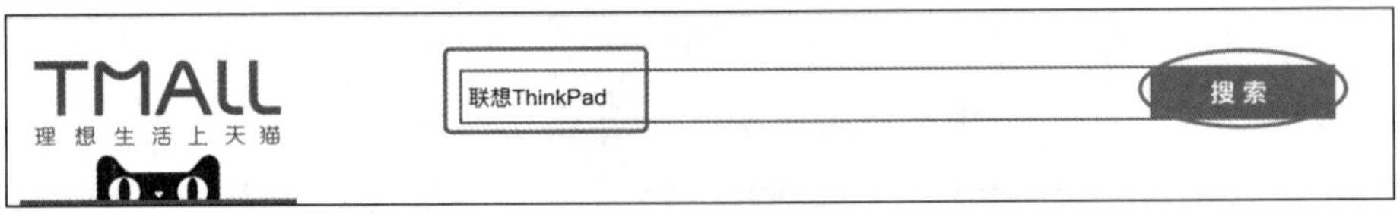

图 6-13　搜索关键字

图 6-14　AutoWork 中的【批量抓取】组件

第四步，处理批量获取的数据。

从天猫网站上抓取的商品信息列表显示格式为[[‘ThinkPad S2 20R70001CD.', ‘¥5449.00'], [‘ThinkPad E15 20RD0025CD', ‘¥5649.00’], ……]，商品采购明细表模板如图 6-16 所示。

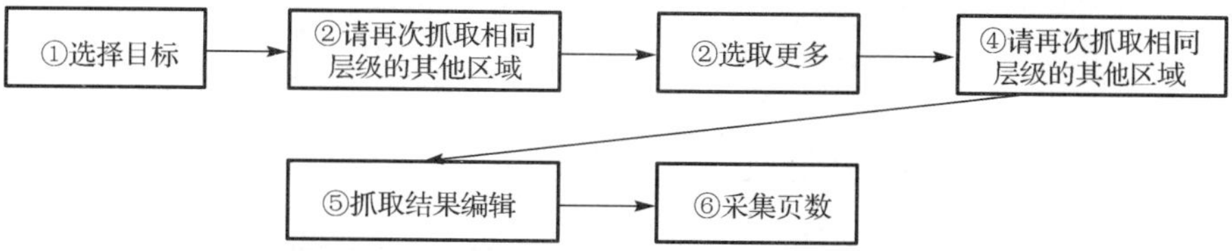

图 6-15　AutoWork 中的【批量抓取】组件功能描述

使用 AutoWork 中的【遍历列表】组件（见图 6-17）遍历商品信息列表，分别输出商品型号和商品价格（见图 6-18）。

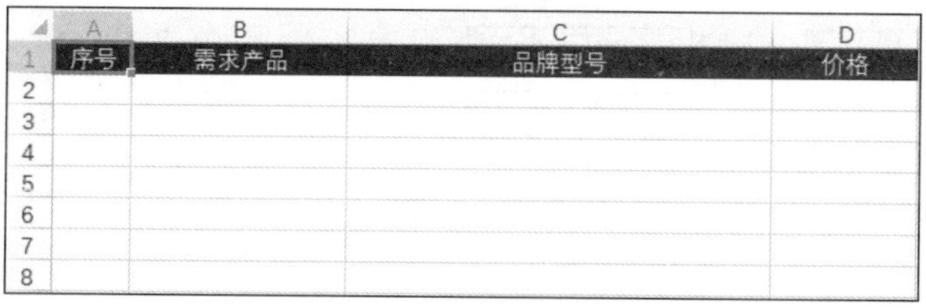

图 6-16　商品采购明细表模板

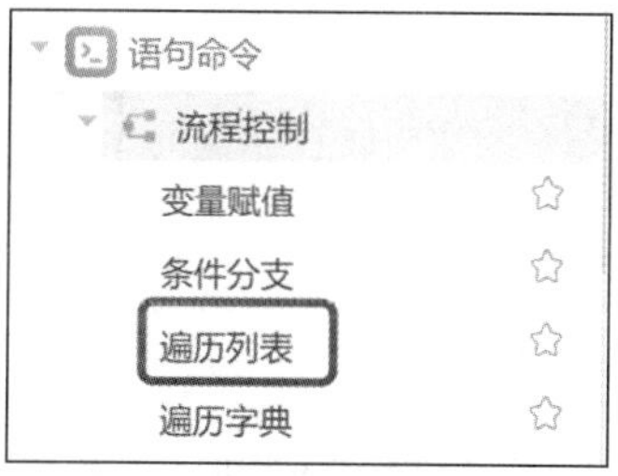

图 6-17　AutoWork 中的【遍历列表】组件

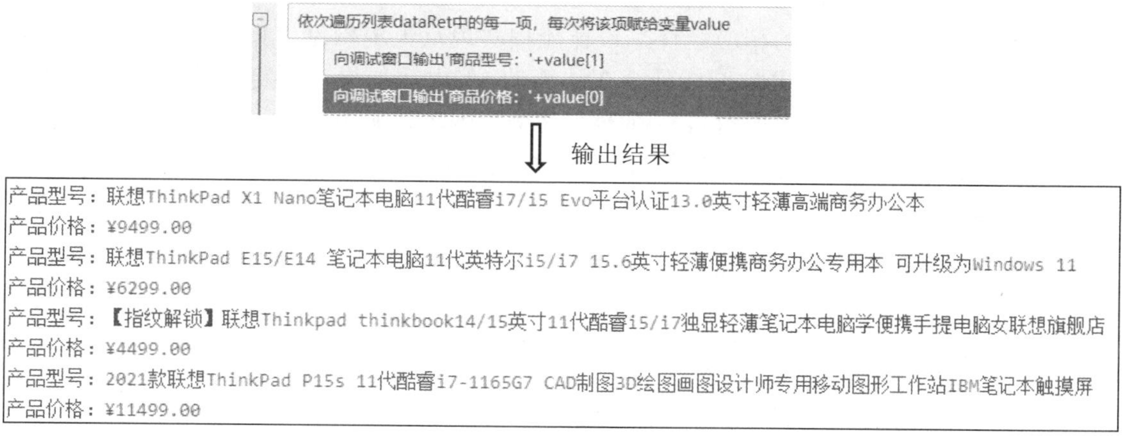

图 6-18　遍历步骤及输出结果

第四节　采购预算审核——原型设计

一、批量抓取天猫网站数据的原型设计

【任务要求】

使用 Autowork 中的【批量抓取】组件设计流程，完成批量抓取天猫网站上指定电脑型号的价格信息，请根据要求完成原型设计。

【解答】

批量抓取天猫网站上指定电脑型号的价格信息的原型设计如图 6-19 所示。

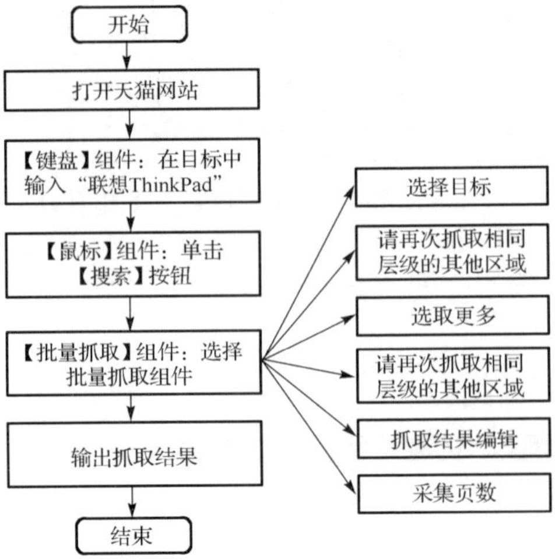
开始
打开天猫网站
【键盘】组件：在目标中输入“联想ThinkPad”
【鼠标】组件：单击【搜索】按钮
【批量抓取】组件：选择批量抓取组件
输出抓取结果
结束
选择目标
请再次抓取相同层级的其他区域
选取更多
请再次抓取相同层级的其他区域
抓取结果编辑
采集页数

图 6-19　使用 AutoWork 批量抓取天猫网站上指定电脑型号的价格信息的原型设计

二、生成商品采购明细表的原型设计

【任务要求】

使用 AutoWork 中的相应组件，设计流程实现从天猫网站上批量抓取指定型号的电脑价格信息，判断每一个电脑价格是否在预算的 5%内。如果在则将电脑型号、电脑价格写入商品采购明细表；如果所有价格都不在这个范围内，则返回需要修改预算的标志。请根据以上要求完成生成商品采购明细表(见图 6-16)的原型设计。

【解答】

生成商品采购明细表的原型设计如图 6-20 所示。

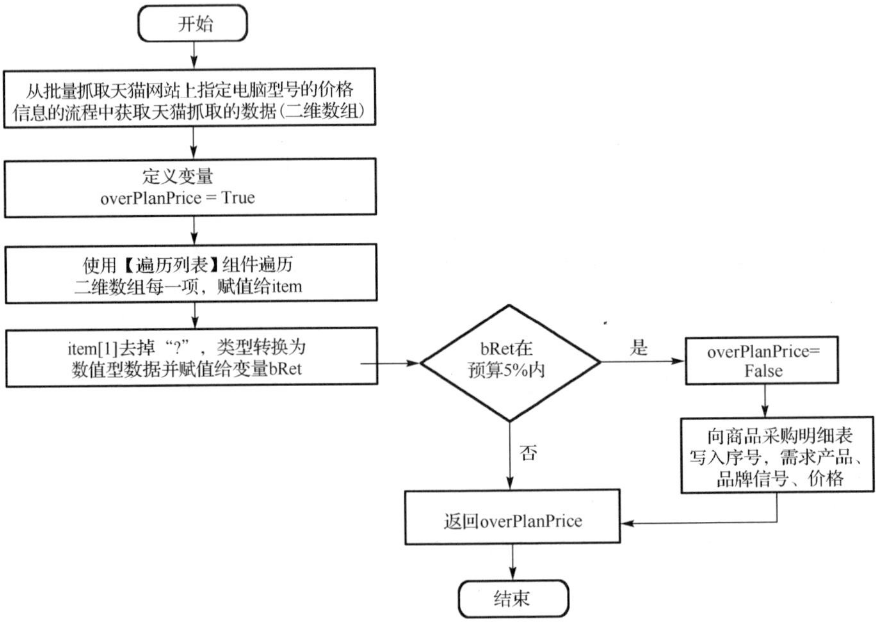
开始
从批量抓取天猫网站上指定电脑型号的价格信息的流程中获取天猫抓取的数据(二维数组)
定义变量
overPlanPrice = True
使用【遍历列表】组件遍历二维数组每一项，赋值给item
item[1]去掉“?”，类型转换为数值型数据并赋值给变量bRet
bRet在预算5%内
是
overPlanPrice=False
向商品采购明细表写入序号，需求产品、品牌信号、价格
否
返回overPlanPrice
结束

图 6-20　生成商品采购明细表的原型设计

第五节 采购预算审核——RPA 实现

采购预算审核的 PA 实现流程如图 6-21 所示。

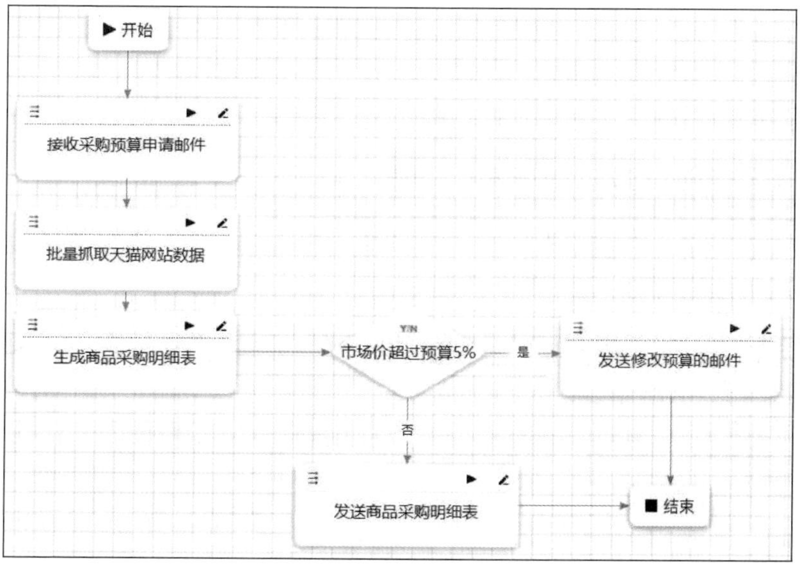
开始
接收采购预算申请邮件
批量抓取天猫网站数据
生成商品采购明细表
Y/N
市场价超过预算5%
是
发送修改预算的邮件
否
发送商品采购明细表
结束

图 6-21 采购预算审核的 PA 实现流程

采购预算审核的 RPA 实现流程包含接收采购预算申请邮件、批量抓取天猫网站数据、生成商品采购明细表、发送商品采购明细表、发送修改预算的邮件五个自动化流程。

一、接收采购预算申请邮件的 RPA 实现

接收采购预算申请邮件是通过 AutoWork 中的【收取邮件】组件，将邮箱中标题包含“采购预算申请表”的邮件的附件保存到本地文件夹中，RPA 实现如图 6-22 所示。

1 连接指定邮箱，返回邮箱操控对象，赋值给objMail
2 循环执行5次
3 获取第i封邮件的标题，赋值给sRet
4 对sRet进行搜索（从0开始），把'采购预算申请表'出现的位置，赋值给iRet
5 如果iRet>=0 成立 则
6 保存第i封邮件的附件到'//vmware-host/Shared Folders/文稿/个人文档/云账房/基于RPA的财务机器人实务/20200505/06_业财一体化类RPA设计/采购预算智能审核设计/④采购预算审核RPA实现/案例/附件'
停用
7 跳出循环
此处可插入执行命令
否则
此处可插入执行命令

图 6-22 接收采购预算申请邮件的 RPA 实现

第一步，连接指定邮箱，输入 POP 服务器地址(pop.163.com)、邮箱账号、登录密码等信息；

第二步，计次循环 5 次，对每次循环执行后续操作；

第三步，获取邮件的标题；

第四步，判断邮件标题中是否含有“采购预算申请表”；

第五步，如果标题中含有“采购预算申请表”，则保存该邮件的附件——采购预算申请单到本地文件夹下，然后跳出循环；

第六步，如果标题中不含有“采购预算申请表”，则继续下次循环。

二、批量抓取天猫网站数据的 RPA 实现

首先打开天猫网站，在搜索框中输入“联想 Thinkpad”，然后单击【搜索】按钮，返回查询结果。RPA 实现如图 6-23 所示。

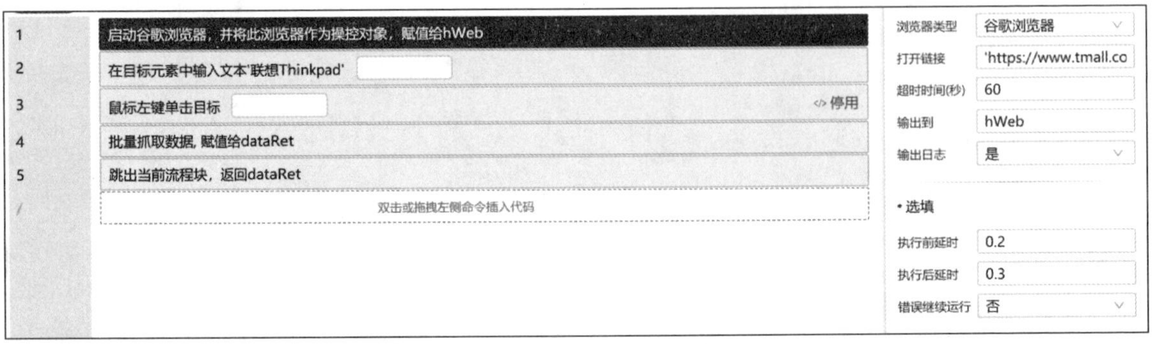

图 6-23　抓取天猫网站数据的 RPA 实现

三、生成商品采购明细表的 RPA 实现

生成商品采购明细表的 RPA 实现如图 6-24 所示。

第一步，从图 6-23 所示的流程中获取从天猫网站中批量抓取的数据；

第二步，打开采购预算申请单；

第三步，读取采购电脑型号的值；

第四步，打开商品采购明细表；

第五步到第九步，设置初始变量行号、设置预算的最小值和最大值等变量；

第十步，循环遍历数据集中的每一项；

第十一步到第十二步，首先将价格前的“¥”去掉，然后转换成浮点型数据；

第十三步，使用【条件分支】组件，判断商品价格是否在预算的 5%范围内；

第十四步到第十七步，在商品采购明细表中，依次写入序号、需求商品、商品型号、商品价格的信息；

第十八步，设置变量 overPlanPrice 的值为 False；

第十九步，设置行号为当前行+1；

第二十步，返回变量 overPlanPrice 的值。

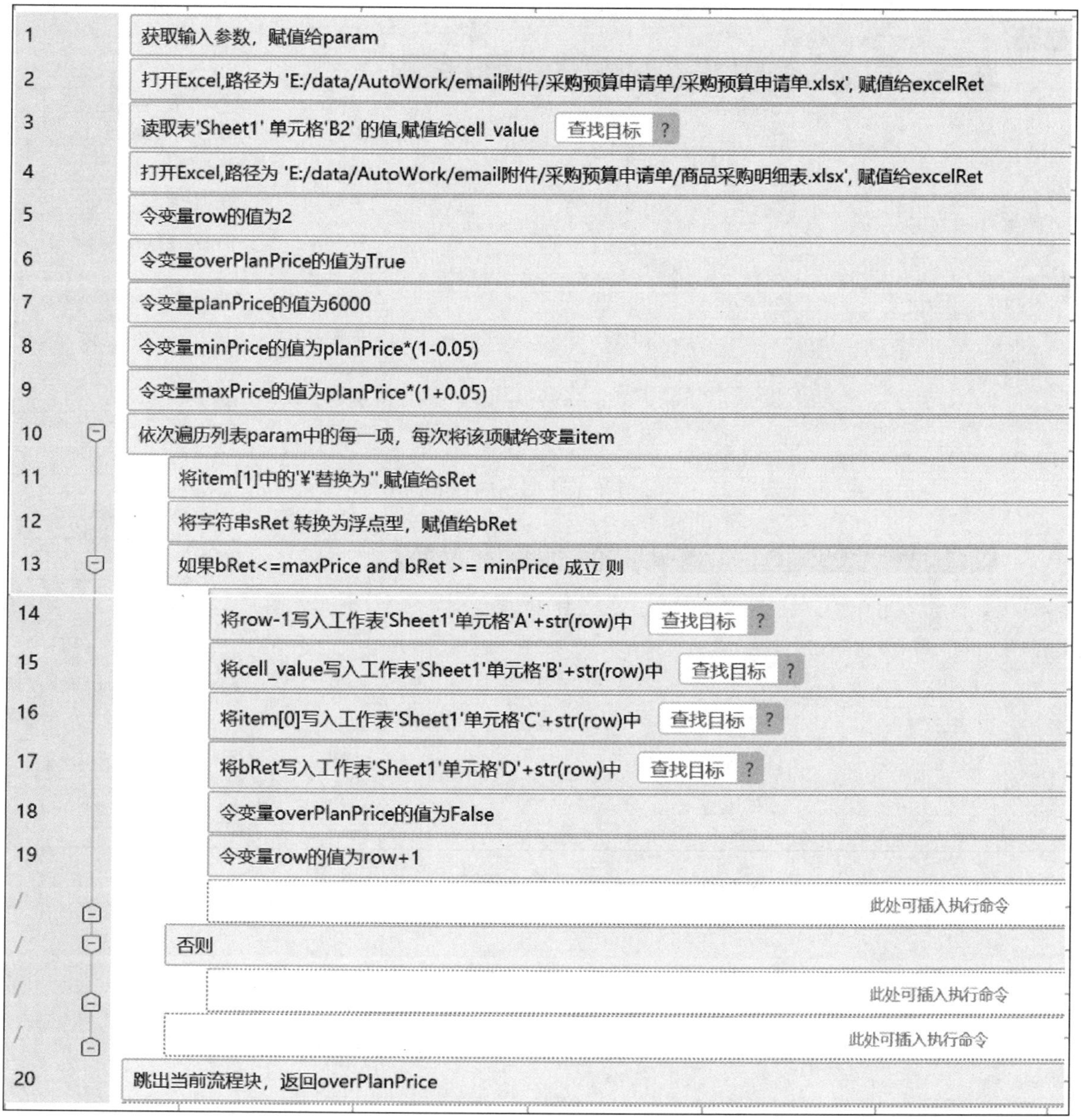
1 获取输入参数，赋值给param
2 打开Excel,路径为 'E:/data/AutoWork/email附件/采购预算申请单/采购预算申请单.xlsx', 赋值给excelRet
3 读取表'Sheet1' 单元格'B2' 的值,赋值给cell_value 查找目标 ?
4 打开Excel,路径为 'E:/data/AutoWork/email附件/采购预算申请单/商品采购明细表.xlsx', 赋值给excelRet
5 令变量row的值为2
6 令变量overPlanPrice的值为True
7 令变量planPrice的值为6000
8 令变量minPrice的值为planPrice*(1-0.05)
9 令变量maxPrice的值为planPrice*(1+0.05)
10 依次遍历列表param中的每一项，每次将该项赋给变量item
11 将item[1]中的'¥'替换为'',赋值给sRet
12 将字符串sRet 转换为浮点型，赋值给bRet
13 如果bRet<=maxPrice and bRet >= minPrice 成立 则
14 将row-1写入工作表'Sheet1'单元格'A'+str(row)中 查找目标 ?
15 将cell_value写入工作表'Sheet1'单元格'B'+str(row)中 查找目标 ?
16 将item[0]写入工作表'Sheet1'单元格'C'+str(row)中 查找目标 ?
17 将bRet写入工作表'Sheet1'单元格'D'+str(row)中 查找目标 ?
18 令变量overPlanPrice的值为False
19 令变量row的值为row+1
此处可插入执行命令
否则
此处可插入执行命令
此处可插入执行命令
20 跳出当前流程块，返回overPlanPrice

图 6-24　生成商品采购明细表的 RPA 实现

四、发送商品采购明细表的 RPA 实现

如果图 6-24 中的流程返回的 overPlanPrice 的值为 False，则向采购部门发送商品采购明细表的邮件。RPA 实现如图 6-25 所示。

五、发送修改预算的邮件的 RPA 实现

如果图 6-24 中的流程返回的 overPlanPrice 为 True，则向业务部门发送修改预算申请的邮件。RPA 实现如图 6-26 所示。

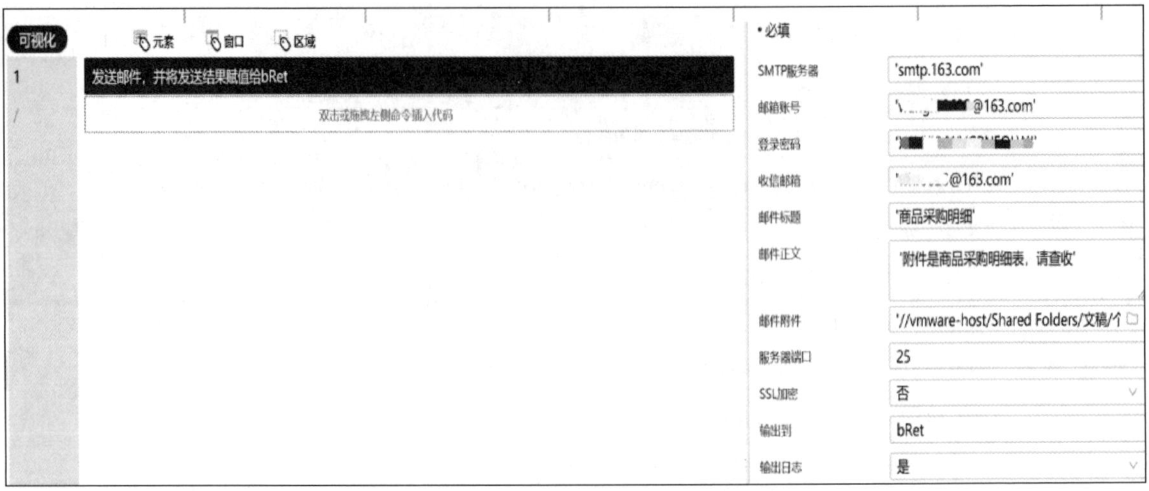

图 6-25　发送商品采购明细邮件表的 RPA 实现

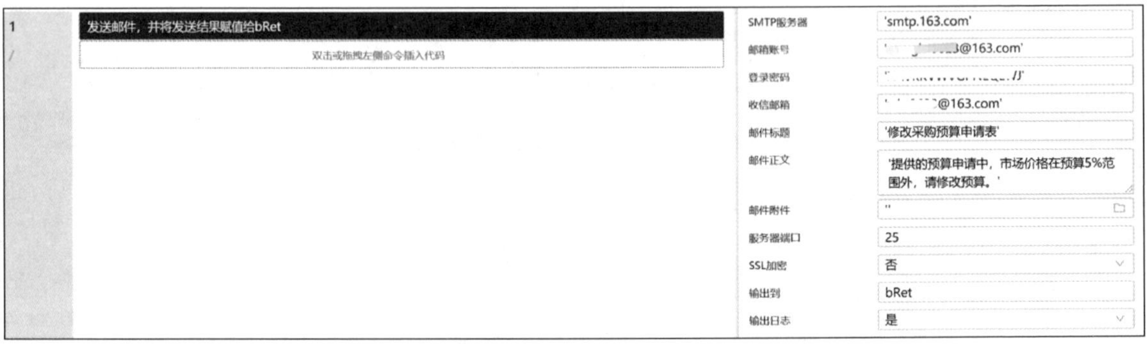

图 6-26　发送修改预算申请邮件的 RPA 实现

第七章
智能票据识别验证机器人应用开发

第一节　智能票据识别验证——问题提出

问题提出情景如图 7-1 所示。

图 7-1　问题提出情景

小雅是半年前通过春季校招进入公司财务部的应届毕业大学生，目前负责报销稽核工作。

“小雅，怎么看着无精打采的呀？难道是昨晚又背着我偷偷熬夜打排位赛了？”与小雅一同进入公司的稽核岗同事小范开玩笑说道。

“哪来的精力打排位赛啊，每天都要处理大量的费用报销业务，需要不停地审核。例如，不断登录国家税务总局全国增值税发票查验平台验证发票是真是假，检查发票是否在公司规定的 1 个月有效期之内报销……就连晚上做梦都被成堆的发票压得喘不过气。”小雅说完叹了口气。

“是啊，这待处理的报销单真是没完没了，好不容易搞定了今天的，结果等到明天上班又是一大堆，永远处理不完。”小范感同身受。

“这日复一日、年复一年的机械式工作我简直是受够了，什么时候才能结束这种简单、重复、乏味的工作模式啊？”小雅一脸生无可恋的样子。

“不知道公司新引进的 RPA 机器人能否帮我们解决这类问题，我们可以去问问公司的技术员小王。”小范突然想到。

她俩赶紧跑到技术部找到小王，询问小王：“RPA 机器人能否帮我们完成费用报销业务中的发票验证工作？”

小王说：“你们找对人了，RPA 机器人就是用来完成简单、重复、乏味的工作的，咱们先来梳理下发票验证流程。”

第二节　智能票据识别验证——场景分析

智能票据识别验证业务流程如图 7-2 所示。

第一步，财务部小雅从财务中心邮箱下载增值税发票文件。

第二步，小雅获取发票上的发票号码、发票代码、开票日期、发票金额等信息。

第三步，小雅会根据开票日期判断是否在报销有效期 1 个月内，如果是则继续下一步，否则发送发票审核不通过的邮件。

第四步，小雅登录国家税务总局全国增值税发票查验平台，输入发票上的发票号码、发票代码、开票日期、发票金额等信息，单击【查验】按钮，平台给出查验结果。如果查验通过，则小雅发送审核通过的邮件给报销专员，并附带发票查验结果；如果查验不通过，则发送发票审核不通过的邮件。

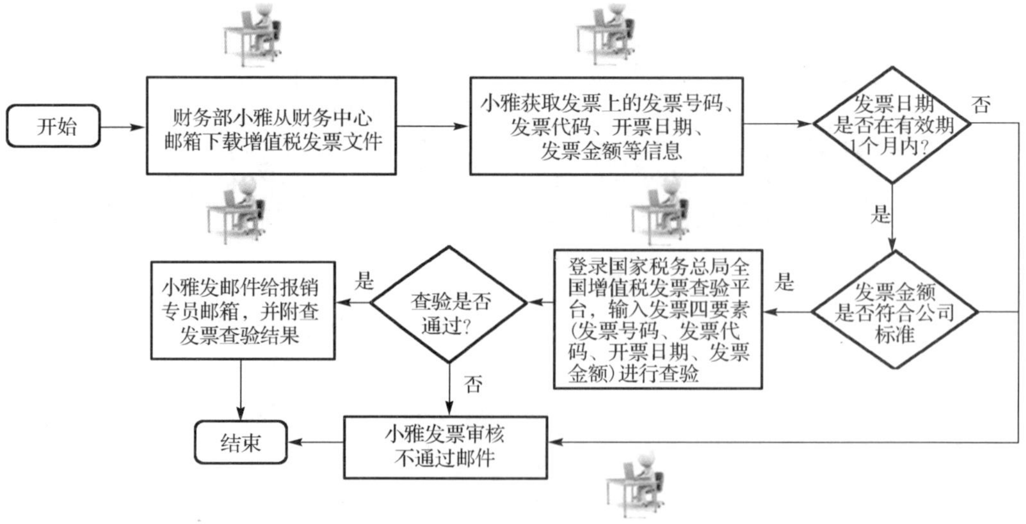
开始
财务部小雅从财务中心邮箱下载增值税发票文件
小雅获取发票上的发票号码、发票代码、开票日期、发票金额等信息
发票日期是否在有效期1个月内?
否
是
发票金额是否符合公司标准
是
登录国家税务总局全国增值税发票查验平台，输入发票四要素(发票号码、发票代码、开票日期、发票金额)进行查验
查验是否通过?
是
小雅发邮件给报销专员邮箱，并附查发票查验结果
否
小雅发票审核不通过邮件
结束

图 7-2　智能票据识别验证业务流程

第三节 AutoWork的光学字符识别技术

在费用报销业务中，涉及的票据种类较多，包括增值税发票（专票、普票、电子发票）、飞机票、火车票、打车发票等各类票据。而不同的票据类型，其样式也是千差万别的。如果想要实现费用报销的自动审核、智能审核，首先需要解决的问题就是对这些形式各异的发票进行识别、存储、分析和应用。

我们可以使用光学字符识别（Optical Character Recognition，OCR）技术对不同的票据类型进行识别，如图7-3所示。

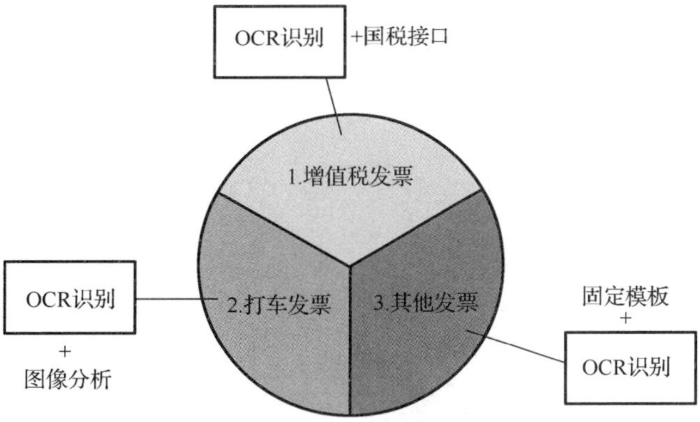

图7-3 使用光学字符识别技术识别不同票据

一、光学字符识别的定义与应用场景

光学字符识别是指对文本资料的图像进行识别处理，获取文字及版面信息的过程（见图7-4）。即将图像中的文字进行识别，并以文本的形式返回（见图7-5）。

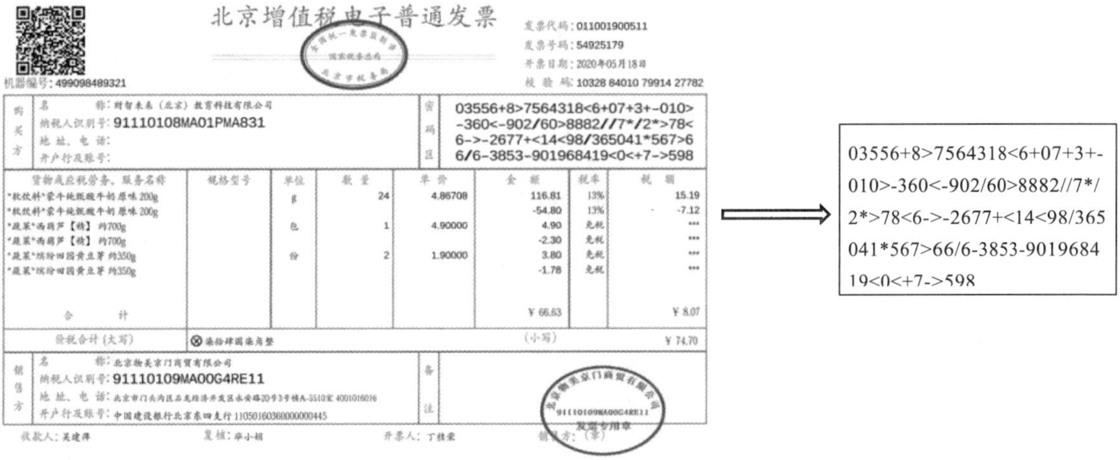

图7-4 对文本资料中图像的识别处理

根据应用场景，将OCR分为专用OCR和通用OCR。

(1) 专用 OCR，用于识别特定场景。例如，证件识别和车牌识别。

车牌识别　　　　文字识别

图 7-5　对图像中的文字进行识别并以文本形式返回

(2) 通用 OCR，用于识别多种场景。

由于通用图片中显示的场景不固定且文字布局多样，因此识别难度更高。例如，识别行驶中的汽车的车辆合格证。

二、如何实现光学字符识别

1. 传统方法

在深度学习技术出来之前，实现 OCR 需要使用图 7-6 中的图像处理技术对待处理图像进行处理。

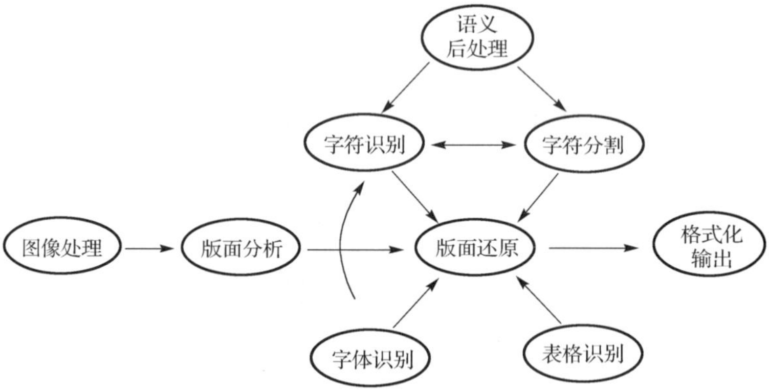

图 7-6　传统方法

(1) 图像处理

图像处理主要是对待处理的图像去噪声、去黑边，对图像进行倾斜校正等，如图 7-7 所示。

(2) 版面分析

版面分析主要是对版面的排版结构进行分析理解，将内容按照不同版面进行处理后，将其有顺序地排在一起，如图 7-8 所示。

(3) 表格识别

表格识别主要是识别出图像中表格的结构，如图 7-9 所示。

图 7-7　图像处理

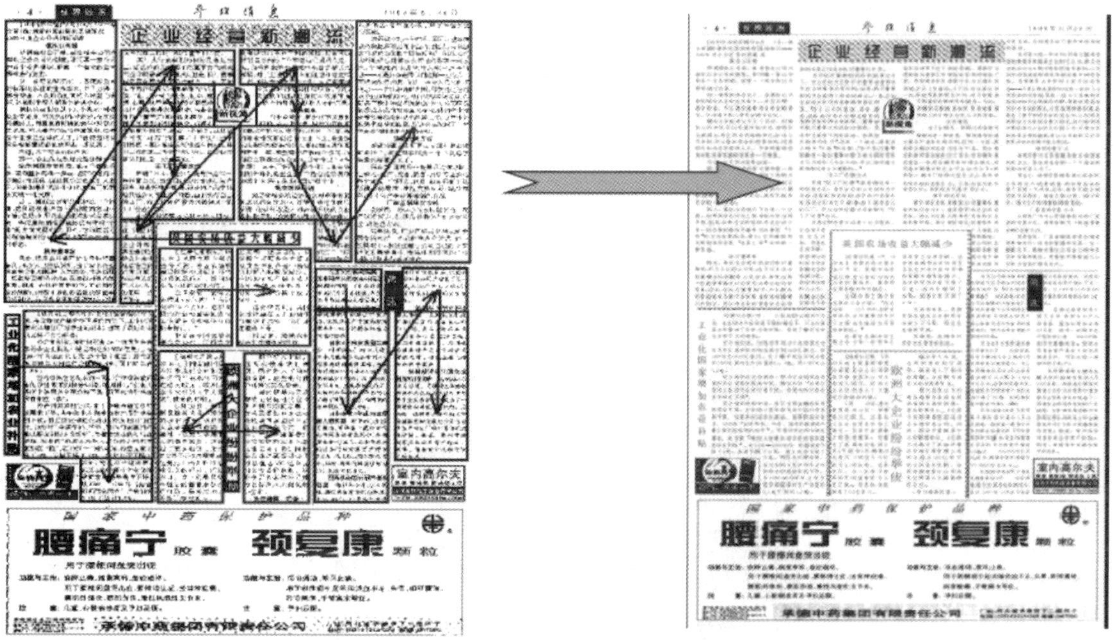

图 7-8　版面分析

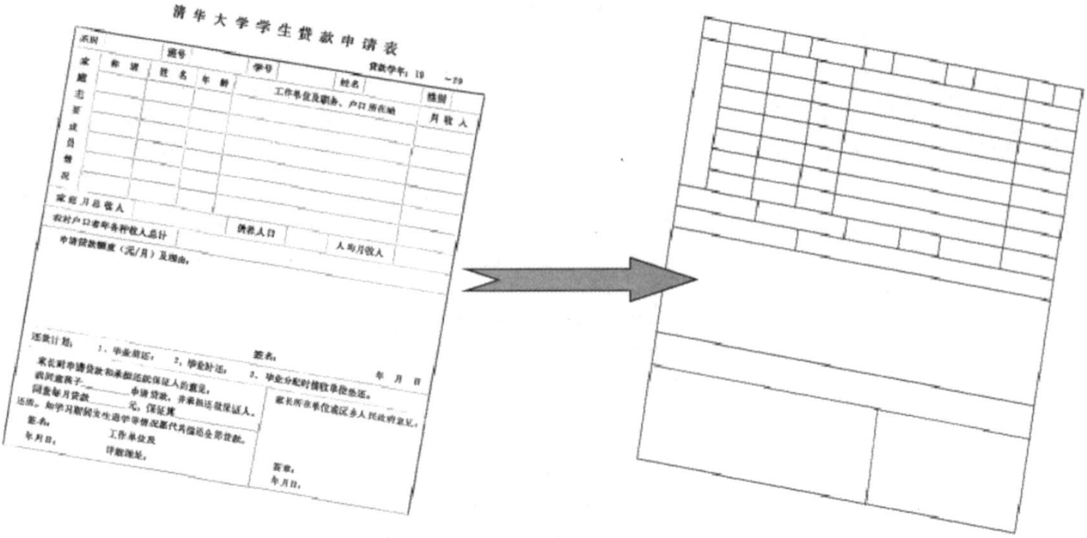
清华大学学生贷款申请表

图 7-9　表格识别

（4）字符分割

字符分割分为行分割和字分割两种。

行分割是将图像中的一段文字按照行进行分割（见图 7-10），字分割是将行分割后的文本再按照单个字符进行分割（见图 7-11）。

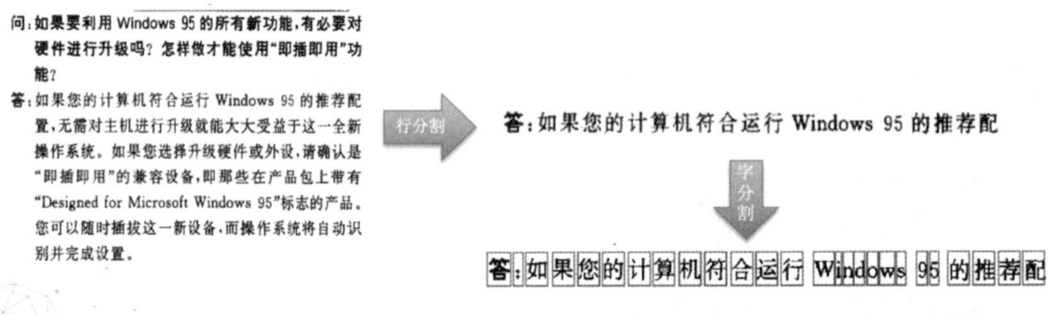
问：如果要利用 Windows 95 的所有新功能，有必要对硬件进行升级吗？怎样做才能使用"即插即用"功能？
答：如果您的计算机符合运行 Windows 95 的推荐配置，无需对主机进行升级就能大大受益于这一全新操作系统。如果您选择升级硬件或外设，请确认是"即插即用"的兼容设备，即那些在产品包上带有"Designed for Microsoft Windows 95"标志的产品。您可以随时插拔这一新设备，而操作系统将自动识别并完成设置。
行分割
答：如果您的计算机符合运行 Windows 95 的推荐配
字分割
答：如果您的计算机符合运行 Windows 95 的推荐配

图 7-10　行分割

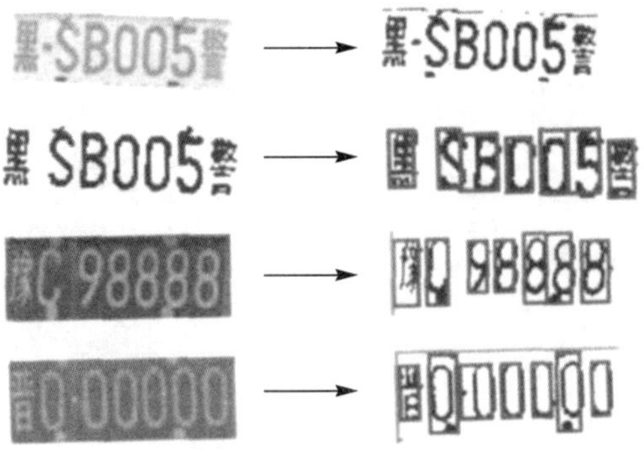

图 7-11　字分割

(5) 字符识别

字符识别是先对字符分割后的单个字符进行识别，然后将字符组合在一起，如图 7-12 所示。

图 7-12　字符识别

(6) 字体识别

字体识别是对待识别图像中文本的字体进行识别，如图 7-13 所示。

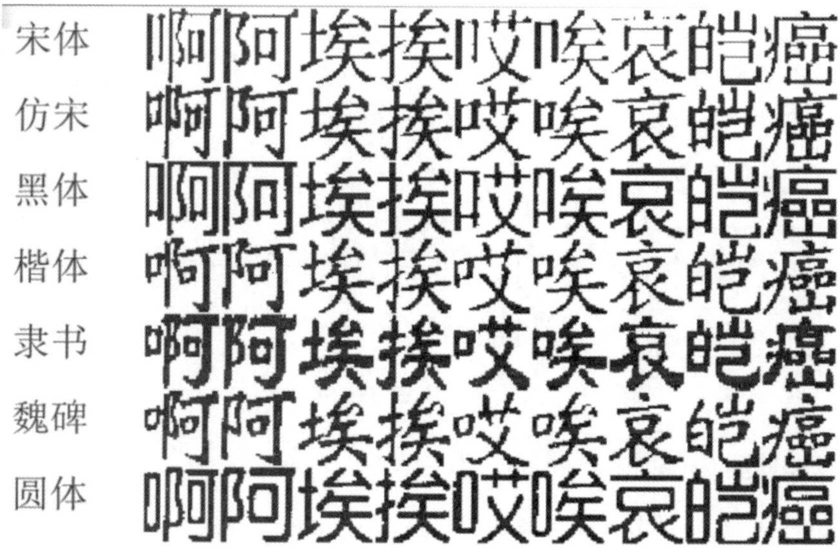

图 7-13　字体识别

(7) 语义后处理

对单个字符进行识别后，还需要按照字与字之间的语义关系将其进行重新排列和组合，最终得出较为准确的结果，如图 7-14 所示。

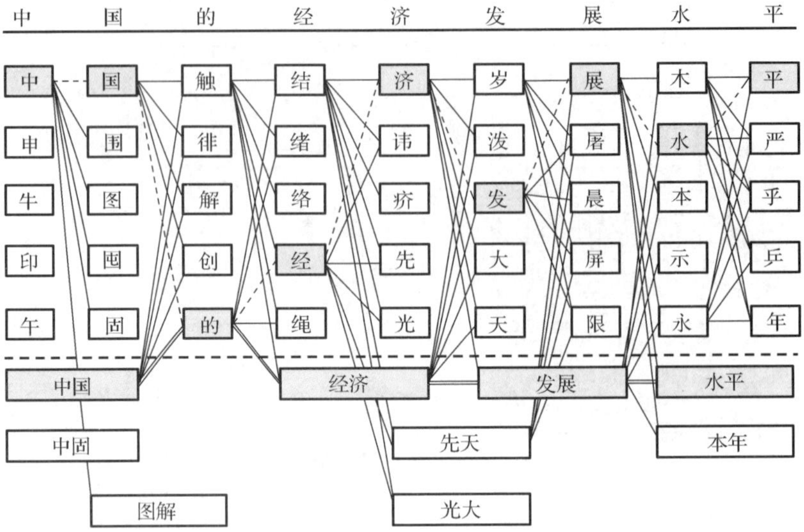

图 7-14　语义后处理

(8) 格式化输出

格式化输出是将与文本识别无关的一些内容（如横线、表格线等）格式化处理后，将识别出的文本输出，如图 7-15 所示。

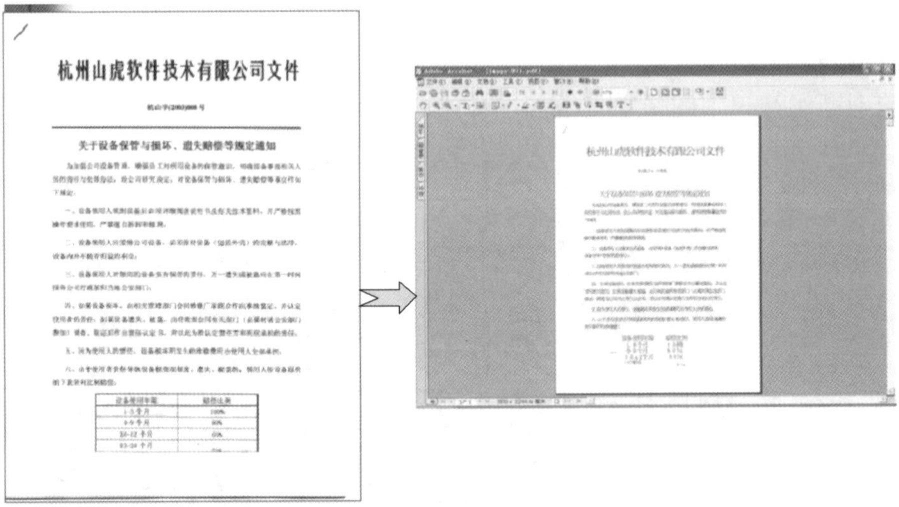

图 7-15　格式化输出

2. 深度神经网络

使用统一的网络进行快速文本定位（Fast Oriented Text Spotting With a Unified NetWork，FOTS）是一个快速的端到端的集成检测和识别的框架。和其他 Two-stage 的方法相比，FOTS 通过共享训练特征、互补监督，压缩了特征提取所占用的时间，具有更快的速度。

FOTS 主要由四部分组成——共享卷积(Shared Convolutions)、文本检测分支(Text Detection Branch)、带方向的文本区域(RoI Rotate)及文本识别分支(Text Recognition Branch)，如图 7-16 所示。

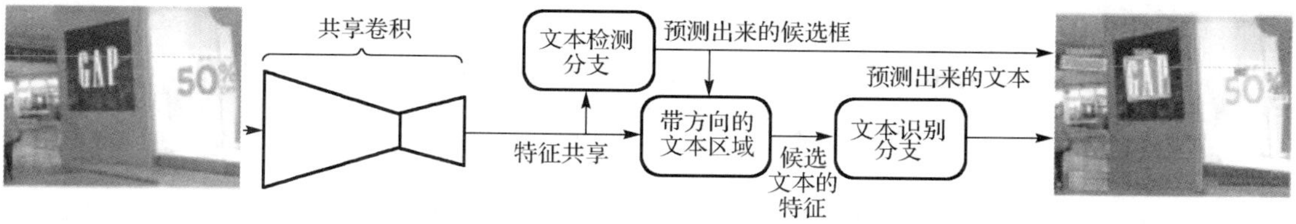

图 7-16 FOTS 组成

三、光学字符识别技术的应用

使用 OCR 技术可以实现增值税发票的识别，识别结果如图 7-17 所示。

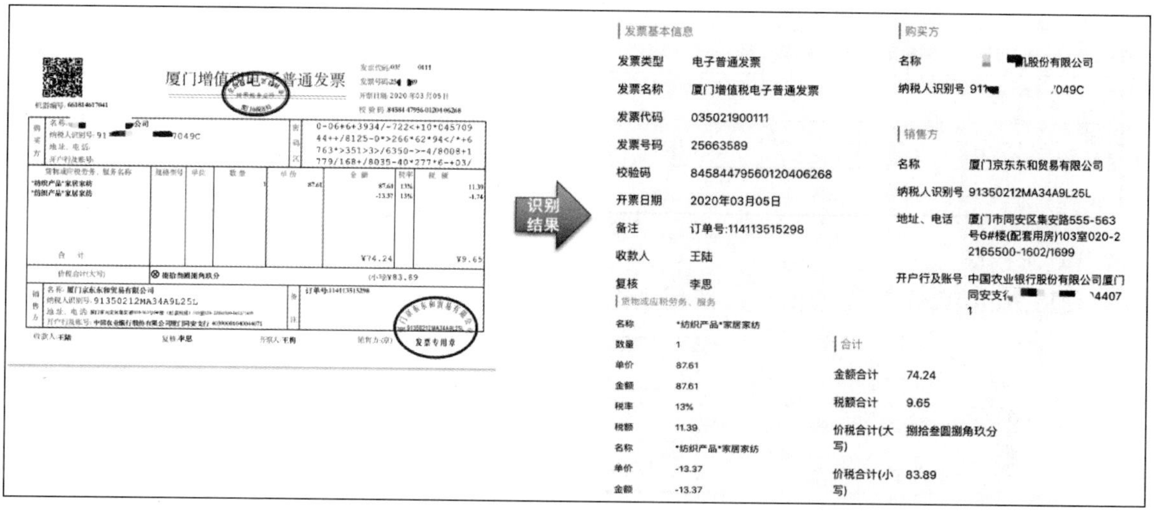

图 7-17 OCR 识别结果

1. AutoWork 中的【OCR】组件

AutoWork 中的【OCR】组件内置了云帐房 OCR 和超级鹰 OCR，如图 7-18 所示。云帐房 OCR 能够识别简单图像文本，超级鹰 OCR 可以识别验证码(见图 7-19)。

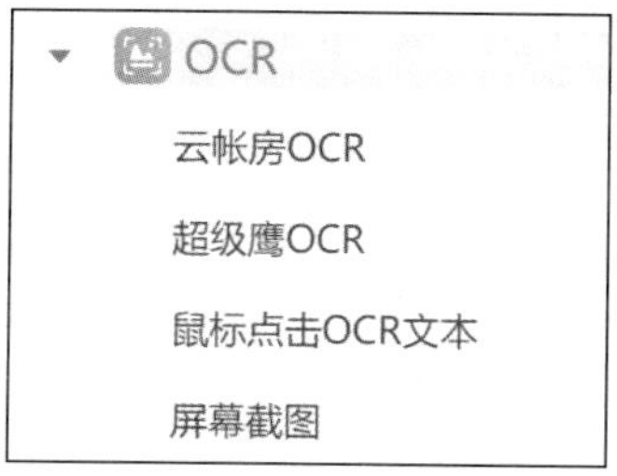

图 7-18 AutoWork 的【OCR】组件

图 7-19 超级鹰 OCR 识别验证码

2. 使用 AutoWork 实现增值税发票的识别

识别增值税发票除使用内置的【OCR】组件外，还可以借助百度 AI 开放平台中提供的增值税发票识别功能。

(1) 描述

使用 AutoWork 中的【浏览器】组件打开百度 AI 开放平台，输入待识别的图像，等待 2 秒后继续执行，使用【界面元素】组件将界面中发票识别的结果保存到字典变量中。

(2) 输入/输出条件

使用 AutoWork 实现增值税发票识别的输入/输出条件如表 7-1 所示。

表 7-1　使用 AutoWork 实现增值税发票识别的输入/输出条件

条　　件	详 细 描 述	提 供 数 据	备　　注
输入	百度 AI 开放平台、待识别的增值税发票图像	增值税发票图像	
输出	增值税发票识别结果		
环境条件 1	AutoWork 设计端		
运行时间段			
运行频率	手动		
执行端个数	1 个		

(3) 流程图

使用 AutoWork 实现增值税发票识别的流程如图 7-20 所示。

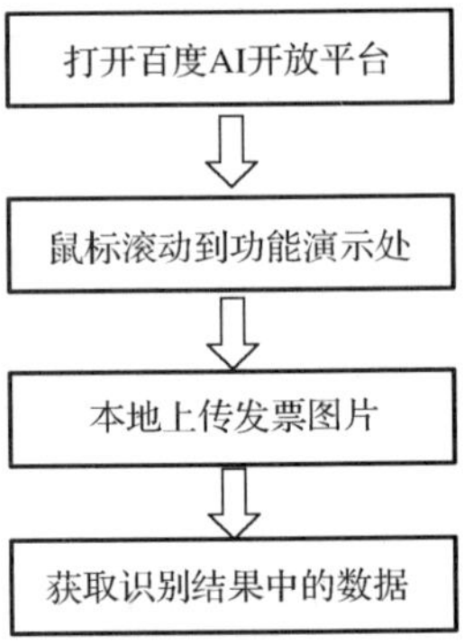

图 7-20　使用 AutoWork 实现增值税发票识别的流程

(4) 步骤详述

第一步，启动浏览器，将浏览器作为操控对象，赋值给目标浏览器变量 hWeb（在 RPA 中自动生成）；

第二步，在目标浏览器变量 hWeb 中打开百度 AI 开放平台；

第三步，单击【本地上传】按钮，选择待识别的增值税发票图像文件（见图 7-21）；

第四步，等待 2 秒后继续执行；

第五步，获取界面元素【发票代码】的文本内容，赋值给变量 fPdm（见图 7-22）；

第六步，获取界面元素【发票号码】的文本内容，赋值给变量 fPhm（见图 7-23）；

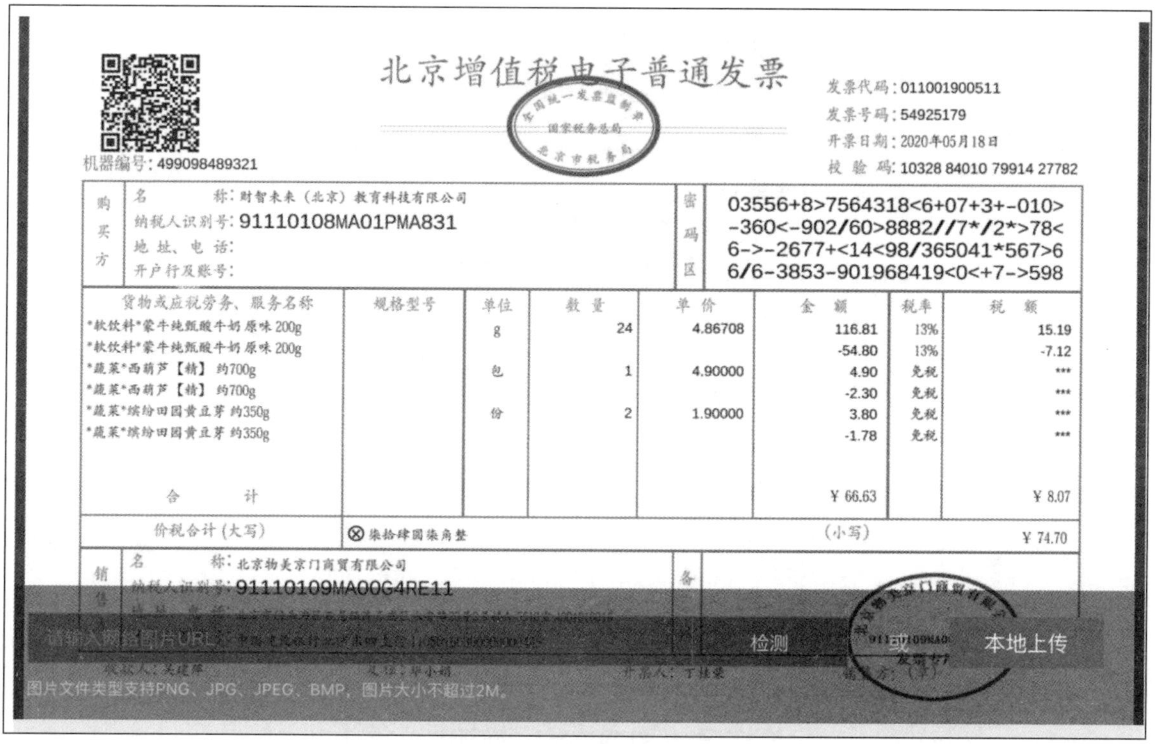
北京增值税电子普通发票
机器编号：499098489321
发票代码：011001900511
发票号码：54925179
开票日期：2020年05月18日
校 验 码：10328 84010 79914 27782
购买方
名　　称：财智未来（北京）教育科技有限公司
纳税人识别号：91110108MA01PMA831
地址、电话：
开户行及账号：
密码区
03556+8>7564318<6+07+3+-010>
-360<-902/60>8882//7*/2*>78<
6->-2677+<14<98/365041*567>6
6/6-3853-901968419<0<+7->598
货物或应税劳务、服务名称
规格型号
单位
数量
单价
金额
税率
税额
*软饮料*蒙牛纯甄酸牛奶 原味200g　g　24　4.86708　116.81　13%　15.19
*软饮料*蒙牛纯甄酸牛奶 原味200g　-54.80　13%　-7.12
*蔬菜*西葫芦【精】 约700g　包　1　4.90000　4.90　免税　***
*蔬菜*西葫芦【精】 约700g　-2.30　免税　***
*蔬菜*缤纷田园黄豆芽 约350g　份　2　1.90000　3.80　免税　***
*蔬菜*缤纷田园黄豆芽 约350g　-1.78　免税　***
合　计　¥ 66.63　¥ 8.07
价税合计（大写）　ⓧ柒拾肆圆柒角整　（小写）　¥ 74.70
销售方
名　　称：北京物美京门商贸有限公司
纳税人识别号：91110109MA00G4RE11
备注
请输入网络图片URL
检测
或
本地上传
图片文件类型支持PNG、JPG、JPEG、BMP，图片大小不超过2M。

图 7-21　发票本地上传

识别结果
发票种类　电子普通发票
发票名称　北京增值税电子普通发票
发票代码　011001900511
发票号码　54925179
校验码　10328840107991427782
开票日期　2020年05月18日
购方名称　财智未来(北京)教育科技有限公司
购方纳税人识别号　91110108MA01PMA831
购方地址及电话
购方开户行及账号
销售方名称　北京物美京门商贸有限公司
销售方纳税人识别号　91110109MA00G4RE11

图 7-22　获取发票代码

识别结果

发票种类	电子普通发票
发票名称	北京增值税电子普通发票
发票代码	011001900511
发票号码	54925179
校验码	10328840107991427782
开票日期	2020年05月18日
购方名称	财智未来(北京)教育科技有限公司
购方纳税人识别号	91110108MA01PMA831
购方地址及电话	
购方开户行及账号	
销售方名称	北京物美京门商贸有限公司
销售方纳税人识别号	91110109MA00G4RE11

图 7-23　获取发票号码

第七步，获取界面元素【合计金额】的文本内容，赋值给变量 fPje（见图 7-24）。

销售方地址及电话	北京市门头沟区石龙经济开发区永安路20号3号楼A-5510室4001016016
销售方开户行及账号	中国建设银行北京东四支行11050160360000000445
合计金额	66.63
合计税额	8.07
价税合计(大写)	柒拾肆圆柒角整
价税合计(小写)	74.70
密码区	
收款人	吴建萍
复核	毕小娟
开票人	丁桂荣
备注	

图 7-24 获取合计金额

第八步，获取界面元素【开票日期】的文本内容，赋值给变量 kPrq（见图 7-25）；

图 7-25 获取开票日期

第九步，获取界面元素【校验码】的文本内容，赋值给变量 jYm（见图 7-26）。

图 7-26 获取校验码示意

3．使用 AutoWork 实现验证码图片的识别

(1) 描述

使用 AutoWork 中的【浏览器】组件打开国家税务总局全国增值税发票查验平台，输入待查验发票的发票代码、发票号码、开票日期、发票金额，再输入在图片验证码中识别出来的验证码，单击【查验】按钮，获取发票查验结果。

(2) 输入/输出条件

使用 AutoWork 实现验证码图片识别的输入/输出条件如表 7-2 所示。

表 7-2　使用 AutoWork 实现验证码图片识别的输入/输出条件

条　件	详细描述	提供数据	备　注
输入	全国增值税发票查验平台，输入发票四要素，即发票代码、发票号码、开票日期、发票金额；输入在图片验证码中识别出来的验证码	增值税发票四要素	
输出	发票查验结果		
环境条件 1	AutoWork 设计端		
运行时间段			
运行频率	手动		
执行端个数	1 个		

(3) 流程图

使用 AutoWork 实现验证码图片识别的流程如图 7-27 所示。

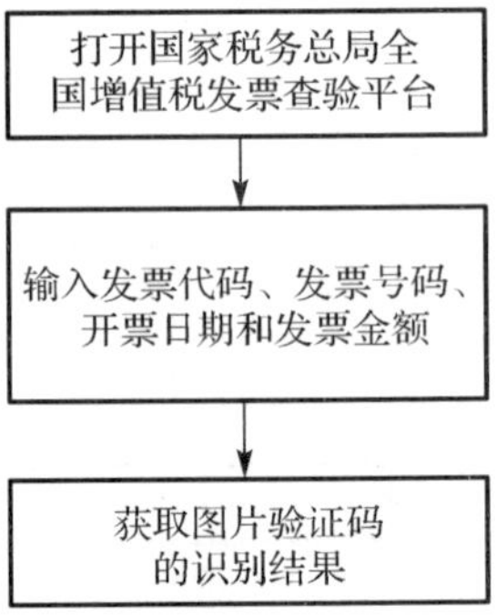
打开国家税务总局全国增值税发票查验平台
输入发票代码、发票号码、开票日期和发票金额
获取图片验证码的识别结果

图 7-27　使用 AutoWork 实现验证码图片识别的流程

(4) 步骤详述

第一步，启动浏览器，并将此浏览器作为操控对象，赋值给变量 hWeb；打开国家税务总局全国增值税发票查验平台，网址为“https：//inv-veri.chinatax.gov.cn/index.html”，如图 7-28 所示。

第二步，根据对图 7-21 所示的增值税发票的识别结果，在界面元素【发票代码】中输入文本“011001900511”；在界面元素【发票号码】中输入文本“54925179”；在界面元素【开票日期】中输入文本“20200518”，如图 7-29 所示。

第三步，根据对图 7-21 所示的增值税发票的识别结果，在界面元素【校验码】中输入文本“427782”（见图 7-30）。

图 7-28　国家税务总局全国增值税发票查验平台

图 7-29　国家税务总局全国增值税发票查验平台发票基本信息录入

图 7-30 国家税务总局全国增值税发票查验平台校验码录入

第四步，识别图片验证码。

① 截取验证码说明文字，如图 7-31 所示。

图 7-31 验证码说明文字

② 截取验证码图片，如图 7-32 所示。

③ 将图 7-31 和图 7-32 两张图像垂直合并在一起，如图 7-33 所示。

图 7-32 验证码图片

图 7-33 图片合并

④ 使用超级鹰 OCR 对指定的图像进行识别，并将识别结果赋值给输出变量 sText(表 7-3 是超级鹰 OCR 验证码识别赋值属性描述)，如图 7-34 所示。

表 7-3 超级鹰 OCR 验证码识别赋值属性描述

序 号	属 性 名	属 性 值
1	图片路径	指定图片所在路径
2	用户名、密码	超级鹰 OCR 申请的用户名和密码
3	验证码类型	6004
4	输出到	sText

问答类型		
验证码类型	验证码描述	官方单价(题分)
6001	计算题	15
6003	复杂计算题	25
6002	选择题四选一(ABCD或1234)	15
6004	问答题，智能回答题	15

图 7-34　超级鹰 OCR 识别验证码

⑤ 在界面元素【验证码】的文本框中，输入/输出变量 sText 的值，如图 7-35 所示。

图 7-35　验证码识别输入

⑥ 单击【查验】按钮，获取查验结果(见图 7-36)。

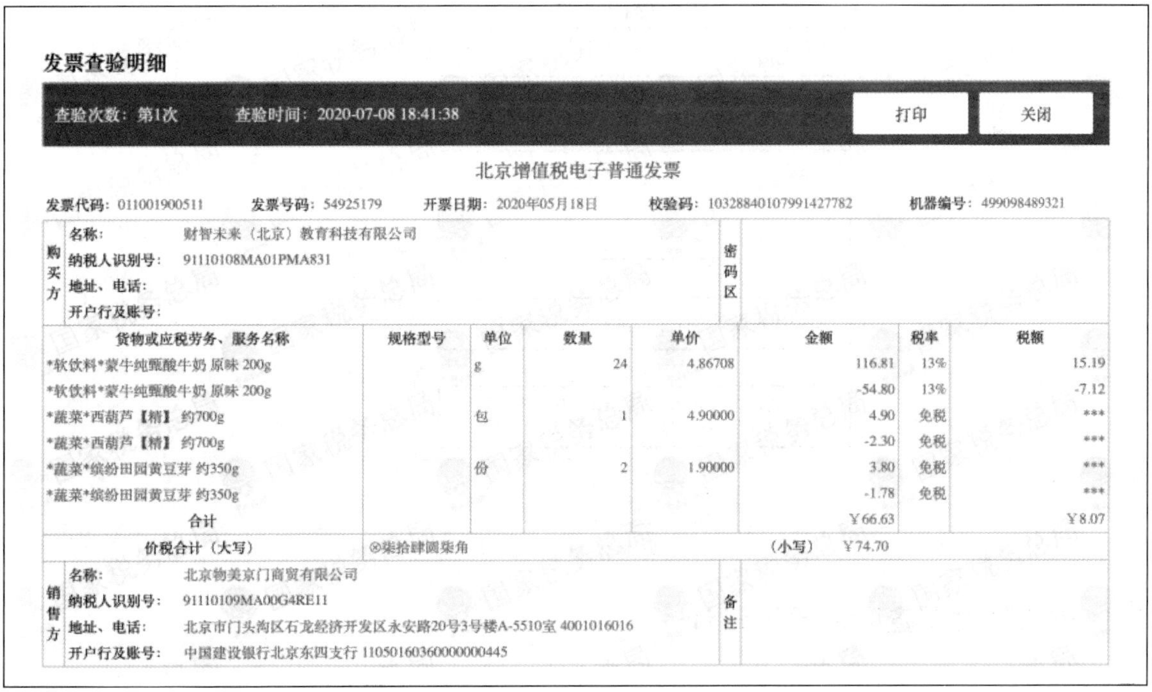

发票查验明细

查验次数：第1次　查验时间：2020-07-08 18:41:38　打印　关闭

北京增值税电子普通发票

发票代码：011001900511　发票号码：54925179　开票日期：2020年05月18日　校验码：10328840107991427782　机器编号：499098489321

购买方　名称：财智未来（北京）教育科技有限公司
纳税人识别号：91110108MA01PMA831
地址、电话：
开户行及账号：
密码区

货物或应税劳务、服务名称	规格型号	单位	数量	单价	金额	税率	税额
*软饮料*蒙牛纯甄酸牛奶 原味 200g		g	24	4.86708	116.81	13%	15.19
*软饮料*蒙牛纯甄酸牛奶 原味 200g					-54.80	13%	-7.12
*蔬菜*西葫芦【精】 约700g		包	1	4.90000	4.90	免税	***
*蔬菜*西葫芦【精】 约700g					-2.30	免税	***
*蔬菜*缤纷田园黄豆芽 约350g		份	2	1.90000	3.80	免税	***
*蔬菜*缤纷田园黄豆芽 约350g					-1.78	免税	***
合计					￥66.63		￥8.07
价税合计（大写）	⊗柒拾肆圆柒角				（小写）　￥74.70		

销售方　名称：北京物美京门商贸有限公司
纳税人识别号：91110109MA00G4RE11
地址、电话：北京市门头沟区石龙经济开发区永安路20号3号楼A-5510室 4001016016
开户行及账号：中国建设银行北京东四支行 11050160360000000445
备注

图 7-36　查验结果

第四节　智能票据识别验证——原型设计

一、增值税发票识别的原型设计

【任务要求】

使用百度 AI 开放平台中的增值税发票发识别功能，并根据图 7-2 中的流程图，完成增值税发票识别的原型设计。

【解答】

增值税发票识别的原型设计如图 7-37 所示。

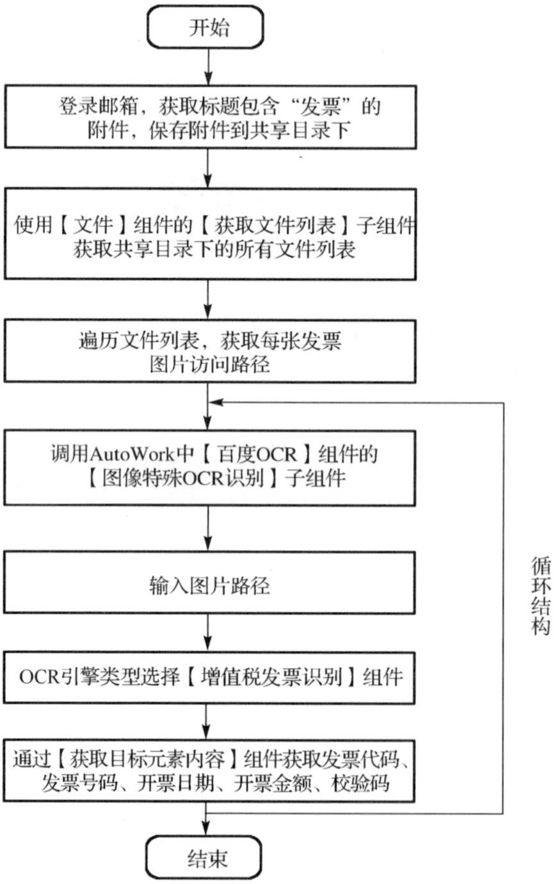
开始
登录邮箱，获取标题包含“发票”的附件，保存附件到共享目录下
使用【文件】组件的【获取文件列表】子组件获取共享目录下的所有文件列表
遍历文件列表，获取每张发票图片访问路径
调用AutoWork中【百度OCR】组件的【图像特殊OCR识别】子组件
输入图片路径
OCR引擎类型选择【增值税发票识别】组件
通过【获取目标元素内容】组件获取发票代码、发票号码、开票日期、开票金额、校验码
循环结构
结束

图 7-37　增值税发票识别原型设计

二、增值税发票查验的原型设计

【任务要求】

根据图 7-2 中的流程图，完成增值税发票查验的原型设计。

【解答】

增值税发票查验的原型设计如图 7-38 所示。

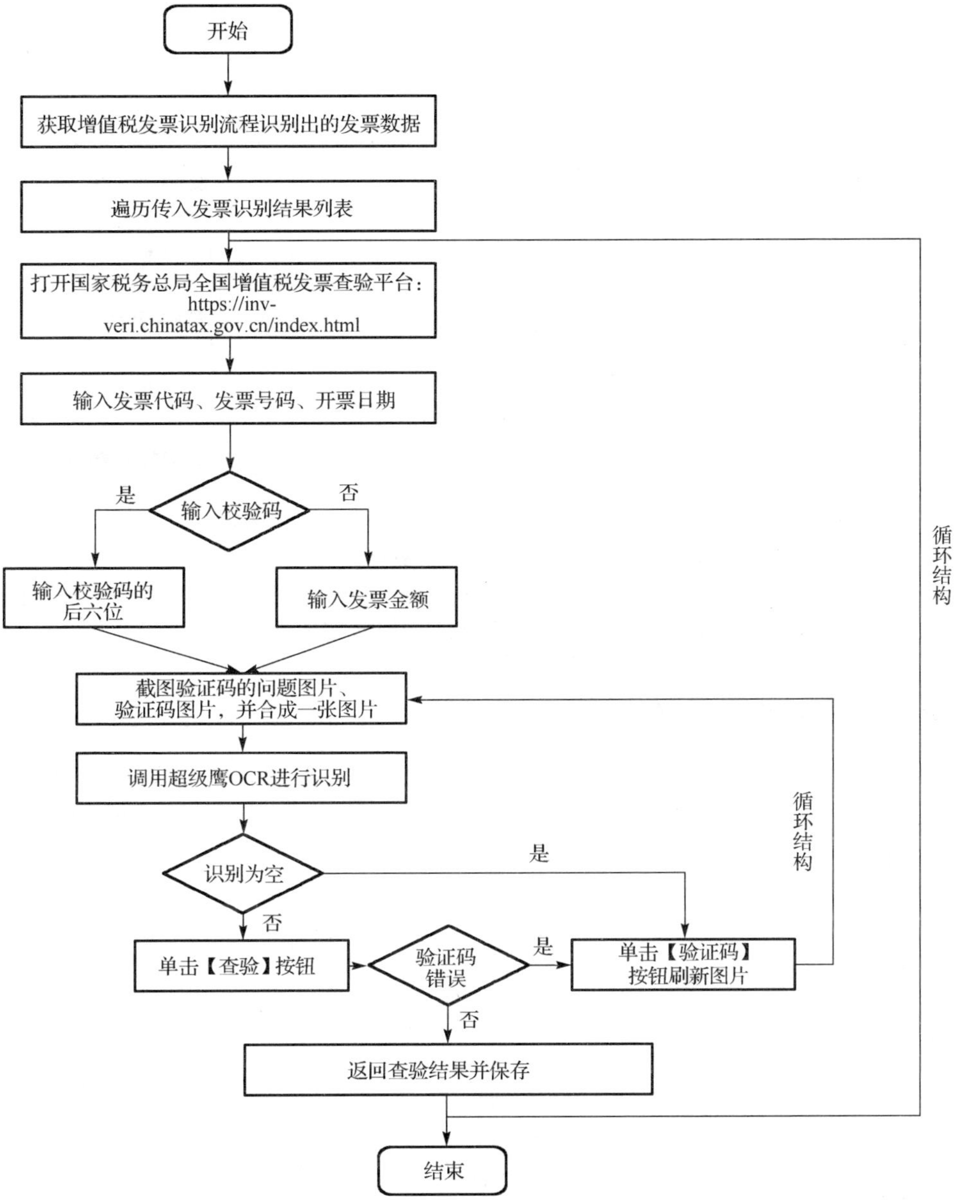
开始
获取增值税发票识别流程识别出的发票数据
遍历传入发票识别结果列表
打开国家税务总局全国增值税发票查验平台：https://inv-veri.chinatax.gov.cn/index.html
输入发票代码、发票号码、开票日期
输入校验码
是
否
输入校验码的后六位
输入发票金额
截图验证码的问题图片、验证码图片，并合成一张图片
调用超级鹰OCR进行识别
识别为空
是
否
单击【查验】按钮
验证码错误
是
否
单击【验证码】按钮刷新图片
返回查验结果并保存
循环结构
循环结构
结束

图 7-38　增值税发票查验的原型设计

第五节　智能票据识别验证——RPA 实现

增值税发票查验的 RPA 实现流程，如图 7-39 所示。

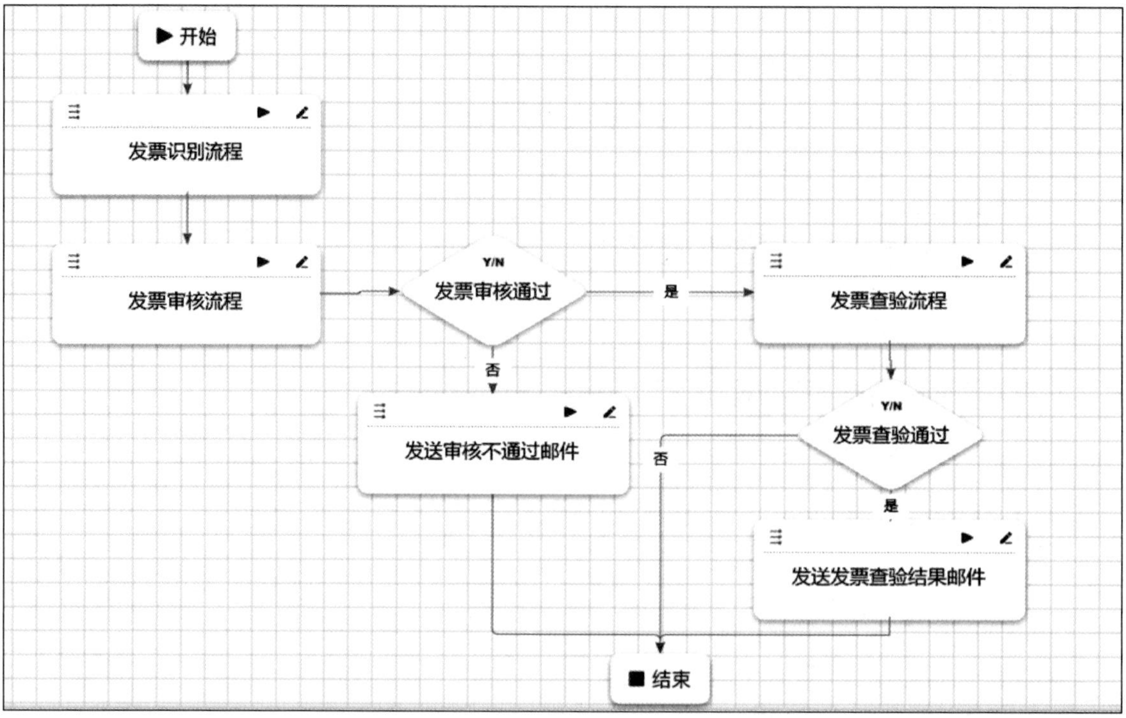

图 7-39　增值税发票查验的 RPA 实现流程

一、增值税发票识别的 RPA 实现

基于图 7-37 中的原型设计，分析出所需要的 AutoWork 组件，如图 7-40 所示。

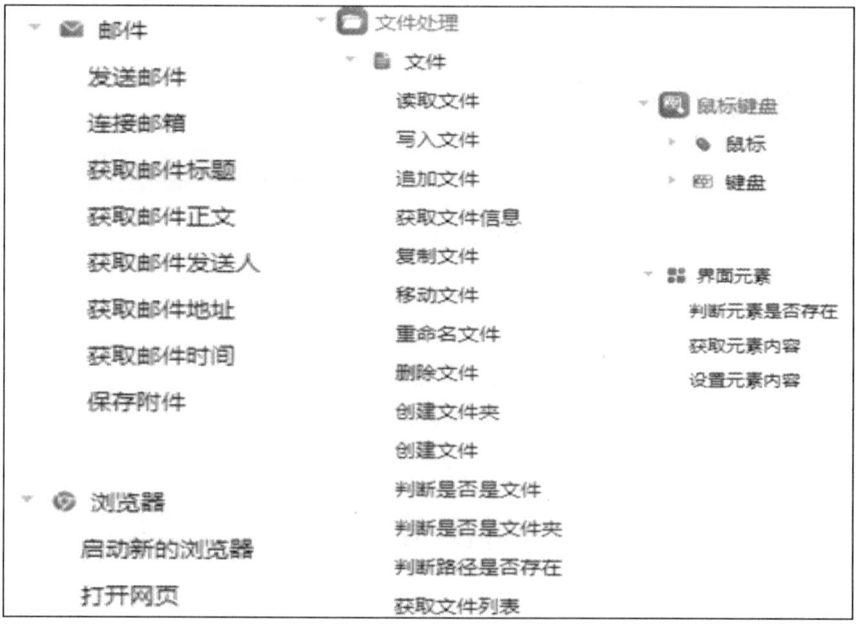

图 7-40　增值税发票识别流程所需要的 AutoWork 组件

增值税发票识别的 RPA 实现如图 7-41 所示。

```
连接指定邮箱，返回邮箱操控对象，赋值给objMail
循环执行5次
    获取第i封邮件的标题，赋值给sRet
    对sRet进行搜索（从0开始），把'发票'出现的位置，赋值给iRet
    如果iRet>=0 成立 则
        保存第i封邮件的附件到'//vmware-host/Shared Folders/文稿/static_dirs'
        跳出循环
        此处可插入执行命令
    此处可插入执行命令
获取'//vmware-host/Shared Folders/文稿/static_dirs'文件夹下文件列表    停用
令变量lResult的值为[]
依次遍历列表lRet中的每一项，每次将该项赋给变量value
    在指定图像上进行增值税发票识别，赋值给sText
    将字符串sText转为JSON赋值给objJson
    令变量fpdm的值为objJson["words_result"]["InvoiceCode"]
    令变量fphm的值为objJson["words_result"]["InvoiceNum"]
    令变量kprq的值为objJson["words_result"]["InvoiceDate"]
    令变量fpje的值为objJson["words_result"]["AmountInFiguers"]
    令变量jym的值为objJson["words_result"]["CheckCode"]
    令变量dict的值为{'发票代码':fpdm,'发票号码':fphm,'开票日期':kprq,'发票金额':fpje,'校验码':jym}
    在列表lResult的末尾添加元素dict
    此处可插入执行命令
向调试窗口输出lResult
跳出当前流程块，返回lResult
```

图 7-41　增值税发票识别的 RPA 实现

二、增值税发票审核的 RPA 实现

增值税发票审核的 RPA 实现如图 7-42 所示。

```
获取输入参数，赋值给param
令变量bValid的值为True
令变量sum的值为0
获取系统时间（含日期），赋值给dtRet
获取时间dtRet在哪一年，赋值给nowYear
获取时间dtRet在当年的第几月，赋值给nowMonth
依次遍历列表param中的每一项，每次将该项赋给变量value
    将value['开票日期']左边4个字符，赋值给sRet
    将字符串sRet 转换为整型，赋值给sRet
    将value['开票日期']进行截断，从第5个位置开始截取2个字符，赋值给bRet
    将字符串bRet 转换为整型，赋值给bRet
    如果sRet == nowYear 成立 则
        如果nowMonth-bRet>3 成立 则
            令变量bValid的值为False
            跳出循环
            此处可插入执行命令
        此处可插入执行命令
    否则
        令变量bValid的值为False
        跳出循环
        此处可插入执行命令
    将字符串value['发票金额'] 转换为浮点型，赋值给bRet
    令变量sum的值为sum+bRet
    此处可插入执行命令
如果sum>5000 成立 则
    令变量bValid的值为False
    此处可插入执行命令
跳出当前流程块，返回bValid
```

图 7-42　增值税发票审核的 RPA 实现

三、增值税发票查验的 RPA 实现

基于图 7-38 所示的流程图，分析出所需要的 AutoWork 组件，如图 7-43 所示。

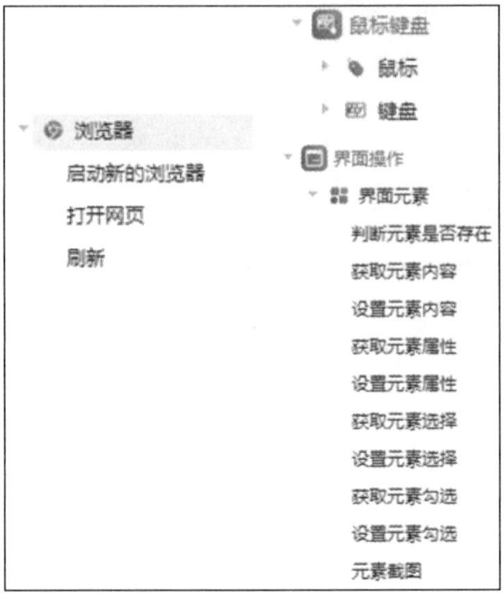
浏览器
启动新的浏览器
打开网页
刷新
鼠标键盘
鼠标
键盘
界面操作
界面元素
判断元素是否存在
获取元素内容
设置元素内容
获取元素属性
设置元素属性
获取元素选择
设置元素选择
获取元素勾选
设置元素勾选
元素截图

图 7-43　增值税发票查验流程所需要的 AutoWork 组件

增值税发票查验的 RPA 实现如图 7-44 所示。

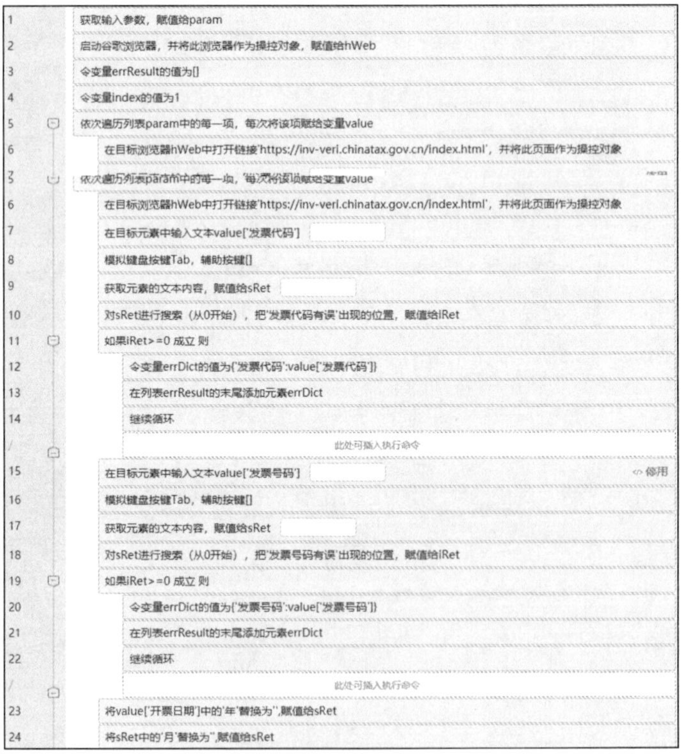
1 获取输入参数，赋值给param
2 启动谷歌浏览器，并将此浏览器作为操控对象，赋值给hWeb
3 令变量errResult的值为[]
4 令变量index的值为1
5 依次遍历列表param中的每一项，每次将该项赋给变量value
6 在目标浏览器hWeb中打开链接'https://inv-veri.chinatax.gov.cn/index.html'，并将此页面作为操控对象
5 依次遍历列表param中的每一项，每次将该项赋给变量value
6 在目标浏览器hWeb中打开链接'https://inv-veri.chinatax.gov.cn/index.html'，并将此页面作为操控对象
7 在目标元素中输入文本value['发票代码']
8 模拟键盘按键Tab，辅助按键[]
9 获取元素的文本内容，赋值给sRet
10 对sRet进行搜索（从0开始），把'发票代码有误'出现的位置，赋值给iRet
11 如果iRet>=0 成立 则
12 令变量errDict的值为{'发票代码':value['发票代码']}
13 在列表errResult的末尾添加元素errDict
14 继续循环
此处可插入执行命令
15 在目标元素中输入文本value['发票号码']
停用
16 模拟键盘按键Tab，辅助按键[]
17 获取元素的文本内容，赋值给sRet
18 对sRet进行搜索（从0开始），把'发票号码有误'出现的位置，赋值给iRet
19 如果iRet>=0 成立 则
20 令变量errDict的值为{'发票号码':value['发票号码']}
21 在列表errResult的末尾添加元素errDict
22 继续循环
此处可插入执行命令
23 将value['开票日期']中的'年'替换为'',赋值给sRet
24 将sRet中的'月'替换为'',赋值给sRet

(a)

图 7-44　增值税发票查验的 RPA 实现

```
        将sRet中的'日'替换为'',赋值给sRet
        在目标元素中输入文本sRet
        模拟键盘按键Tab，辅助按键[]
        获取元素的文本内容，赋值给sRet
        对sRet进行搜索（从0开始），把'开票日期有误'出现的位置，赋值给iRet
        如果iRet>=0 成立 则
            令变量errDict的值为{'开票日期':value['开票日期']}
            在列表errResult的末尾添加元素errDict
            继续循环
            此处可插入执行命令
        获取元素的文本内容，赋值给sRet
        对sRet进行搜索（从0开始），把'校验码后六位'出现的位置，赋值给iRet
        如果iRet>=0 成立 则
            将value['校验码']右边6个字符，赋值给sRet
            在目标元素中输入文本sRet
            模拟键盘按键Tab，辅助按键[]
            此处可插入执行命令
        循环执行4次
            元素截图，是否成功赋值给bRet
            元素截图，是否成功赋值给bRet
            将'E:/data/AutoWork/ocr_image/image1.png'和'E:/data/AutoWork/ocr_image/image2.png'以
            垂直方式合并成一张图像，保存到'E:/data/AutoWork/ocr_image/imageAll.png'
            使用超级鹰OCR，在指定图像上进行OCR识别，赋值给sText
            将sText中的' '替换为'',赋值给sRet
            如果sRet == '' 成立 则
                鼠标左键单击目标
                继续循环
                此处可插入执行命令
            否则
                在目标元素中输入文本sRet
                鼠标左键单击目标
                判断元素是否存在，赋值给bRet
                如果bRet 成立 则
                    鼠标左键单击目标
                    鼠标左键单击目标
                    继续循环
                    此处可插入执行命令
                否则
                    跳出循环
                    此处可插入执行命令
                此处可插入执行命令
            此处可插入执行命令
        元素截图，是否成功赋值给bRet
        令变量index的值为index+1
        此处可插入执行命令
    令变量bValid的值为True
    获取列表errResult的长度，赋值给iRet
    如果iRet>0 成立 则
        令变量bValid的值为False
        发送邮件，并将发送结果赋值给bRet
        此处可插入执行命令
    向调试窗口输出errResult
    跳出当前流程块，返回bValid
```

(b)

图 7-44　增值税发票查验的 RPA 实现(续)

四、发送邮件的 RPA 实现

发送审核不通过的邮件的 RPA 实现如图 7-45 所示。

图 7-45　发送审核不通过的邮件的 RPA 实现

发送发票查验结果的邮件的 RPA 实现，如图 7-46 所示。

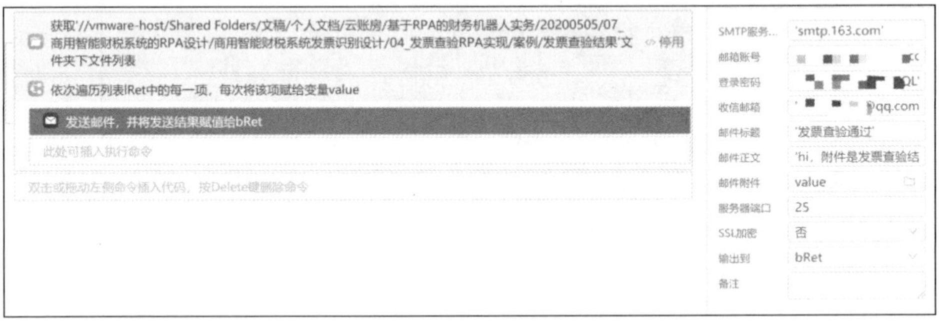

图 7-46　发送发票查验结果的邮件的 RPA 实现

第八章

财务系统间数据互通机器人应用开发

第一节　钉钉差旅费报销审批——问题提出

问题提出情景如图 8-1 所示。

图 8-1　问题提出情景

“早上好，王总。”小李向王总问好。

“小李，雄安有个商务机会，需要跟对方洽谈。你赶快收拾一下，立刻出发。”王总说。

“好的，王总，不过出发之前，我得先写一份出差申请给财务审批，否则可能会影响后续的报销。”小李回答说。

“那你赶紧去问下财务，看看这个流程是否可以变通一下？顾客是上帝，等你写完出差申请、审批完后再出发，黄花菜都凉了。”王总回答。

“小张，雄安那边有个重要的商务合作，需要过去和对方当面洽谈，王总让我马上出发，我现在来不及写出差申请了，等我回来再补行吗？”小李问财务专员小张。

“你还不知道吧，今年由于疫情的关系，咱们很多业务都搬到钉钉上了，你可以用钉钉申请出差啊，既方便又快捷。”财务专员小张回答。

“我还不知道呢，那我现在出发，边走边在钉钉上发起出差申请吧！谢谢了。”小李回答说。

“自从用上了钉钉，大家是都方便了，可是我却需要从钉钉里把数据复制出来，形成报销审批单，工作量一下子增加了很多，要是有人能帮我一下就好了。”小张抱怨道。

“可以让新来的实习小伙帮你看看能否用 RPA 机器人自动从钉钉中获取你想要的数据，形成审批单。前两天听他说过，他在学校学过如何使用 RPA 机器人。”同事回答。

“真的吗？那我现在就过去找他问问。”财务专员小张兴奋地说。

第二节　钉钉差旅费报销审批——业务场景分析

一、钉钉审批的使用场景

中小微企业普遍存在办公自动化(Office Automation，OA)协同问题，主要体现在以下两点：

(1)纸质审批效率低，主管出差时，业务不能正常推进。

(2)问题追溯、统计分析耗时长。

钉钉审批免去了从前纸质单据需要人工递送的烦琐，流程可以随时随地发起，随时随地审批，使用者无须回到电脑前。钉钉审批优势如图 8-2 所示。

假勤管理
出勤、假期类业务套件支持关联考勤，一键导出考勤报表，省去手动统计的麻烦
财务管理
同时满足员工、财务、领导的报销及管理需求，真正做到三方同时受益，报销审批方便快捷
办公用品管理
办公用品管理一步到位，领用记录一键导出，助力企业成本管控

图 8-2　钉钉审批优势

1. 高效便捷的假勤管理

请假、出差、外出等数据随时查看，组织人效一目了然；数据关联考勤，一键导出考勤报表，计算工资省时省力。

2. 规范准确的财务管理

报销、付款等支持手写签名，自动关联支付宝和电子发票，财务管理更规范，一键批量付款更高效、准确。

3. 一步到位的办公用品管理

办公用品管理一步到位，领用记录一键导出，助力企业成本管控。

二、钉钉审批功能

打开钉钉后，切换到工作台，单击【OA 审批】按钮进入【OA 审批】界面(见图 8-3)，内含业务需求流程、IT 类流程、合同类流程、财务类流程、其他人事类流程、市场类流程、行政类流程等。

图 8-3 钉钉审批功能

三、钉钉审批差旅费报销

企业员工提交差旅费报销申请后，企业主要负责人或财务相关人员应及时审批，步骤如图 8-4 所示。

第一步，在手机桌面打开钉钉；

第二步，单击【工作通知】按钮；

第三步，单击【审批事项】按钮；

第四步，单击【同意】或【拒绝】按钮；

第五步，填写审批意见后，单击【确认同意】按钮；

第六步，如果撤销或者转交出差申请，单击【撤销】或【更多】按钮。

四、练习任务：钉钉差旅报销单的申请与审批

【任务描述】

注册钉钉账号，通过钉钉提交差旅报销单，并完成审批流程。

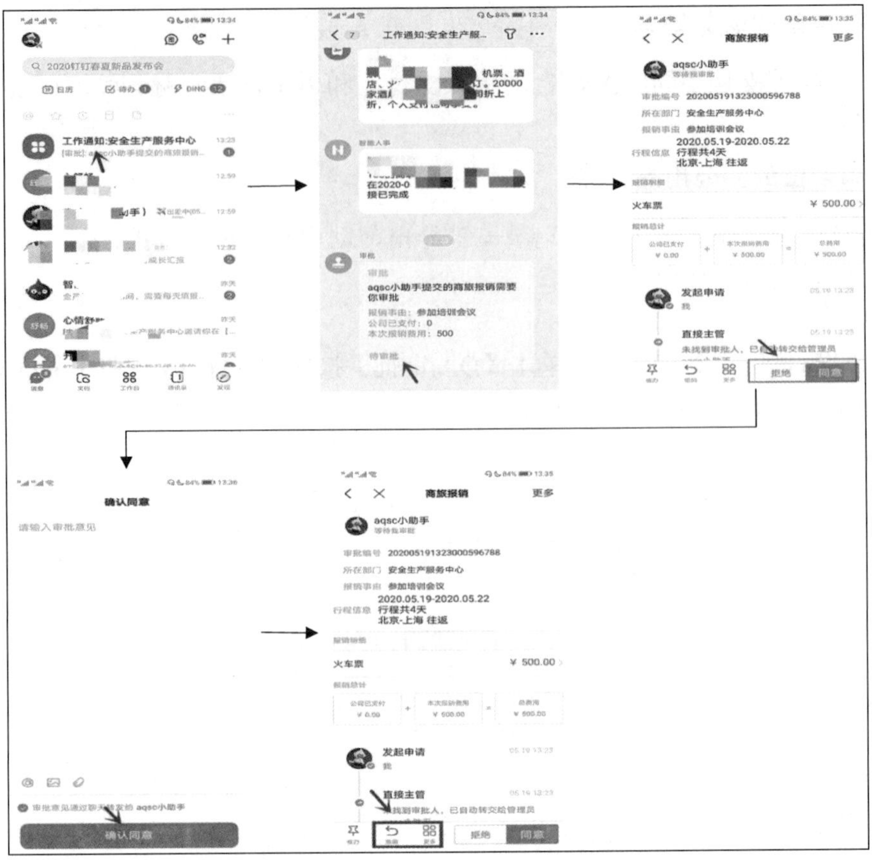

图 8-4　钉钉审批差旅费报销步骤

五、钉钉差旅费报销工作流程

钉钉差旅费报销申请和审批流程如图 8-5 所示，请分析整个流程中有哪些环节适合用 RPA 机器人实现。

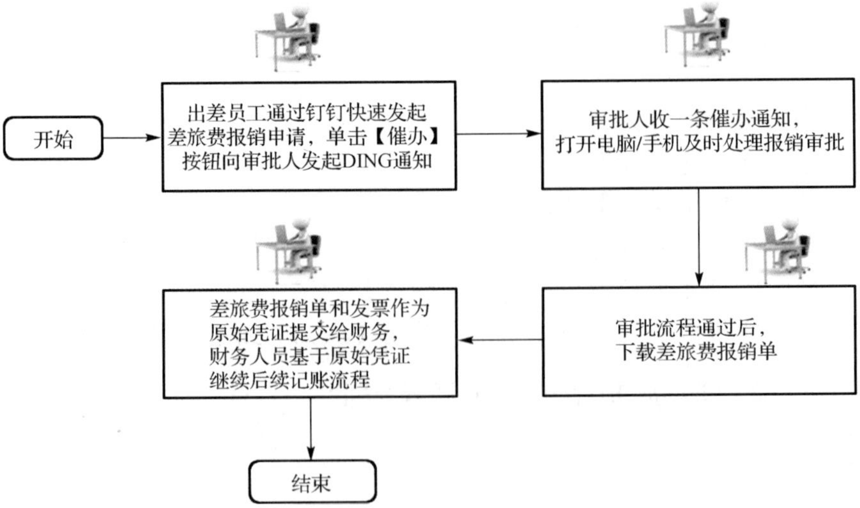
开始
出差员工通过钉钉快速发起差旅费报销申请，单击【催办】按钮向审批人发起DING通知
审批人收一条催办通知，打开电脑/手机及时处理报销审批
审批流程通过后，下载差旅费报销单
差旅费报销单和发票作为原始凭证提交给财务，财务人员基于原始凭证继续后续记账流程
结束

图 8-5　钉钉差旅费报销申请和审批流程

第三节　AutoWork的应用程序交互技术基础

一、应用程序

应用程序（Application）是电脑软件的主要类别之一，是指针对使用者的某种应用目的所开发的软件。应用程序通常又分为图形使用者界面（GUI）和引擎（Engine）两部分。它与应用软件的概念不同。应用软件针对使用目的分类，可以是单一程序或其他从属元件的集合，如 Microsoft Office、OpenOffice。应用程序指单一可执行文档或单一程序，如 Word、Photoshop。日常中可不对两者进行仔细区分。一般视程序为软件的一个组成部分。Windows 系统的应用程序一般包含窗口（Window），它主要为用户提供一种可视化的交互方式。

应用程序按照功能可分为办公软件、网际网路、多媒体、分析软件、协作软件、商务软件、资料库、其他软件等。

（1）办公软件：文书处理器、试算表程序、投影片报告、数学程序创建编辑器、绘图程序、基础资料库、档案管理系统、档案编辑器。

（2）网际网路：即时通信软件、电子信件用户端、网页浏览器、文件传输协议（File Transfer Protocol，FTP）用户端、下载工具。

（3）多媒体：媒体播放机、图像编辑软件、音讯编辑软件、视讯编辑软件、电脑辅助设计、电脑游戏、桌面排版。

（4）分析软件：电脑代数系统、统计软件、数字计算软件、电脑辅助工程设计软件。

（5）协作软件：协作产品开发软件。

（6）商务软件：会计软件、企业工作流程分析、顾客关系管理软件、企业内部信息管理软件、企业资源规划软件、供应链管理软件、产品生命周期管理软件。

（7）资料库：资料库管理系统。

（8）其他软件：教育软件、DIY 软件。

一个财务软件包括一个文件（*.exe）、其他图片（*.bmp 等）、Excel 文件（*.xls 等）等附件。后缀名为*.exe 的文件称作“应用程序的可执行文件”，它与其他文件（如图片、Excel 文件等）在一起称为“软件”。

我们要使用软件时，通过双击应用程序在桌面上的快捷方式打开应用程序。双击快捷方式实际是打开应用程序安装目录下的*.exe 文件。以谷歌浏览器为例，我们双击桌面上的“Google Chrome”图标时，其实是双击谷歌浏览器安装目录下的 chrome.exe 文件，如图 8-6 所示。

我们打开谷歌浏览器后，在任务管理器中会看到 chrome.exe 的进程处于运行状态，如图 8-7 所示。

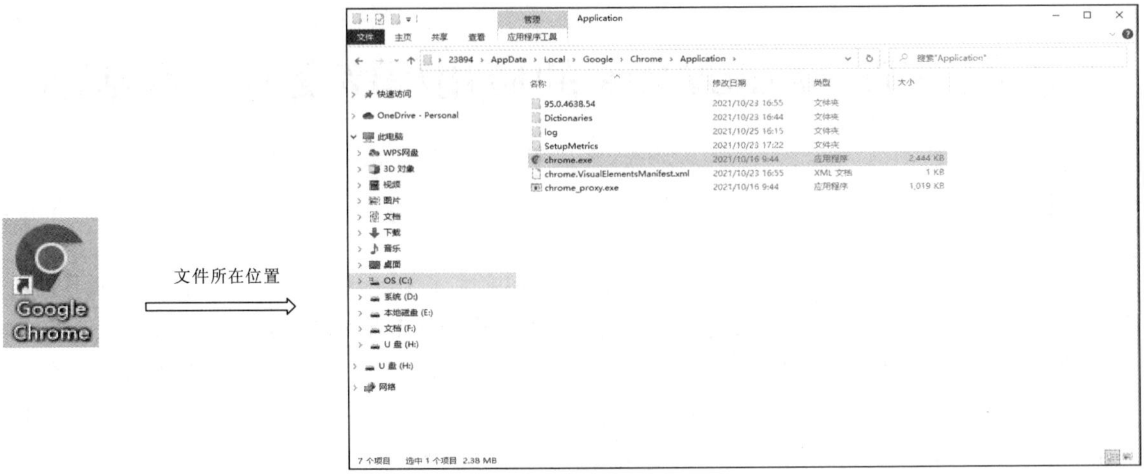

图 8-6　启动谷歌浏览器

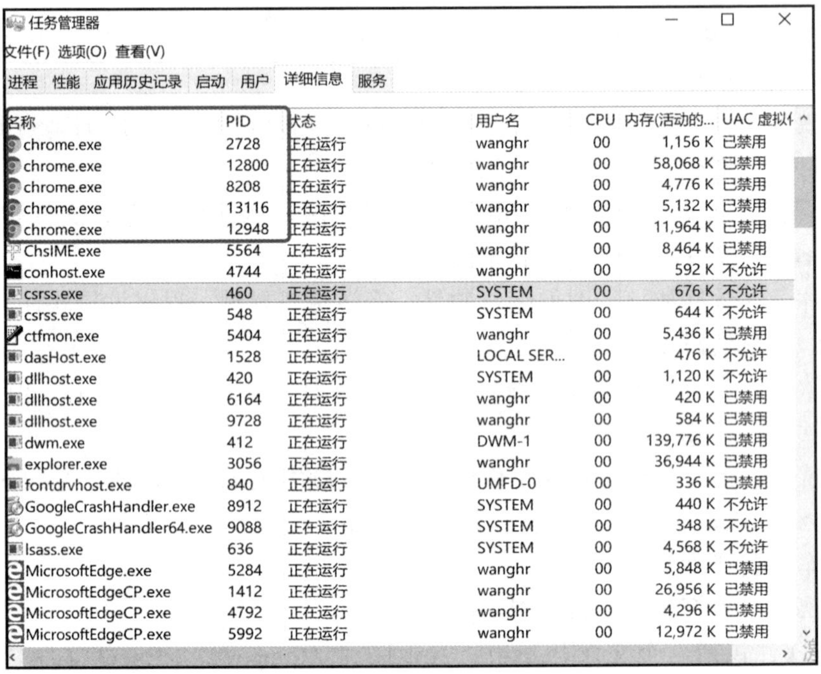

任务管理器

文件(F) 选项(O) 查看(V)

进程 性能 应用历史记录 启动 用户 详细信息 服务

名称	PID	状态	用户名	CPU	内存(活动的...	UAC 虚拟化
chrome.exe	2728	正在运行	wanghr	00	1,156 K	已禁用
chrome.exe	12800	正在运行	wanghr	00	58,068 K	已禁用
chrome.exe	8208	正在运行	wanghr	00	4,776 K	已禁用
chrome.exe	13116	正在运行	wanghr	00	5,132 K	已禁用
chrome.exe	12948	正在运行	wanghr	00	11,964 K	已禁用
ChsIME.exe	5564	正在运行	wanghr	00	8,464 K	已禁用
conhost.exe	4744	正在运行	wanghr	00	592 K	不允许
csrss.exe	460	正在运行	SYSTEM	00	676 K	不允许
csrss.exe	548	正在运行	SYSTEM	00	644 K	不允许
ctfmon.exe	5404	正在运行	wanghr	00	5,436 K	已禁用
dasHost.exe	1528	正在运行	LOCAL SER...	00	476 K	不允许
dllhost.exe	420	正在运行	SYSTEM	00	1,120 K	不允许
dllhost.exe	6164	正在运行	wanghr	00	420 K	已禁用
dllhost.exe	9728	正在运行	wanghr	00	584 K	已禁用
dwm.exe	412	正在运行	DWM-1	00	139,776 K	已禁用
explorer.exe	3056	正在运行	wanghr	00	36,944 K	已禁用
fontdrvhost.exe	840	正在运行	UMFD-0	00	336 K	已禁用
GoogleCrashHandler.exe	8912	正在运行	SYSTEM	00	440 K	不允许
GoogleCrashHandler64.exe	9088	正在运行	SYSTEM	00	348 K	不允许
lsass.exe	636	正在运行	SYSTEM	00	4,568 K	不允许
MicrosoftEdge.exe	5284	正在运行	wanghr	00	5,848 K	已禁用
MicrosoftEdgeCP.exe	1412	正在运行	wanghr	00	26,956 K	已禁用
MicrosoftEdgeCP.exe	4792	正在运行	wanghr	00	4,296 K	已禁用
MicrosoftEdgeCP.exe	5992	正在运行	wanghr	00	12,972 K	已禁用

图 8-7　打开谷歌浏览器后的进程示意图

二、案例：应用程序的启动与关闭

【案例】

基于 AutoWork 实现谷歌浏览器的启动与关闭。

【分析】

使用 AutoWork【应用程序】组件中的【启动应用程序】【关闭应用】【获取应用运行状态】子组件（见图 8-8）实现应用程序的启动与关闭。

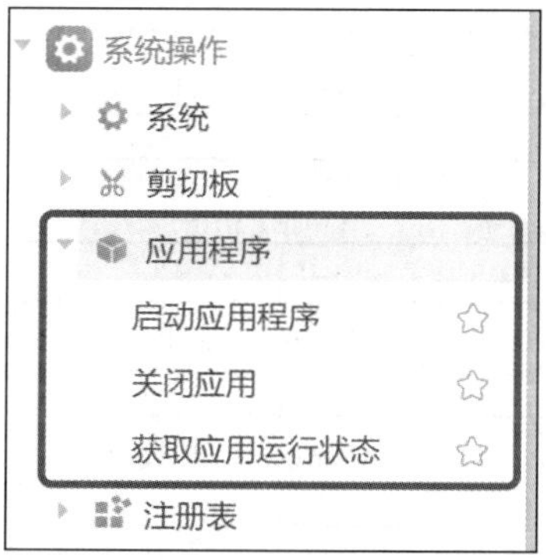

图 8-8 AutoWork 中的【应用程序】组件

【RPA 实现】

RPA 实现如图 8-9 所示。

第一步，使用【启动应用程序】子组件，修改文件路径为 chrome.exe 所在的文件路径；

第二步，使用【获取应用运行状态】子组件判断“chrome.exe”是否仍在运行；

第三步，如果是，则关闭应用程序。

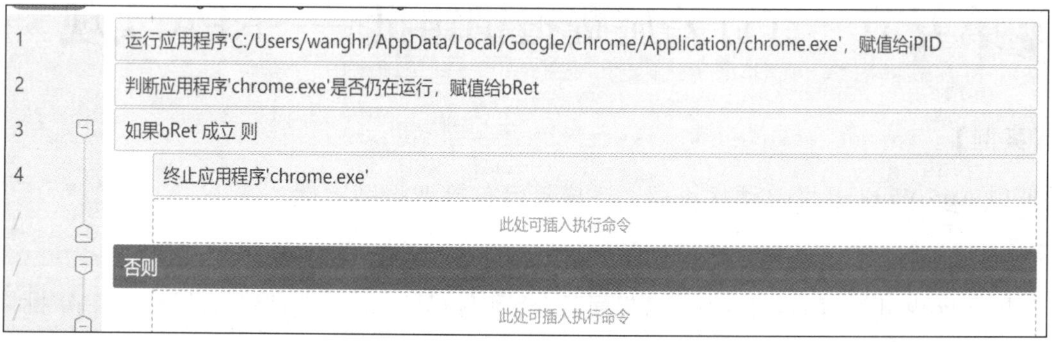

图 8-9 使用 AutoWork 实现谷歌浏览器的启动、关闭及获取运行状态的 RPA 实现

第四节 钉钉差旅费报销审批——原型设计

【任务要求】

使用 AutoWork 中的【钉钉】组件打开钉钉，进入【OA 控制台】的【审批】业务，切换到【我发起的】审批页，在搜索框中输入“差旅报销单”，读取差旅报销单中的内容，并写入 Excel 中。根据任务要求，完成钉钉差旅费报销审批的原型设计。

【解答】

钉钉差旅费报销审批的原型设计如图 8-10 所示。

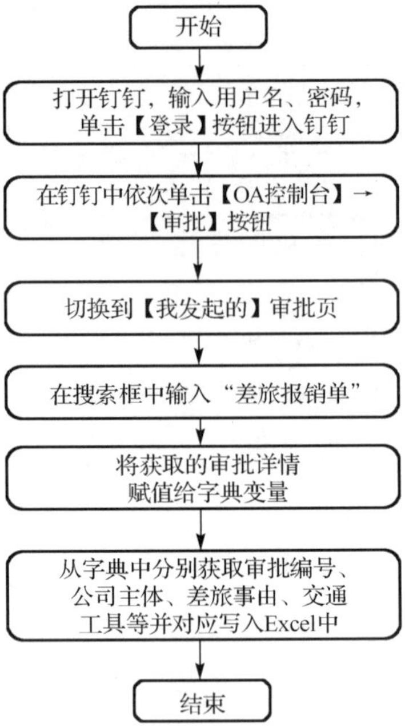

图 8-10　钉钉差旅费报销审批的原型设计

第五节　钉钉差旅费报销审批——RPA 实现

【案例】

使用 AutoWork 开发自动化流程，完成钉钉差旅费报销审批。

【分析】

使用 AutoWork 的【钉钉】组件、【界面元素】组件（见图 8-11）完成钉钉差旅费报销审批。

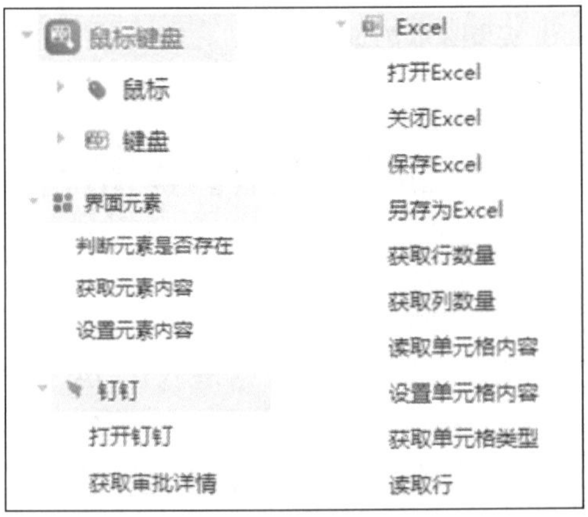

图 8-11　使用 AutoWork 的【钉钉】组件、【界面元素】组件

【RPA 实现】

钉钉差旅费报销审批的 RPA 实现如图 8-12 所示。

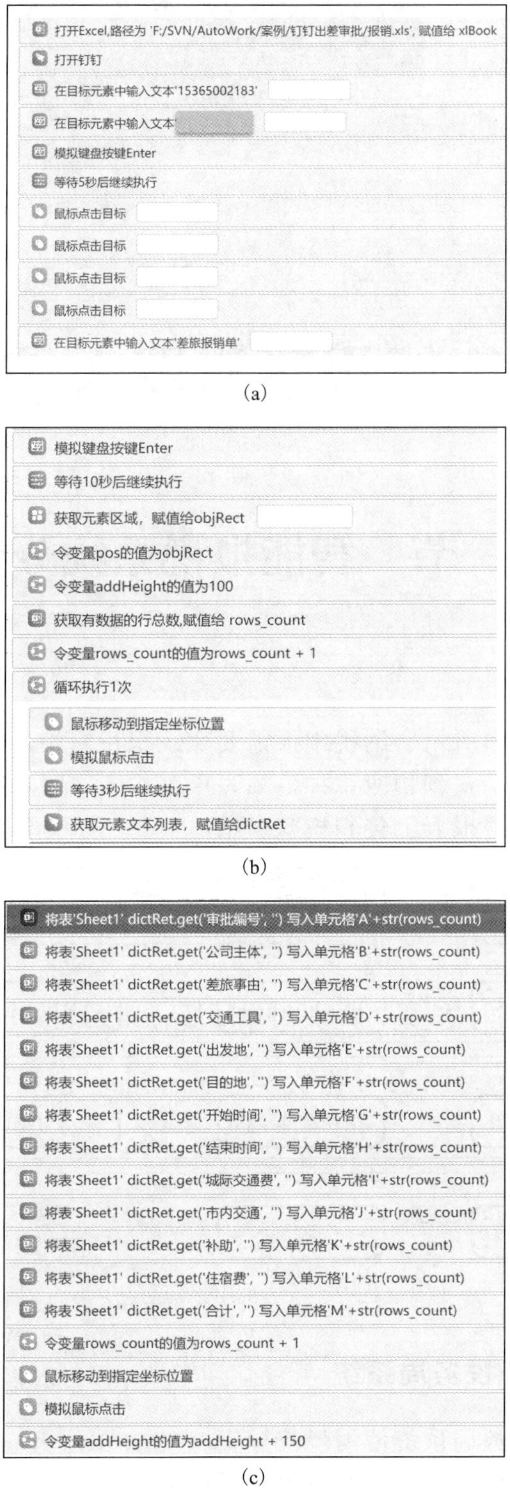

图 8-12　钉钉差旅费报销审批的 RPA 实现

第九章

智能报税机器人综合应用开发

第一节　智能报税系统分析

一、纳税申报流程

纳税申报流程如图 9-1 所示，纳税申报需要登录报税网站，输入企业纳税人识别号和登录密码，进入申报系统，找到相应税种，填写申报税表、附加税表，进行财税数据核算和财务数据填报，以及税务报表上传和税款缴纳。

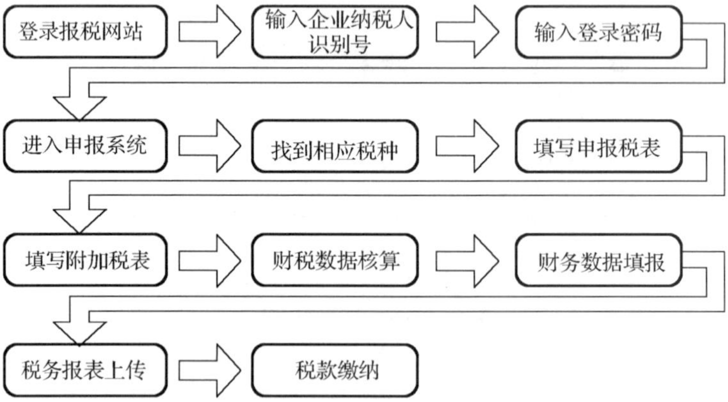

图 9-1　纳税申报流程

二、财智未来仿真电子税务局系统

财智未来仿真电子税务局系统使用步骤如下。

第一步，准备税务申报数据——增值税纳税申报表_财智未来(见图 9-2)。

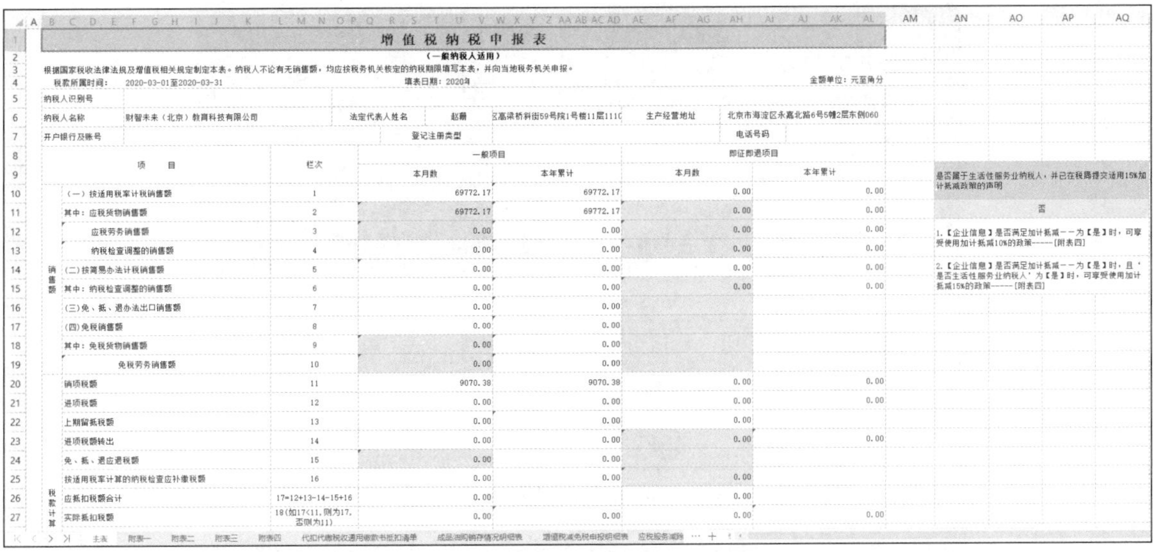

增值税纳税申报表

（一般纳税人适用）

根据国家税收法律法规及增值税相关规定制定本表。纳税人不论有无销售额，均应按税务机关核定的纳税期限填写本表，并向当地税务机关申报。

税款所属时间：2020-03-01至2020-03-31　　填表日期：2020年　　金额单位：元至角分

纳税人识别号					
纳税人名称	财智未来（北京）教育科技有限公司	法定代表人姓名	赵册	区高梁桥斜街59号院1号楼11层111C	生产经营地址	北京市海淀区永嘉北路6号5幢2层东侧060
开户银行及账号		登记注册类型		电话号码	

项目		栏次	一般项目		即征即退项目	
			本月数	本年累计	本月数	本年累计
销售额	（一）按适用税率计税销售额	1	69772.17	69772.17	0.00	0.00
	其中：应税货物销售额	2	69772.17	69772.17	0.00	0.00
	应税劳务销售额	3	0.00	0.00	0.00	0.00
	纳税检查调整的销售额	4	0.00	0.00	0.00	0.00
	（二）按简易办法计税销售额	5	0.00	0.00	0.00	0.00
	其中：纳税检查调整的销售额	6	0.00	0.00	0.00	0.00
	（三）免、抵、退办法出口销售额	7	0.00	0.00		
	（四）免税销售额	8	0.00	0.00		
	其中：免税货物销售额	9	0.00	0.00		
	免税劳务销售额	10	0.00	0.00		
税款计算	销项税额	11	9070.38	9070.38	0.00	0.00
	进项税额	12	0.00	0.00	0.00	0.00
	上期留抵税额	13	0.00	0.00	0.00	
	进项税额转出	14	0.00	0.00	0.00	0.00
	免、抵、退应退税额	15	0.00	0.00		
	按适用税率计算的纳税检查应补缴税额	16	0.00	0.00	0.00	
	应抵扣税额合计	17=12+13-14-15+16	0.00		0.00	
	实际抵扣税额	18（如17<11，则为17，否则为11）	0.00	0.00	0.00	0.00

是否属于生活性服务业纳税人，并已在税局提交适用15%加计抵减政策的声明：否

1.【企业信息】是否满足加计抵减——为【是】时，可享受使用加计抵减10%的政策------[附表四]

2.【企业信息】是否满足加计抵减——为【是】时，且'是否生活性服务业纳税人'为【是】时，可享受使用加计抵减15%的政策------[附表四]

图 9-2　增值税纳税申报表_财智未来

第二步，打开浏览器，输入网址“http：//tax.caizhiweilai.com/”，进入财智未来电子税务局系统（见图 9-3），单击【确定】按钮，跳转至【登录验证】界面。

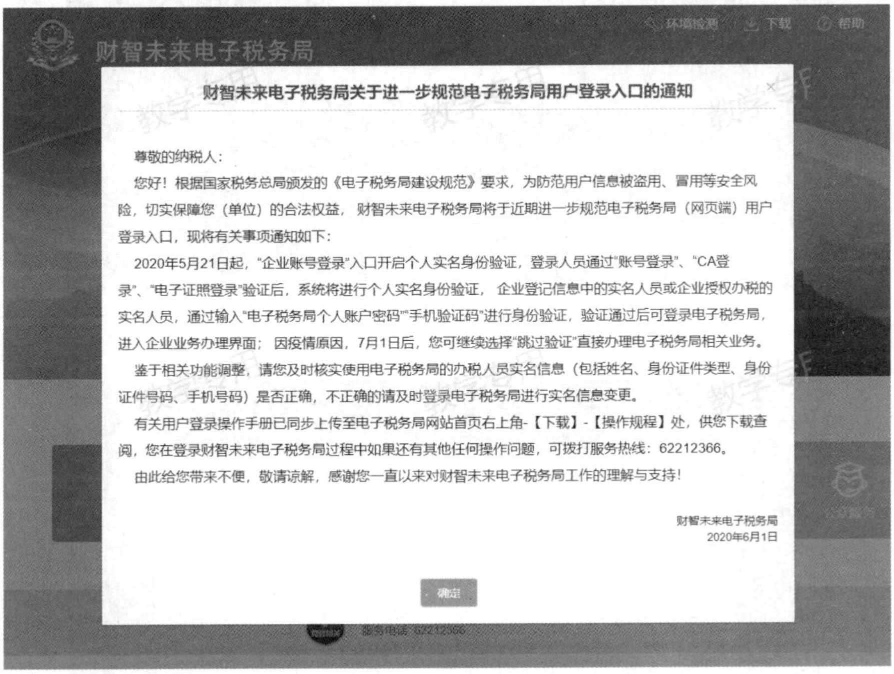

财智未来电子税务局关于进一步规范电子税务局用户登录入口的通知

尊敬的纳税人：

您好！根据国家税务总局颁发的《电子税务局建设规范》要求，为防范用户信息被盗用、冒用等安全风险，切实保障您（单位）的合法权益，财智未来电子税务局将于近期进一步规范电子税务局（网页端）用户登录入口，现将有关事项通知如下：

2020年5月21日起，“企业账号登录”入口开启个人实名身份验证，登录人员通过“账号登录”、“CA登录”、“电子证照登录”验证后，系统将进行个人实名身份验证，企业登记信息中的实名人员或企业授权办税的实名人员，通过输入“电子税务局个人账户密码”“手机验证码”进行身份验证，验证通过后可登录电子税务局，进入企业业务办理界面；因疫情原因，7月1日后，您可继续选择“跳过验证”直接办理电子税务局相关业务。

鉴于相关功能调整，请您及时核实使用电子税务局的办税人员实名信息（包括姓名、身份证件类型、身份证件号码、手机号码）是否正确，不正确的请及时登录电子税务局进行实名信息变更。

有关用户登录操作手册已同步上传至电子税务局网站首页右上角-【下载】-【操作规程】处，供您下载查阅，您在登录财智未来电子税务局过程中如果还有其他任何操作问题，可拨打服务热线：62212366。

由此给您带来不便，敬请谅解，感谢您一直以来对财智未来电子税务局工作的理解与支持！

财智未来电子税务局

2020年6月1日

确定

图 9-3　财智未来电子仿真税务局系统

第三步，单击【我要办税】按钮（见图 9-4）跳转至【登录】界面。

第四步，在【登录】界面（见图 9-5），输入企业纳税人识别号和登录密码（默认密码为“123456”），单击【登录】按钮，跳转至【身份验证】界面。

第五步，在【身份验证】界面（见图 9-6），输入企业办税员的登录密码和验证码，单击【验证】按钮，进行身份验证。验证通过后填写申报信息。

图 9-4　单击【我要办税】按钮

图 9-5　登录

图 9-6　身份验证

第六步，身份验证通过后，切换到【我要办税】界面(见图 9-7)，单击【税费申报及缴纳】按钮，进入【申报】界面。

图 9-7　【我要办税】界面

第七步，单击【填写申报表】按钮，跳转至【申报信息填报】界面(见图 9-8)。

图 9-8　填写申报表

第八步，将“增值税纳税申报表_财智未来”中的内容对应填入增值税纳税申报表(一般纳税人适用)中(见图 9-9)，然后单击【申报】按钮，提交申报信息。

第九步，按照与增值税纳税申报同样的步骤继续进行城市维护建设税-教育费附加-地方教育附加纳税申报，如图 9-10 所示。

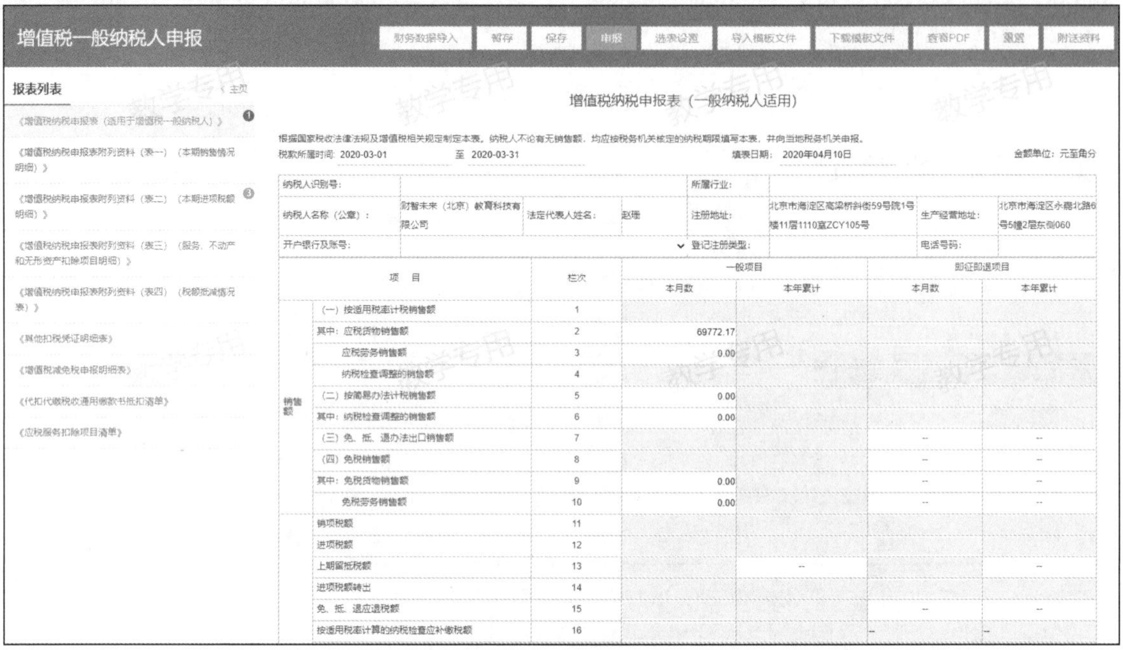

图 9-9　填写申报信息

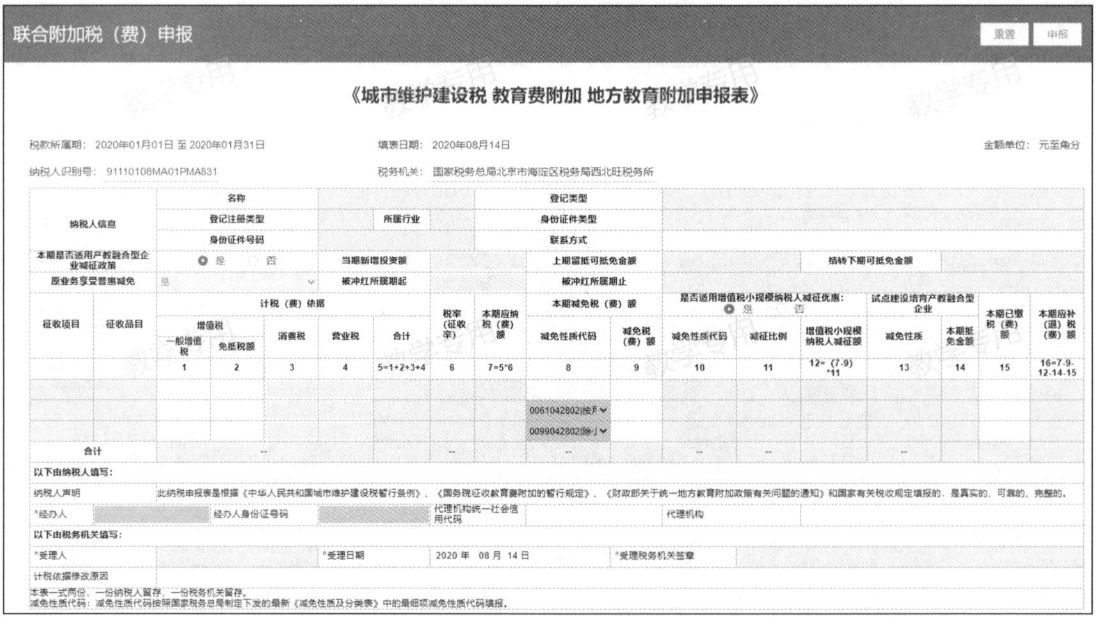

图 9-10　继续申报

第十步，所有申报信息填写完成并提交后，查看是否申报成功。若申报成功，则界面如图 9-11 所示。

图 9-11 申报成功

第十一步，单击【缴税】按钮(见图 9-12)，完成缴税。

图 9-12 单击【缴税】按钮

第二节 智能报税机器人——原型设计

【任务要求】

基于财智未来仿真电子税务局系统(见图 9-13)，使用 Autowork 中的相关组件实现智能报税机器人完成增值税纳税申报的原型设计。

图 9-13　财智未来仿真电子税务局系统

【解答】

智能报税机器人完成增值税纳税申报的原型设计如图 9-14 所示。

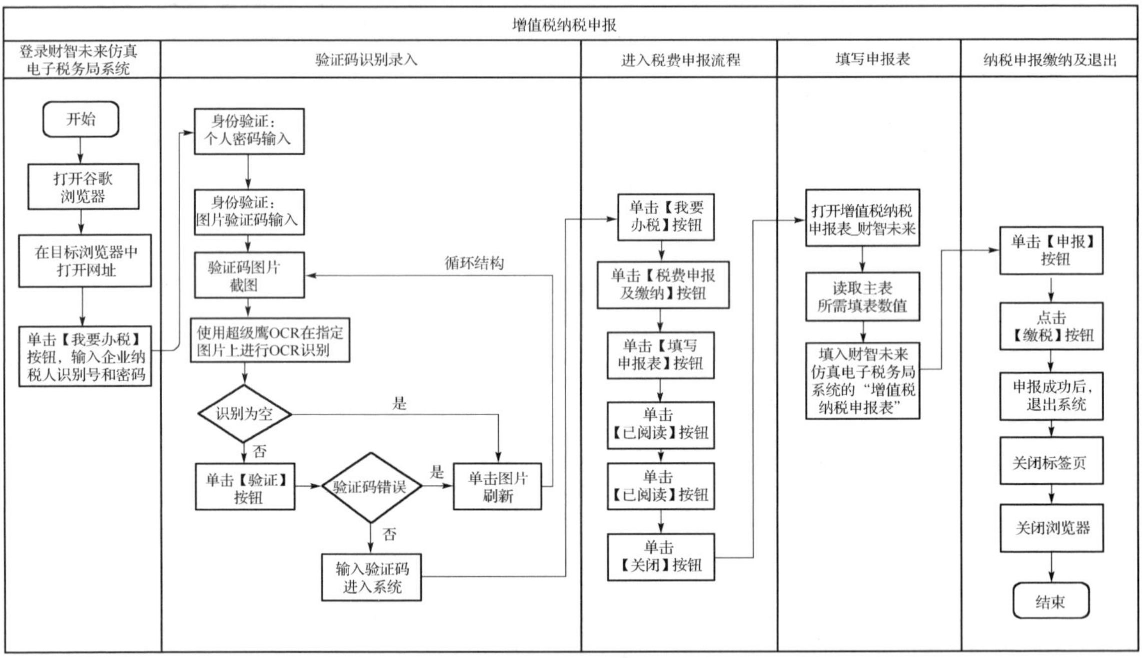

图 9-14　智能报税机器人完成增值税纳税申报的原型设计

第三节　智能报税机器人——RPA 实现

学生分组完成智能报税机器人的开发，开发完毕后以小组为单位进行实训答辩。分组制作实训答辩 PPT，PPT 内包含小组成员介绍、小组分工、实训成果展示、RPA 运行、实训中的难点及解决思路、实训收获等内容。